I0787343

Arquitecto de mi vida

"Un libro que te hará reflexionar acerca de la vida y aquello en lo que crees"

Radames Vázquez

Arquitecto de mi vida

"Un libro que te hará reflexionar acerca de la vida y aquello en lo que crees"

Radames Vázquez

Las ideas, procedimientos y sugerencias que contiene este libro no pretenden sustituir la consulta con su médico. Todos los asuntos relacionados con su salud requieren de supervisión médica.
Las citas bíblicas están tomadas de la traducción Reina Valera revisión de 1960 mientras no se especifique otra.

Título: *Arquitecto de mi vida*
Subtítulo: *"Un libro que te hará reflexionar acerca de la vida y aquello en lo que crees"*

Autor: Radames Vázquez
    E-mail: arquitectodemivida7@gmail.com

Editora: Sarai Fernández Rodríguez
    E-mail: edicionessarai@gmail.com

© Radames Vazquez, 2023

ISBN: 9798374336368

Reservados todos los derechos. Ni la totalidad ni parte de este libro puede reproducirse o transmitirse por ningún procedimiento o mecánico, incluyendo fotocopia, grabación magnética o cualquier sistema de almacenamiento de información o reproducción, sin permiso previo y por escrito de los titulares del Copyright.

"Toda persona tiene una vocación o misión específica en la vida. Toda persona debe llevar a cabo un designio concreto que exige su cumplimiento. Por ello es irremplazable, y su vida, irrepetible. De este modo, la tarea de cada persona es única así como la oportunidad especifica de realizarla".

El hombre en busca de sentido –
Viktor E. Frankl

Dedicatoria

A mi familia, pues a través de cada uno individualmente,
aprendí que la vida puede ser vista tanto de forma lógica como ilógica.
Y que, a través del amor, la paciencia y el entendimiento,
se puede vivir de forma lógica.

Cimiento

Introducción

"Hay hombres que luchan un día y son buenos. Hay otros que luchan un año y son mejores. Hay quienes luchan muchos años y son muy buenos. Pero hay los que luchan toda la vida: esos son los imprescindibles"[1].

Mi propósito es que al terminar de leer este libro hayas dejado ir de la mano, aunque no te hayas dado cuenta, a ese niño/a herido interno, el cual no has querido soltar, o aún más bien prefieres ignorar. ¿Qué heridas son las que carga tu niño/a interior? Existe hoy en día entre el género humano, así como en el reino animal, un exceso de adultos que en su interior traen sujetos enfermizos, degenerados y fracasados que cuyo único destino es el sufrimiento. Para poder sanar y avanzar en la vida como ser humano y no simplemente un humano más en este mundo, es necesario que sueltes a ese niño/a herido. Ese niño que no cesa de llorar, que trae el alma desgarrada, la mente llena de parásitos y un cuerpo cicatrizado a causa del desamparo emocional. Ese niño que fue abandonado emocionalmente, abusado verbal emocional y físicamente. Ese niño cuyo mejor amigo era la soledad, a causa de una madre narcisista y la negligencia parental (como fue en mi caso).

Ese niño/a cargado de tantas heridas emocionales es precisamente el cual debes dejar ir, en un momento de tu vida tal como lo hice yo; o, en otras palabras, ser consciente de ese niño herido para "llegar a ser" un adulto eficaz, balanceado y completo.

Este libro no es para ningún tipo de religión, secta o creencia, es más bien para todo ser humano que desea saber como volver a ser ser humano, encontrándose a sí mismo y dejando de ser uno más del rebaño, o sea, de la masa mediocre.

---

[1] Cita de Bertolt Brecht, el cual fue un dramaturgo y poeta alemán, uno de los más influyentes del siglo XX, creador del teatro épico, también llamado teatro dialéctico.

El propósito primordial en la escritura de este libro ya seas cristiano, musulmán, ateo, bixesual, homosexual, o cualquiera que sea tu identidad o creencia, el punto principal es que no te olvides de que, ante todo, eres un ser humano en busca de vivir una vida consciente y que tengas un reencuentro contigo. Todo problema sea cual haya sido en tu vida, a través de la lectura en este libro, la conexión que existe ya haya sido psicológico o fisiológico, ha sido la causa de todas esas emociones reprimidas; o sea, esa reserva de emociones ha desestabilizado la relación entre mente, cuerpo y espíritu.

Hago énfasis una vez más en que respeto tus creencias y tu identidad. Pero, para mí, como escribió el profeta Isaías 53:3: *"Despreciado y desechado entre los hombres, varón de dolores, experimentado en quebranto; y como que escondimos de él, el rostro, fue menospreciado, y no lo estimamos";* es precisamente a ese el cual yo puedo decir: para mí el vivir es Cristo y el morir es ganancia.

En cada nivel encontrarás las modificaciones de pensamientos que para mí fueron útiles y que a través de ellas pude modificar con el tiempo mis emociones; y al final del libro explico mi vida. Pude razonar y adquirí el conocimiento para entender el desarrollo que comparto contigo en este libro. (La comprensión significa la facultad del ser humano de percibir las cosas y tener una idea clara de ellas).

Este libro, el cual en este momento tienes en tus manos, tiene el poder de despertar esa inquietud y desarrollar el potencial que hay dentro de ti, analizando los problemas de existencia que existen en tu vida y llegando a comprender cuál es el sentido de la misma. Para que, al final de cada nivel, puedas comenzar a desarrollar el sentido y propósito de tu vida. Y, para que, cuando hayas concluido con su lectura, comiences a vivir tu vida y no la vida que se te enseñó a vivir. Si tu mente niega tus emociones, en tu cuerpo con el tiempo tendrán su efecto.

Aprender la manera correcta de vivir debería ser la meta, el anhelo y la visión de cada ser humano. Tus creencias sobre tus capacidades y tu cultura, ejercen una tremenda influencia en la manera en que aprendes y el camino que debes tomar en tu vida y dejar de ser ya sea un conformista o un totalitario.

El fundamento de la libertad es el poder de elegir. Por tanto, a través de cada nivel, en numerosas ocasiones notarás el énfasis que hago acerca de la logoterapia.

"La logoterapia tiene su enfoque en la psicoterapia existencial y humanista. Con la logoterapia, las posibilidades del ser humano en el mundo se amplían bajo la premisa que asegura que las personas no son una cosa más entre otras. Las cosas se determinan unas a otras, pero el hombre, en última instancia, es su propio determinante"[2].

Además estaré utilizando la psicología humanista, la cual es una de las ramas de la psicología clínica. Con esto en mente, el ser humano se entiende como un ser total: mente, cuerpo y alma. Viktor Frankl decía: *"El ser humano es el ser que siempre decide lo que es"*.

La logoterapia y el análisis existencial de Viktor Frankl se fundamentan en 3 pilares (APAEL[3]):

1. La libertad de **voluntad**: Libertad para elegir. Como diría Sartre: "El hombre está condenado a ser libre".
2. La voluntad de **sentido**: "Voluntad para darle un significado a su experiencia, orientada no solo al placer o poder, sino basicamente al sentido".
3. El sentido de la **vida**: "Que la vida tiene un sentido en cualquier circunstancia".

---

[2] Centro de estudios cafexistencial (Casa Frankl de Análisis Existencial). Mayorga González, José Miguel.

[3] La Asociación Peruana de Análisis Existencial y Logoterapia Viktor Frankl (APAEL), fue creada el año 2018 e inscrita formalmente el año 2010 en la ciudad de Lima con el fin de fortalecer y promover el Análisis Existencial, la Logoterapia y la Psicoterapia Existencial en el Perú y Latinoamérica.

Estamos viviendo una época como nunca antes a nivel social, religioso y político. El abandono emocional, la vida plagada de tecnología (la cual piensa por ti); la falta de vínculos familiares...

El sentido de la vida ha desaparecido: los jóvenes están cada vez más hundidos en las drogas y los ancianos solo viven de los recuerdos de cuando la vida tenía sentido.

Cada nivel de este libro fue muy claro en mi vida, pues al analizar y estudiar cada etapa, pude reconocer que en cada una encontré libertad tanto emocional, como psíquica y espiritual. Pude encontrar la esperanza que hoy en día muchos han perdido, a causa de traer de la mano a ese niño herido. Tenemos que aprender a cambiar el poder de la perspectiva que ha sido alimentada en nuestra vida, viviendo de víctimas a sobrevivientes, alimentándonos solo del placer y el poder de la vida. Pero la más humana de todas la necesidades humanas, la necesidad de ver un significado en la propia vida, sigue estando insatisfecha.

Todos tenemos un niño lastimado y temeroso, que a causa de no aprender a como entenderlo y ayudarlo, vive y se acostumbra a vivir en el rechazo, el miedo y la culpa. Es precisamente ese niño herido el cual en algún momento de las injusticias de la vida, se revela provocando que reacciones de forma autoritaria e infantil, recordándote que no sientas, no hables y no confíes. Y llegas a adulto con todas esas emociones reprimidas.

El simple hecho de aprender sobre la mentalidad de crecimiento, puede provocar un gran cambio en la forma en que las personas piensan sobre sí mismas y sobre sus vidas. Esto me ayudó mucho personalmente, ya que pude cambiar mi perspectiva sobre como funciona el cerebro y aprendí a hacer las cosas de una manera diferente. Me esforcé más, porque sé que cuanto más lo intentas, mejor funciona tu cerebro.

Aprendí que tus creencias afectan a tus emociones y tus emociones afectan a tus sentimientos; y tus sentimientos afectan a tu manera de vivir, y tu manera de vivir comienza en tu manera de pensar.

Ser "arquitecto de tu vida" significa hacer y pensar en tener una relación contigo mismo y dejar ir de la mano a ese niño herido. Para de esa manera "llegar a ser" el adulto que desde hace tiempo has deseado.

Todo aquello lo cual ha impedido y te ha hecho permanecer confundido, débil y angustiado, ha sido a causa de patrones mal aprendidos desdé la infancia.

A través de la modificación de pensamientos, podrás entender mejor esa apatía, ya que esta llega a desarrollar un adormecimiento de las emociones y el sentimiento de que a uno no le importa ya nada[4]. Es el no demostrar las ganas de vivir la vida y las circunstancias.

Es sentarse frente a una silla y ver como la vida pasa[5], lo cual muchos hoy dia viven infestados mentalmente con el "hay pobre de mí".

Otro psicólogo que me ayudó a cambiar mi manera de pensar, a través de mis estudios fue Carl Rogers (uno de los autores más conocidos del movimiento humanista, 1902-1987). Su método terapéutico se basa en la terapia centrada en el cliente; es decir, en la terapia no directiva. La cual consiste en que cada ser humano posee en sí mismo los medios para la autocomprensión y para el cambio del concepto de sí mismo, de las actitudes y del comportamiento autodirigido.

Para Rogers, el ser humano nace con una tendencia realizadora que, si la infancia no la estropea, puede dar como resultado una persona plena: abierta a nuevas experiencias, reflexiva, espontánea y que valora a los demás y a sí mismo.

El humanismo pone el énfasis en la posibilidad del hombre de redescubrir su propia personalidad y autenticidad personal. La psicología humanista tiene por objeto la persona que experimenta y sus cualidades distintivamente humanas: elección, creatividad; así como dignidad, valor y desarrollo de sus potenciales.

---

[4] Reflexión basada en Víctor Frankl, 1962. El cual fue un neurólogo, psiquiatra y filósofo austriaco, fundador de la logoterapia y del análisis existencial.
[5] Reflexión basada en Víctor Frankl, 1984.

A. El ser humano es electivo, capaz de elegir su propio destino.

B. El ser humano es libre para establecer sus propias metas de vida.

C. El ser humano es responsable de sus propias elecciones[6].

"Cuando una persona no puede encontrar un sentido profundo de su significado, se distrae con el placer"[7].

Recuerda que solo tú eres el responsable de gestionar tu felicidad y tu bienestar emocional y psicológico. No olvides que el hombre "llega a ser" lo que ha acumulado en su alma y mente en el transcurso de su vida.

El sufrimiento, la esperanza, el ánimo y sobre todo la fe en Dios son las raíces de la vida. Todo depende de qué manera tu alma y tu mente hayan sido alimentadas, qué tipo de raíces crecieron más y alimentaste en el transcurso de tu vida. Nadie destruye a nadie, sólo tú tienes el poder de destruirte a ti mismo. Sólo tú eres creador de tu destino, y al final hallarás el sentido de tu sufrimiento: el por qué y para qué. El hombre debe aprender a ir al descubrimiento de sí mismo, pues es digno de aprender a amarse a sí mismo primeramente, y llegar a sentirse completo como ser humano. Para llegar a esa meta, primeramente debes liberar tu alma, para así poder "llegar a ser" completo.

A través de este libro, aprenderás a vivir el presente "aquí y ahora", y no en el pasado o en el futuro. Este libro es para que puedas llegar a darte cuenta de que no importa en lo que creas o qué religión sigas, el concepto es que tú eres un ser humano digno de vivir una vida en completa plenitud. Y para aquellos que Jesús, el Hijo de Dios, nos dijo: *"Yo he venido para que tengáis vida y vida en abundancia"* (Juan 10:10 – NVI). La abundancia comienza primero en el alma, en la mente y el espíritu.

---

[6] Maestría en Tecnologías aplicadas a la educación, Paulo Freire.
[7] Cita de Viktor Frankl.

Según la filosofía, el ser humano considerado como individuo, es una unidad indivisible, dotada de alma y espíritu, cuya mente funciona de manera racional: tiene conciencia de sí mismo, capacidad para reflexionar sobre su propia existencia, sobre su pasado, su presente, y sobre todo aquello que proyecta su futuro; así como para discernir entre aquello que en una escala de valores se le presenta como lo bueno y lo malo, lo correcto y lo incorrecto, o lo justo y lo injusto[8].

"No existe un ser humano que no posea una oportunidad para crecer, ni situación que no le ofrezca un destello de significado... Vale la pena vivir, vale la pena seguir viviendo. Siempre hay un para qué"[9].

Cada nivel de este libro hará que puedas desarrollar una introspección propia. Para que, al finalizar, llegues a conocerte a ti mismo y dejar de ser una copia más de acuerdo a lo que la vida ha producido en la mayoría del género humano. Pues todos somos una copia de algo o de alguien. La introspección es un proceso mental y emocional en la cual el ser humano comienza a mirar hacia su interior y puede llegar a analizar su "yo". Es un proceso para comenzar a "hacer" y de esta manera poder "llegar a ser" original.

La introspección es la capacidad reflexiva inmediata de la mente humana para conocer sus propias capacidades. El ser humano es el único ser viviente que tiene la capacidad de mirarse a sí mismo. La introspección nos enseña la capacidad que tenemos para ser conscientes de nuestro entorno y así poder tener un mejor enfoque en nosotros mismos. Y, de esta manera, encontrar una manera de vivir mejor y en abundancia: libres y, por tanto, responsables de nuestras decisiones y acciones. Somos los autores de nuestras vidas y diseñamos los caminos que seguimos.

---

[8] Definición tomada de la página web: www.significados.com

[9] Cita de Francisco Bretones, cuyo ámbito de interés en la investigación se centra en las relaciones entre la psicología, el comportamiento económico y sus implicaciones en las organizaciones.

No somos víctimas de las circunstancias, en realidad "somos", en gran medida, por lo que elegimos ser.

Este libro es un reto para que la gente deje de engañarse en cuanto a su falta de responsabilidad por lo que les está sucediendo y sus excesivas exigencias en la vida. Una vez que tú, como ser humano, reconoces tu papel en la creación de tu propia situación vital, entonces te darás cuenta de que solamente tú tienes el poder de cambiar esa situación. A través de cada nivel de este libro, comenzarás a "hacer" un ajuste personal para poder "llegar a ser".

Según el psiquiatra alemán Kurt Schneider, se considera al ajuste como "una cualidad del comportamiento, que acompaña al desarrollo y estructuración de la personalidad. Es un proceso mediante el cual, el individuo se esfuerza por afrontar de un modo satisfactorio las necesidades interiores, las tensiones, frustraciones y conflictos; y por alcanzar cierto grado de armonía entre esas necesidades interiores y las exigencias que le son impuestas por el medio en el que vive".

"No puedes volver y cambiar el principio, pero sí puedes empezar por donde estás y cambiar el final"[10].

Hoy día la humanidad impulsada y arrastrada por la vida está llena de lamentos, está más aburrida, temerosa y con falta de sentido, la humanidad carece de sentido en todo aspecto de la vida. Ha estado surgiendo a través del tiempo una forma de deshumanización, la empatía cada vez se va desapareciendo de una manera que causa tristeza ver como el ser humano se va convirtiendo más y más en máquinas. Los humanos que aun poseen un corazón están siendo reemplazados por los que no tienen, es decir, los valores fundamentales de cada ser humano para que pueda funcionar comprender y "llegar a ser" el ser humano que sabe lo que es como un ser vivo, y no una máquina más de los deseos de la vida, controlado por todo lo exterior que la vida te ha estado ofreciendo toda la vida.

---

[10] Cita de C. S. Lewis, el cual fue un apologista cristiano anglicano, medievalista, y escritor británico.

Ese lamento referente a un vacío existencial, los jóvenes con miles de preguntas frente a su propia existencia, padres proyectando temor y descontentamiento hacia la vida disgustados e insatisfechos. Las quejas se pueden escuchar el lamento, la confusión brota a través de las paredes de cada hogar. La soledad y la pérdida de valores y la ausencia de sentido de la vida la depresión la ansiedad han invadido la vida de cada ser humano, este es el cuadro de hoy día.

"La frustración existencial, se caracteriza por el vacío interior, falta de metas y la motivación para alcanzarlas. Cuando el hombre pierde la esperanza, su propósito en la vida ha muerto" [11].

Hay una crisis existencial, pues ese vacío emocional es un sentimiento de apatía reflejado como un aburrimiento hacia la vida externa. Sin darte cuenta, la realidad es que es tu alma ha estado padeciendo de un aburrimiento interno, y por ello hay desesperanza y un sentimiento de soledad. El hombre hoy en día está experimentando un dolor interno, y a causa de ello ha perdido la visión de su vida. Donde llega el punto en que el ser humano está completamente desconectado de su propia vida.

A causa de esa crisis existencial, la solución equivocada siempre será adoptar toda clase de conducta negativa y destructiva. La cual comienza por el uso del alcohol o de otras drogas, pues busca llenar ese vacío; además del sexo compulsivo o las horas excesivas de trabajo… En otras palabras, creen que todo aquello los llenará o los saciará de esa crisis existencial.

Muchos tenemos temor de mirar a través de esas grietas que la vida ha dejado en el alma de cada uno de nosotros. La vida ha pervertido la mente a través de ellas y nos hemos olvidado de que tenemos un alma. La vida ha seducido y prostituido el alma, y ha destruido tu propia identidad. Lo cual ha producido un entumecimiento tanto emocional como mental. Nos da temor solo en pensar que algún día tendremos que mirar a través de esas grietas del pasado.

---

[11] *Ante el vacío existencial*, Viktor Frankl (1994).

Nos da temor el saber que aún estamos conectados con el cordón umbilical del cual la vida aún sigue nutriéndonos del pasado, pero nutrirnos del pasado es como estar corriendo tras el viento.

El hombre es el hacedor de sus propios actos, y como tal, él es el hacedor de su propio carácter; y como el hacedor de sus hechos y el hacedor de su carácter, él es el moldeador y moldeador de su destino. Tiene el poder de modificar y alterar sus acciones, y cada vez que actúa modifica su carácter para bien o para mal. Está predeterminando para sí mismo nuevos destinos, destinos desastrosos o beneficiosos de acuerdo a la naturaleza de sus acciones[12].

"La desesperación es la emoción contraria a la esperanza".

Todo en la vida tiene un principio y un final, y en el momento en que nos atrevemos a mirar a través de esa grieta y descubrir el principio y de qué manera fuimos engendrados…

---

[12] Reflexión basada en la obra de James Allen: *The master of destiny.*

Aún desde el principio, dentro del vientre del cual éramos alimentados a través de ese cordón umbilical, tal vez fuimos el producto de un deseo carnal, una violación; un error; una pasión; una confusión; incesto; o tal vez el deseo de una pareja que se sometió a Dios.

De la manera que esta haya sido, es ahí donde comenzó tu vida, el principio de lo que tú has decidido ser. Por lo tanto, algún día tendrás que mirar a través de esa grieta y confrontar la realidad.

De qué manera fui concebido y qué hacer para "llegar a ser" imprescindible. No olvides que tú eres el arquitecto de tu vida, y no la vida misma. En esto consiste la vida, en aprender a separar lo exterior de lo interior. ¡Has aprendido a vivir y a depender de lo exterior y te has olvidado de que tienes un interior, el cual has olvidado: tu alma!

A través de este libro y todos los niveles que descubrirás en él, que fue el producto de las experiencias de mi vida y el estudio en consejería, por casi tres años, y poder recibir mis títulos en consejería, capellanismo otros dos años de estudio y facilitador en grupos de consejería. el cual despertó el coraje a poder atreverme a mirar entre esas grietas y entender que para poder "llegar a ser" el hombre que Dios quería que yo fuese, tenía que comenzar a Hacer muchos cambios en mi vida, llenarme de valor y comenzar por cortar ese Cordón Umbilical el cual me estuvo alimentando la vida solo del pasado, como el aislamiento, soledad y temor lo cual produjo una frustración existencial en mí.

Para poder hacer y querer "llegar a ser" ese hombre o mujer imprescindible y vital, es necesario luchar la batalla de la vida. Rediseñar hábitos y rutinas que la vida ha diseñado en ti para poder avanzar, hay que cambiar y aprender a diseñar tu futuro. Recuerda que el pasado nunca será más grande que tu futuro. Solo tú eres responsable de tu propia arquitectura psíquica, emocional y física. Debes aprender que debe haber un "desapego emocional" de tu pasada manera de vivir para poder hacer y "llegar a ser" libre. Pasamos la vida alimentando más el problema que la solución, nos apegamos al sufrimiento, lo cual puedo llamar "Anestesia Emocional", produciendo un estado de inconciencia.

Mediante la lectura de este libro, mis deseos son que aprendas a hacer frente a la vida. Son las situaciones difíciles las que nos ponen a prueba, y estas precisamente son las que nos hacen llegar a ser. La vida siempre estará llena de una mezcla de momentos difíciles y momentos felices. Pero para poder adquirir conocimiento es necesario aprender a cómo hacer frente a toda circunstancia, la forma de sobresalir en esos momentos difíciles es y será lo que realmente definirá qué tipo de persona eres y serás, y dejar el pasado de tu infancia, o más bien desde el vientre en el que fuimos engendrados, romper con ese cordón umbilical.

Cuando aprendes a navegar y tomar el control del timón de tu vida, por cada situación difícil no solo estás aprendiendo a madurar y crecer en tu interior, sino que también valoras la verdadera felicidad: tu felicidad, y no la que la vida te ha hecho creer.

Según Viktor Frankl, el ser humano sano y mentalmente estable no persigue la felicidad como objetivo principal, sino el sentido de la existencia. La vida adquiere significado cuando uno se dedica a algo fascinante, a un objetivo autoimpuesto, a una obra o a las personas queridas. La felicidad aparece entonces como un efecto secundario. De esta manera, estarás desarrollando una fuerza interior y autosuficiencia en el conocimiento de uno mismo. Todos pasamos por momentos difíciles que, en muchos casos, marcan nuestra vida y nos impiden seguir adelante por no poder soltar el dolor del pasado. Es nuestro deber aprender a hacer frente a estas situaciones para poder alcanzar nuestros objetivos y conquistar la vida. Cada experiencia negativa es una excelente oportunidad para adquirir conocimiento, crecer, avanzar y encontrar el sentido de nuestra vida. Con este libro, podrás entender que se trata de reflexionar e introspeccionar para descubrir el propósito de tu vida.

Fue a través del tiempo y mis estudios en consejería lo que me motivó a escribir este libro y a considerar todas las experiencias de la vida. Esto me ayudó a entender y comprender que el ser humano tiene que aprender a estar consciente de sí mismo y adquirir un concepto más amplio de su vida, además de dejar de vivir del pasado.

En realidad, si somos lo suficientemente conscientes, el ser humano no es más que un animal más en la Tierra. Lo único que nos distingue o nos hace "llegar a ser" es la capacidad de razonar de forma más compleja; sin embargo, la mayor parte de nuestra vida es irracional y tomamos acciones ilógicas que van en contra de nuestros objetivos e intereses personales.

Aprender a llevar nuestra vida hacia el siguiente nivel, expandir nuestras expectativas y mejorar nuestros resultados hará la diferencia.

James Allen escribió: *"Hoy estás donde te han conducido tus pensamientos, mañana estarás allí donde te lleven"*. (Vuelve a leerlo una vez más, pero en voz alta – Énfasis mío).

Las malas experiencias de la vida han hecho que tus pensamientos sean esclavos de la vida, debido a que no has gestionado e identificado esos pensamientos desadaptativos. Esto ha provocado que vivas una vida sin sentido, apática, derrotada, vacía y confundida, como la que vives hoy. La vida ha estado inyectando "parásitos" en tu mente. Recuerda que a diario el cerebro construye, pero la mente destruye. Ten en cuenta que las emociones negativas te abordarán, pero no para que te quedes en derrota, sino para que aprendas a hacerles frente y seas más fuerte, llegando a ser a través de la modificación de tus pensamientos.

El rey Salomón escribió: *"Pensé también con respecto a los hombres: Dios los está poniendo a prueba, para que ellos mismos se den cuenta de que son como los animales. Los hombres terminan igual que los animales; el destino de ambos es el mismo, pues unos y otros mueren por igual, y el aliento de vida es el mismo para todos, así que el hombre no es superior a los animales. realmente, todo es absurdo"* (Eclesiastés 3:18-19 – NVI).

A través de este libro aprenderás a reconquistar tu vida, ya que la vida es demasiado maravillosa como para desaprovecharla viviendo esclavizados en ella, lo que solo conlleva a un constante estado de estrés y derrota emocional. He aprendido que el hombre es y llega a ser literalmente como piensa.

Al igual que surge una planta a partir de una semilla, la acción del hombre surge a partir de los pensamientos, semillas invisibles. Por lo tanto, la cosecha que recogeremos será amarga o dulce dependiendo de la semilla que hayamos plantado en nuestra mente. Esto significa que los pensamientos que albergamos en nuestra mente nos hacen lo que somos, por lo que solo tú eres responsable de las semillas de tus pensamientos. Hasta que el pensamiento no se vincule con un propósito, no se logrará ningún éxito.

"Nuestra mayor libertad humana es que, a pesar de nuestra situación física en la vida! siempre estamos libres de escoger nuestros pensamientos!" – **Viktor Frankl.**

La vida nos obsesiona con aspectos negativos, cargándonos de conformismo, negatividad e ignorancia. Por esto, a través de este libro quiero ayudarte a despertar todo lo positivo que hay dentro de ti, para que los pensamientos negativos no te saboteen. Esto puede causar inseguridad, ansiedad, depresión e ira hacia la vida, lo cual se vuelve un círculo vicioso del cual no será fácil salir. Nuestro propósito es controlar nuestra vida, aprender a obtener y recuperarla, descubrir su verdadero significado y recuperar los años perdidos.

El ser humano debe proponerse cumplir un propósito legitimo en su alma. Estamos vivos, tenemos la vida a nuestros pies para disfrutarla, sin embargo, en lugar de eso, la vida nos obsesiona con metas materialistas que nos causan estrés, ansiedad y enfermedades psicosomáticas. No estoy diciendo que no debas proponerte metas, sino que tu vida es mucho más valiosa que estas. El hombre posee el poder, la inteligencia y el amor para transformarse y regenerarse, por lo que es dueño de sus decisiones y, si así lo desea, puede alcanzar sus objetivos.

W.E. Henley escribió: *"Yo soy el dueño de mi destino, soy el capitán de mi vida".*

Este libro está basado en lo que yo, personalmente, tuve que hacer para "llegar a ser" el hombre que soy hoy: convertirme en el arquitecto de mi vida a través de las experiencias de la vida. Fue en el transcurso de los años que comprendí que las experiencias de la vida no deberían tener control sobre mí. El estudio del ser humano siempre me ha llamado la atención, y el poder contribuir a que el ser humano aprenda a valorarse más y a potenciar lo mejor en sí mismo siempre ha sido un reto para mí. Aprendí a mirar a través de cada grieta que había en mi vida: la soledad, el aislamiento, la tristeza, el rechazo, estar sin hogar, sin madre o padre... Fueron muchas las grietas, pero, gracias al amor de Cristo, el precioso hijo de Dios, y a la sabiduría del Espíritu Santo, hoy tienes este libro en tus manos.

Nuestra vida es una continua sucesión de experiencias que vivimos, compartimos y sentimos cada uno individualmente. Somos responsables de que estas sean más positivas y menos negativas, y de cómo superar momentos difíciles. El ser humano se ha acostumbrado a hacer esclavo de su propia vida, aún no ha aprendido a separar el pasado del presente, lo que ha desarrollado una incapacidad interna: el temor al cambio es una pesadilla para muchos. Mientras el hombre no aprenda a decirle a la vida: ¡YA BASTA! Seguirá siendo esclavo de ella.

Cada hombre está donde está por la ley de su propio ser. Los pensamientos que ha construido en su carácter lo han llevado allí. El hombre es abofeteado por las circunstancias cuando cree que es creado por las condiciones externas, pero cuando se da cuenta de que es un ser creativo, que puede controlar las semillas de su ser de las que nacen las circunstancias, se convierte en el dueño y hacedor de sí mismo. Cada semilla de pensamiento sembrada en la mente, que echa raíces y se reproduce a sí misma, florece tarde o temprano en acciones. Si nos concentramos diariamente en nuestro poder de discernir lo que hay que controlar y lo que no, aprenderemos a controlar nuestra vida para poder "llegar a ser" lo que deseamos.

Si la vida me preguntase hoy: ¿Quién eres? ¿Qué le respondería? Tal vez le diría que soy un alma perdida en un bosque, que he estado dando vueltas y más vueltas tratando de encontrar la salida.

Mientras caminaba entre los árboles, me encontré con un espejo colgado en uno de ellos, y al mirarme no vi mi rostro. Entonces, el espejo me dijo sabiamente: "Mientras no te encuentres primero a ti mismo, y descubras el significado de tu vida, el propósito de tu vida, nunca podrás responderle a la vida quién eres".

Además, el espejo agregó: "No permitas que la vida siga controlando tu vida. Recuerda que la vida es como un eco: todo lo que pienses, digas o hagas de alguna manera ella tomará el control de tu propia vida. Comienza a darle sentido a tu vida, encuentra el propósito y el significado de tu vida. De esta manera, la vida dejará de cuestionarte preguntándote: '¿Quién eres?' o '¿Para qué sirves?'.

Al encontrar el sentido a tu vida, entonces la pregunta sería otra: ¿qué tengo yo para ofrecerle a la vida si no me ofrece nada? Cuando todos los seres humanos aprendan a ordenar sus prioridades, a buscar más sus valores como seres humanos y menos en sus objetivos (metas), será cuando comprenderán y empezarán a tener un mayor significado en sus vidas. ¿Sabías que incluso la misma muerte le tiene miedo al hombre que tiene sus valores en orden? Pues éste ha encontrado el significado de la vida.

¿Cuándo fue la última vez que tuviste un encuentro contigo mismo o una relación personal contigo? Aún no te has dado cuenta de que, al correr detrás de todo lo externo para llenar ese vacío interno, te has olvidado de ti mismo.

"¿Qué provecho saca quien trabaja, de tanto afanarse?"
(Eclesiastés 3:9 – NVI).

El sentido de la vida, la felicidad de la vida y los tesoros de la vida, todo esto se encuentra en lo más profundo de tu ser. Recuerda que lo que debemos conquistar en el transcurso de la vida es la vida misma. Estamos aquí para ser felices, para interactuar con nuestro entorno y saber disfrutar de la vida, tu vida.

Las metas nunca terminan, pero tu vida sí. Las auténticas necesidades de la vida son comer, tener un techo y aprender a amar; lo demás no son necesidades, sino deseos.

La vida no está basada en metas, sino en decisiones. Aprende a controlar tus percepciones, comienza a dirigir tus acciones y aprenderás a vivir tu vida, es decir, modificar tus pensamientos.

"Las decisiones, no las condiciones, determinan quienes somos" – **Viktor Frankl.**

No me malentiendas, en ningún momento hago referencia a que no te propongas hacer cosas o que no te propongas metas. Mi base es que comprendas que la vida, tu vida, es algo mucho más grande que una simple meta materialista. La mayor parte de nuestra vida nos pasamos trabajando, solo para poder adquirir algún objetivo físico, externo y material, y una vez ya adquirido esto, ya no sabemos qué hacer y volvemos a emprender otro tiempo buscando la felicidad en más cosas externas. No viniste a este mundo a ser esclavo de la vida; Dios te creó para que aprendas a desarrollar la verdadera felicidad. Deja de estar viviendo esa vida miserable que solo has aprendido a vivir llenándote de lo externo. Recuerda que ante todo eres, primordialmente, un ser espiritual.

"El placer y la felicidad son productos, no premisas. La felicidad debe resultar de algo, No puede perseguirse. Es la persecución de la felicidad lo que acaba por frustrarla. Cuanto más hagamos de la felicidad un objetivo, más nos alejaremos del objetivo" – **Viktor Frank.**

El rey Salomón escribió: *"Consideré luego todas mis obras y el trabajo que me había costado realizarlas, y vi que todo era absurdo, un correr tras el viento, y que ningún provecho se saca en esta vida"* **(Eclesiastés 2:11 – NVI).**

George Bernard, escribió: *"El progreso es imposible sin el cambio, y aquellos que no cambian sus mentes no pueden cambiar nada".*

La vida siempre estará llena de opciones y alternativas, solo el hombre que es libre de ella sabrá cuál es el verdadero camino. En su transcurso, solo te ofrecerá dos opciones: sí o no; tú decides. Recuerda que eres responsable de tu manera de vivir. Tu vida es un proceso a través del cual cada uno es responsable de su plenitud. Comienza a cortar esos hilos que han manipulado tu vida y a hacer una modificación de tus pensamientos.

- ¿Entonces, qué debo hacer para *"llegar a ser"*?

Aprender a ser es un tipo de vida poco alcanzado por muchos. ¿Cómo comenzar? Reconocer que toda experiencia de la vida tiene el propósito de hacer de tu propia vida algo útil. En otras palabras, debes necesitar de la vida en lugar de que la vida necesite de ti. El hacer genera ser, y el nuevo ser genera un nuevo hacer. Para llegar a ser, primero hay que comenzar con hacer algo en tu vida; hacer significa realizar, producir, ejecutar, actuar, preparar y causar.

Mientras tanto, "ser" significa que algo ocurrirá en el futuro... "Voy a ser". Deja de hacer lo que la vida te ha estado dictando y comienza a hacer el hombre o mujer que Dios siempre ha querido que llegues a ser. Encuentra el sentido, el propósito y el significado de tu vida. Comienza a hacer para llegar a ser. Recuerda que todos tenemos dos vidas: la que has vivido hasta hoy y la que nunca has aprendido a vivir. Enfócate en esa última para "llegar a ser" el ser humano que siempre has querido ser. No es fácil, pero aquel que reconoce que la vida ha tenido el control de su vida y toma la decisión de aceptarlo, puede tener el valor y el coraje para salir de esa prisión mental. No olvides que las cadenas que te han hecho esclavo son las de tu propia mente.

Según Nietzsche: *"Quien dispone de un para qué vivir es capaz de soportar casi cualquier cómo".*

En otras palabras, la vida misma es una misión continua, es vivir por algo o para alguien; siempre tiene un significado, ya sea en el sufrimiento como en la vida "normal".

El hombre solo llegará a ser tal en la medida en que descubra cuál es su sentido de la vida, el por qué y para qué. Por lo tanto, me planteo de nuevo: ¿qué espera de mí la vida? En lugar de seguir esperando a ver qué me da la vida.

Como escribió Viktor Frankl: *"No basta por preguntarse por el sentido de la vida, sino que hay que responder ante la vida misma".*

Para todos aquellos que aún no han entendido cuál es su sentido de la vida, como yo vivía en el pasado, se convierte en una pesadilla que los arrastra, el presente es solo un diario de problemas y el futuro es un monstruo al que no tienen los recursos para saber cómo superarlo y "llegar a ser" alguien y soltar ese niño herido de la mano.

Leo Tolstoi dijo: *"El secreto de la felicidad no es hacer siempre lo que se quiere, sino querer lo que se hace".*

Comenzar a hacer de tu vida lo que realmente has querido ser. Vivir el aquí y el ahora creyendo en ti, activando esa fe que es la fuerza de la vida. Aquí y ahora es aprender a través de la modificación de pensamientos, prestando atención a todos tus sentidos y al poder potencial que nos está impidiendo avanzar y desarrollar esa inteligencia emocional.

"Deja de estar corriendo tras la felicidad, pues mientras más corras tras ella más lejos se irá" – **Viktor Frankl.**

Cuando el hombre comprenda que no es culpable de lo que ha pasado en su vida, sino responsable de su propio dolor y sufrimiento, y comience a hacer para llegar a ser, entonces dejará de ser víctima de la vida.

En mi camino he aprendido que la vida es una continuación de circunstancias, que, bien aprendidas, se pueden convertir en una escuela, y esta escuela dará a cada hombre la oportunidad de convertirse en su propio maestro, y no solo en un alumno más de la vida (la vida está llena de alumnos que nunca llegan a aprender cómo graduarse).

El hombre debe darse cuenta de que cuando Dios nos formó siempre hemos sido la creación perfecta en esta vida; somos individualmente únicos, irrepetibles, llamados a la libertad y a ser responsables de nuestra propia vida para poder alcanzar a ser el hombre completo que Dios quiere que seamos, y no lo que la vida ha creado de nosotros.

Algo muy interesante que tal vez aún no has realizado o comprendido: ¿Cuándo Dios creó todo, es decir, los cielos, la tierra, el mundo animal, los árboles, los mares...? ¿A quién le dio vida? ¿A quién sopló y le dio vida? ¿A quién le dio el dominio sobre todo en la vida? ¡Entonces!

Luego de miles de años, el Hijo de Dios vino y dijo: "¡YO SOY LA VIDA!". Él no le pidió permiso a la vida para hacer lo que él quería ser; al contrario, controló todo lo que había en la vida: naturaleza, hambre, miedo, muerte, enfermedades, etc. Él no permitió que la vida controlara su vida. Aprende que la vida solo te ofrece un camino, el de la muerte: vivir muerto mientras "vives".

"El hombre se pasa la vida siguiendo las pisadas de otros hombres y se olvida de crear las suyas propias" – Radames.

Son muchos los que caminan en la vida, sin darse cuenta de que hace años ya han dejado de existir, viven vidas vacías, sin sentido alguno en ella, sin ilusión ni esperanza.

La vida es un proceso a través del cual hay que "hacer" para poder "llegar a ser" y completar esa creación propia llena de plenitud, me refiero a la plenitud espiritual, emocional y cognitiva que se alcanza a través de una modificación de actitudes.

Estas modificaciones deben hacerse énfasis en comportamientos claves que se deben poner en práctica, y esto se desarrolla mediante una cierta disciplina para que luego se deje de atender a las actitudes dañinas y negativas, para entonces poder ver y darse cuenta de las nuevas, como motivación para "llegar a ser". Reconoce de una vez que solo tú eres responsable de tu arquitectura al vivir.

La modificación de actitudes reorienta la atención hacia nuevos pensamientos e ideas, hacia actitudes positivas y psicológicamente saludables. Esto permitirá que comiences una libertad de las actitudes de la vida, alejándote de actitudes enfermizas, de las que durante años has querido evitar mirar a través de esas grietas. Cuando comiences a modificar tus actitudes y tengas el valor de ver a través de esas grietas, empezarás a conocer quién eres. ¡Deja de alquilar tu mente a la vida!

D. Custer escribió: *"Tanto si una persona triunfa como si fracasa, utiliza la mente. Unos utilizan la mente para conseguir el éxito, otros para convertirse en fracaso".*

Dios, con su amor tan sublime, permite que tú y yo lleguemos a ser con nuestra vida lo que decidamos hacer. He llegado a darme cuenta de que incluso la misma muerte respeta y teme al hombre que tiene sus valores en orden, es un hombre capaz de tener el control de su vida. La perturbación emocional no se crea por las situaciones, sino por las interpretaciones que tú y yo hagamos de ellas. Esta frase pretende reflejar las circunstancias que en mi propia vida he vivido al encontrarme cara a cara con la muerte en dos ocasiones, al sufrir dos infartos cardiacos.

"La vida no es un problema para ser resuelto, sino una realidad para ser experimentada" – **Søren Kierkegaard.**

Fue precisamente en esos momentos difíciles donde llegué a comprender y darse cuenta de la importancia del sentido de la vida, el propósito de la vida, y la modificación de mis pensamientos y actitudes.

Mi mente, mi cuerpo y mis emociones tuvieron que llegar hasta un ALTO nivel para darse cuenta de que la vida no consiste en lo externo, sino más bien en lo interno que hay en uno individualmente, lo que llegas a acumular en tu vida interna a través de los años. En esos días de cama en cuidado intensivo pude comprender el siguiente pensamiento:

H. Macmillan escribió: *"La reflexión calmada y tranquila desenreda todos los nudos".*

Fue cuando, con toda seguridad, pude decirles a mis seres queridos que aún no era tiempo de mi partida. En la modificación de actitudes, la atención se dirige hacia los valores, los propósitos, las tareas, la libertad de elección y la responsabilidad, y no hacia la satisfacción de los instintos o hacia los procesos mecánicos de la vida. Esto quiere decir que hay que buscar el sentido de la situación que estemos pasando en el presente, aceptar los cambios que vendrán, transformar el sufrimiento en una realidad y no en una prueba. Modificar nuestras actitudes nos ayudará a aprender a vivir una vida significativa. Para ello, nuestras actitudes deben estar continuamente transformándose, influenciadas por la realidad y no por las pruebas. Las pruebas nos hacen vivir en esclavitud emocional, mientras que la realidad nos permite vivir en libertad para poder llegar a ser.

Encontrar el sentido de la vida es "llegar a ser" libres, darse cuenta de cuáles son los valores en la vida y no confundirlos con tus metas. Un valor es algo continuo, algo a lo que siempre podemos aspirar y avanzar en dirección a él. Me refiero a los valores morales, los cuales conducen al bien moral.

Estos valores surgen primordialmente en el individuo y en el seno de la familia, como el respeto, la tolerancia, la honestidad, la lealtad, el trabajo y la responsabilidad.

Cada uno es responsable de "llegar a ser" responsable de estos valores, pero tristemente la vida nos hace más bien esclavos de las metas que cada uno tiene en su "yo" propio.

Una meta es un objetivo que finaliza al ser alcanzado, y la vida nos arrastra a seguir buscando metas y más metas hasta el punto en que llega el día en que la vejez nos alcanza y al final nos damos cuenta de que perdimos completamente el sentido de la vida y su significado, y que lo único que alcanzamos con todas las metas fue un vacío existencial; nunca se logró una modificación de actitudes. 'Genio y figura hasta la sepultura'.

El vacío existencial es esa sensación de que la vida ya no tiene sentido, nada logra satisfacerles y esto los encarcela en un estado psicológico de sufrimiento, el cual con el tiempo puede generar una profunda depresión. Esto lleva a la persona a un abismo. ¡El hombre debe aprender a decirle a la vida: "¡Ya Basta! De ahora en adelante, seré yo quien tome el control de mi vida, comenzaré a "Hacer" para llegar a "Ser".

El conocimiento propio, el hacer para llegar a ser, requiere de ti aprender a ser responsable. Ser responsable de lo externo es algo que todos somos, pero ser responsable de lo interno es otra cosa. Recuerda que hacer es un verbo con el sentido de crear, realizar, producir, ejecutar, actuar y preparar. Te sugiero ser un poco más optimista, ya que el optimismo es una actitud que afecta de forma positiva tu vida cognitiva, emocional y física. El optimismo te ayudará a ver y hacer que veas las derrotas o toda circunstancia negativa como algo temporal y no permanente. El hombre debe ir construyendo su vida con intencionalidad y determinación. La voluntad y el valor de darle sentido a la vida es y debe ser una exigencia propia que cada uno debe cumplir individualmente como ser humano. Debe ser una misión a largo plazo para que el hombre tenga la capacidad de encontrarse a sí mismo y comenzar a hacer para poder "llegar a ser" en su plenitud.

C. Chaplin escribió: *"Un cerebro creador puede transfigurar en belleza la vida, la naturaleza y la humanidad".*

Comprendo que todos tenemos limitaciones y que en ocasiones será imposible tener el control de todo, pero recuerda que en la vida habrá pruebas y otras serán realidades.

Es tu responsabilidad educarte y poder identificar cuál es la diferencia entre ambas. No olvides que has sido creado a partir de una materia prima de primera calidad. Acuérdate de que sólo tú pones límites a tu vida; sólo tú has llegado a ser lo que piensas.

S. Crane escribió: *"El que puede cambiar sus pensamientos puede cambiar su destino".*

Todos tenemos un destino, y mientras nos dirigimos hacia él, debemos aprender a vivir con sentido y propósito. No te olvides que después de cada noche siempre habrá una mañana. Tal vez tu vida haya estado llena de noches de angustia, dolor, frustración, llanto, amargura y tristeza, pero recuerda que solo tú tienes el control para que al amanecer tu vida tenga deseos de Hacer para llegar A Ser. Comienza a cambiar tus actitudes, solo tú puedes lograr grandes cambios en tu vida, pero para esto tendrás que aprender a romper con esos patrones mal aprendidos.

Tus pensamientos tienen un poder increíble; fíjate cómo has vivido la vida hasta hoy. Has sido un títere en las garras de la vida, corriendo tras las metas y olvidándote de ti, de tu vida, tus propósitos, tus realidades y tu familia. La pobreza más grande que un ser humano puede tener es tener mucho dinero y correr toda la vida tras el viento. Pensar no es suficiente, ni siquiera pensar positivamente es suficiente. Tenemos el reto pendiente y urgente de cerrar el abismo entre lo que pensamos y lo que vivimos, o si lo prefieres, entre lo que decimos y lo que hacemos.

En otras palabras, eres lo que haces de tu vida y no solamente lo que dices; comienza a invertir en ti. El ser humano que llega a ser consciente de su vida llegará a vivir más emocional y psicológicamente mucho más sano, estando además más consciente de su entorno.

Cada ser humano forja su propio destino, según los pensamientos que elija y estimule.

"La mente es la fábrica maestra que teje las ropas que viste tanto en lo profundo del carácter como en lo externo de las circunstancias, y que si hasta ahora hemos tejido ignorancia y sufrimiento podemos tejer iluminación y felicidad" – **James Allen.**

Por lo tanto, el ser humano es y vive lo que decide pensar o dejarse llevar por los pensamientos de la vida. La mayoría de estos pensamientos son parásitos inmundos que se desarrollan en el carácter de cada ser humano, lo que hace que viva una vida anémica.

Alimentar estos parásitos con lo que la vida dicta y ofrece es una de las principales causas de esto. La fuerza de voluntad es esencial para el bienestar temporal y eterno del hombre, por lo que debe ser uno de sus principales deberes.

"Todo tiene su momento oportuno; hay un tiempo para todo lo que se hace bajo el cielo" (**Eclesiastés 3:1**).

Hasta este punto espero que hayas entendido que el placer y el poder que la vida ofrece a la humanidad han hecho que muchos vivan su vida distraídos y se olviden de que el hombre tiene la capacidad y la libertad para definir el sentido de su vida. Esta comprensión es algo que el hombre de hoy no puede entender, a causa del placer y el poder que la vida le ha ofrecido. La vida siempre será vida, pero el tiempo que tienes para vivirla se reduce a cada día.

Mientras más sentido encuentres en tu vida, más significado hallarás. Tu principal objetivo en la vida es encontrarte a ti mismo.

Atrévete a mirar en cada una de las grietas que hay en tu vida. Recupera todo lo que la vida ha secuestrado de tu existencia. Sólo tú tienes la libertad de negociar y reconciliar entre tu mente y tu alma.

"La mayoria de la gente no quiere realmente la libertad, porque la libertad implica responsabilidad y la mayoria de la gente le teme a la responsabilidad" – Sigmund Freud.

Se trata de una libertad incondicionada. El hombre es libre para convertirse responsablemente en algo diferente de lo que es[13].

En el primer capítulo o nivel que estás por comenzar a leer, está basado en la libertad de decisiones y la responsabilidad de elegir las acciones que todos debemos hacer en la vida para poder llegar a ser. Siempre ha existido y seguirá existiendo esa lucha constante dentro de nosotros hacia la madurez, la independencia. Y en el proceso nos damos cuenta de que la expansión es a menudo un proceso doloroso.

A través de este libro, mi objetivo es aumentar la capacidad de autoconciencia, autoconfianza y autocompasión que hay en lo más profundo de tu interior. Comenzar una nueva versión de ti, a través del potencial que existe dentro de ti.

La libertad, la elección y la responsabilidad constituyen la base de la conciencia de uno mismo. Cuanto mayor sea nuestra conciencia, mayores serán nuestras posibilidades de libertad[14].

Yo, personalmente, al descubrir que todos tenemos el potencial de actuar o no actuar, que todos somos libres de las decisiones que se nos presentan a diario, me di cuenta de que la inacción también es una decisión. Recuerda que solo tú eres responsable de elegir las alternativas y decisiones que configurarán tu destino. Así que suelta, deja ir a ese niño/a que has traído de la mano toda la vida. Bien, comencemos a construir nivel por nivel la arquitectura de tu vida, y sobre todo, la conquista de tu vida que encontrarás en cada nivel.

---

[13] *"Diccionario de Logoterapia"* de Marta Guberman y Eugenio Pérez Soto.
[14] Basado en el libro *"Teoría y práctica del asesoramiento y psicoterapia"*, por Grald Corey.

Primer nivel: Decisiones.

El ejemplo anterior fue diseñado por el D. Zurilla y Goldfried en 1971.

Perspectiva del sentido de tu vida y las decisiones:

"La decisión y el propósito emanan de saber lo que podemos hacer. La duda y el miedo son los grandes enemigos del conocimiento, y aquel que los aliente, y no los elimine, encontrará la frustración a cada paso"[15].

---

[15] Cita de James Allen, el cual fue un escritor filosófico británico conocido por sus libros inspiracionales y de poesía, y por haber sido un pionero en el movimiento de autoayuda.

Las decisiones que, desde muy temprana edad, la vida nos invita a tomar y decidir, para muchos es causa de lo que he denominado "parálisis emocional". Como menciona James Allen, la duda y el miedo son los grandes enemigos del conocimiento.

La duda es incertidumbre, indecisión, irresolución; mientras que el miedo es cobardía, terror y procrastinación. Ambos, con el tiempo, darán lugar a un tipo de parálisis emocional, lo cual puede hacer mucho más difícil encontrar y entender la toma de decisiones. Nos sentimos paralizados por estos miedos, ya sea que estos sean conscientes y se puedan verbalizar, o miedos inconscientes, lo cual llega a causar angustia, estrés y ansiedad. La parálisis emocional hará sentirnos impotentes. La toma de decisiones puede ser tan estresante en muchas ocasiones, lo cual llega a producir esta parálisis emocional.

Esto hará que la falta de confianza en sí mismo haga más difícil la toma de decisiones. Ya que a causa de esta parálisis emocional nos basamos más en la magnitud del obstáculo que enfrentamos, a causa de la magnitud que asignamos a las circunstancias.

No todas las decisiones vienen disfrazadas de la misma manera, por lo que cada una se toma con una perspectiva diferente. Esto nos obliga a razonar y reflexionar en cada situación. La mayoría de estas decisiones llevan una gran carga emocional, lo que dificulta la toma de decisiones. Esto puede generar ansiedad, estrés, procrastinación e incluso conflictos en el hogar, especialmente si las decisiones se toman solo por instinto y no por razonamiento.

La toma de decisiones nos enfrenta a muchas ocasiones al miedo, el fallo y el equivocarnos, todo por la falta de una base para seguir, como la ilustración de la página anterior, que nos permitirá tomar decisiones con más sabiduría, evitando los conflictos emocionales y los errores que luego nos arrepentimos en el futuro. La parálisis emocional nos limita, no nos deja avanzar como seres humanos, vivimos alimentando el pasado, nunca aprendemos a ser optimistas y a tomar mejores decisiones.

Debido a la parálisis emocional, surge la incertidumbre, según lo afirma Edith Sánchez en su libro: "La mente es maravillosa".

Esta situación está estrechamente relacionada con la ansiedad confusional, con sentimientos de desorientación, dificultad para identificar las emociones, desorden en las ideas y conciencia limitada. Esto provoca la sensación de estar perdidos y, al mismo tiempo, amenazados por la realidad.

Entendamos el círculo de las decisiones:

1. **Definir el problema:** Definir es fijar con claridad, exactitud y precisión.
2. **Analizar el problema:** Es examinar detalladamente una cosa, y, de esta manera, extraer conclusiones.
3. **Evaluar las alternativas:** Calcular la importancia de una determinada cosa o asunto.
4. **Eligir las alternativas:** Es escoger, optar, preferir las alternativas que existen en las decisiones.
5. **Aplicar las alternativas:** Poner en práctica los procedimientos adecuados para conseguir un fin.

Como expliqué anteriormente, cuando estamos en ese vacío existencial, la toma de decisiones resulta mucho más difícil de procesar. Hacemos un hábito del sufrimiento, nos apegamos a él y lo alimentamos, preocupándonos más por el sufrimiento que por el hecho de no sufrir. Nos acostumbramos a vivir una vida de miseria, lo que puede llevar a muchos a aislarse y sufrir una locura emocional. La falta de conocimiento sobre cómo tomar decisiones sabias hace que nuestra mente se deje llevar por ellas con el tiempo.

"Recuerda que entre un pensamiento y una acción siempre existe una decisión" – **Radames.**

La mayor parte del tiempo la vida no es justa y mucho tiene que ver con las decisiones que hemos tomado en la vida. Muchas veces nos esforzamos hasta el límite, invertimos mucho tiempo, energía, emociones y hasta una gran parte de nuestro corazón, sin embargo, a veces el destino nos trae un irónico revés y todo nuestro esfuerzo y todos nuestros sueños quedan desintegrados.

Por lo tanto, es nuestra responsabilidad aprender a aplicar una actitud más fuerte, resiliente y positiva en nuestra vida y de esta manera poder encontrarle un sentido más esperanzador y elevado.

El hombre es libre de tomar sus propias decisiones, lo cual con el tiempo le permitirá ajustar una mentalidad de crecimiento y más resistencia frente a los desafíos.

Cada día, el ser humano toma un promedio de 35.000 decisiones y solamente somos conscientes de una mínima parte de ellas. El cerebro humano toma el 99,74% de las decisiones de manera automática, es decir, sin que estemos conscientes de ellas. El cerebro está programado para tomar decisiones en la vida cotidiana[16].

"El hombre se pasa la vida buscándole el sentido a todo en la vida menos a su propia vida" **– Radames.**

¡Qué gran tragedia la del ser humano, que nunca logró cumplir el propósito primordial de su vida: descubrir la felicidad interna a través de sus propias decisiones! Muchos solo buscan la felicidad externa, la cual nunca tiene fin, convirtiéndose en esclavos de lo externo. Vivir es saber elegir y tomar decisiones, pues eso es lo que nos lleva al éxito. Desafortunadamente, el ser humano pasa su vida sin sentido, olvidando quién es en realidad: un individuo dotado de alma, espíritu y una mente racional, capaz de reflexionar sobre su propia vida y su pasado, su presente y su futuro, así como de discernir entre el bien y el mal, lo correcto e incorrecto, y lo justo e injusto[17].

"Me dije entonces: Vamos, pues, haré la prueba con los placeres y me daré la gran vida.! Pero aun esto resulto un absurdo! **(Eclesiastés 2:1 – Las decisiones del rey Salomón – NVI).**

"No te preocupes por morir, más bien preocúpate porque aún no has comenzado a vivir" **– Radames.**

---

[16] Estadística tomada de www.lasexta.com
[17] Significados.com/ciencia.

Tener vida es aprender a vivirla y amarla. Debes aprender que la vida no merece que uno se preocupe tanto. Nadie nunca podría ser feliz si primero no se ama a sí mismo.

Ampliando un poco más, las actitudes modificadas son de suma importancia, ya que ayudan a guiar mejor los pensamientos, el comportamiento y los sentimientos, permitiendo tomar mejores decisiones. La mente solo puede analizar o pensar una cosa a la vez, así que la calidad de tus pensamientos determinará la calidad de tu vida de acuerdo con el progreso de tus modificaciones de actitud. El comportamiento es el componente observable de lo que hacemos, mientras que la actitud es el componente no observable que explica por qué lo hacemos.

Recuerda que la modificación de tus pensamientos influirá en tus decisiones y actitudes, creencias e ideas sobre algo y en tu perspectiva hacia la vida. Ten en cuenta que algunos de los factores que determinan nuestra actitud son el entorno, así como las experiencias acumuladas a lo largo del tiempo, que ayudan a desarrollar la intuición.

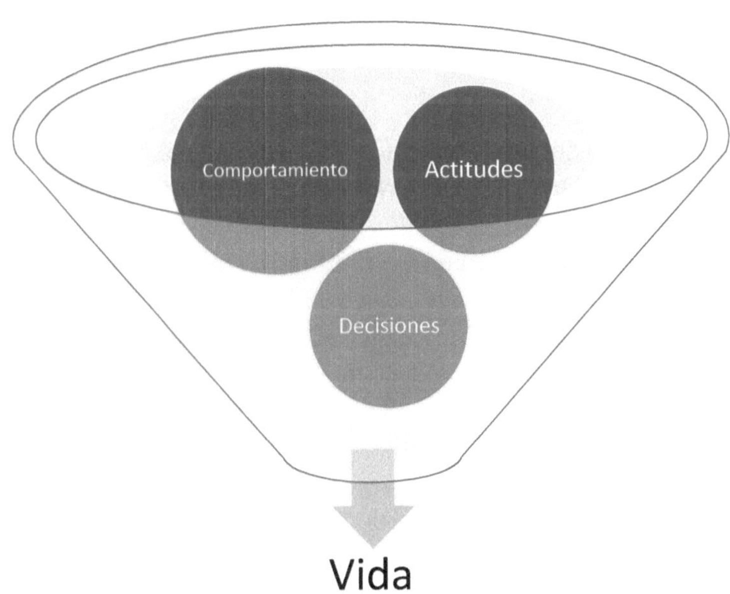

La ilustración de arriba muestra un embudo y dentro se encuentran los comportamientos, actitudes y decisiones.

De acuerdo con estos principios, lo que sale a través del embudo de tu vida para tomar decisiones más concretas es lo que determinará tu futuro. ¿Qué ha salido del embudo de tu vida durante el curso de tu vida?

Hasta el momento has podido ver y comprender la gran necesidad de la importancia de poder modificar tus pensamientos, lo cual hará una mejora en la modificación de tus actitudes. ¿Ayudará esto a mejorar tu comportamiento y tus valores? ¿De acuerdo con el plan de tu vida? Sin una mente estable y saludable, no puede haber un comportamiento sano ni actitudes positivas. Solo de esta forma, tus valores internos producirán una vida llena de sentimientos, deseos, razonamiento y decisiones. Recuerda que, como mencioné antes, entre un pensamiento y una acción hay decisiones. Tu perspectiva hacia la vida comenzará a ser completamente diferente; ahora eres tú quien proveerá a la vida, y no la vida a ti. Los beneficios de tener un plan harán que te conozcas mejor, que ganes una mejor perspectiva sobre la vida, que tomes mejores decisiones, que vivas con integridad y, sobre todo, que aprendas a dedicarle más tiempo a tu vida y no a la vida de los demás.

Abraham Lincoln escribió: *"Lo que cuenta no son los años en nuestra vida, sino la vida en nuestros años".*

¡Cuán cierto! Podemos vivir toda la vida, pero sin vida. Nos hacemos simplemente uno más entre la multitud, lo que tú tienes yo quiero y lo que te motiva a ti también a mí. Vivimos una vida de copia del otro y nunca llegamos a ser originales, tomamos decisiones de acuerdo a cómo los demás. Tu vida es desarrollada por una consecuencia de maneras de vivir y decisiones o formas de ver la vida interior propia, la cual se genera a través de un sistema positivo y un desarrollo propio positivo. Al poder desarrollar y descubrir que eres único y valioso, esto hará que tus pensamientos, emociones y decisiones sean estimulados hasta tal grado que llegue el día en que incluso la misma vida respete tu propia vida; ese será el comienzo de llegar a ser.

Como seres humanos nunca se nos ha enseñado la libertad de elegir entre alternativas, y por lo tanto, nos conformamos a vivir tal y como la vida ha enseñado a la humanidad a sobrevivir. Cuando hablo de parálisis emocional me refiero a una oposición al movimiento, ¿qué es y por qué esa emoción está paralizada? ¿Qué no me permite tomar mejores decisiones?

"La mejor terapia en la vida es y será siempre la propia vida" – **Radames.**

Siempre habrá y estará presente en los momentos de la vida, en el largo transcurso del camino llamado vida, algo que la Biblia llama "tu alma" y que grita desde lo más profundo de tu ser: ¡Quiero ser libre! Y aún más en estos tiempos tan difíciles, en los que nos resulta complicado tomar las decisiones correctas debido al miedo. Saber y aprender a conquistar tu vida traerá la conquista de tu libertad, la cual permitirá que comiences a hacer para poder llegar a ser. Al hablar como cristiano, Cristo nos libera del pecado, pero es nuestra responsabilidad aprender a ser libres al tomar las decisiones adecuadas, y esto se consigue al desarrollar una libertad emocional, psicológica y hasta fisiológica. Ser libre significa soltar aquello a lo que nos hemos aferrado toda la vida, dejarlo ir y aprender a desprenderse de todo aquello que nos ha convertido en codependientes de la vida.

Aunque el alma es invisible, es tan real como el cuerpo humano. Es a través del alma la que nos ayuda a entender y experimentar lo que el cuerpo no puede entender; el alma es la que nos hace estar conscientes del ámbito emocional y psicológico como humanos. La Biblia al utilizar la palabra "alma" en griego significa "psuché", que significa "psicología". De esta manera, el alma se compone de la mente, la cual nos instruye y nos permite hacer cosas como pensar, considerar, razonar, tomar decisiones y además nos hace desarrollar los sentimientos y, sobre todo, entenderlos.

Es un gemido, un clamor del cual tu alma clama en voz alta, invitándote a una desintoxicación y autorreflexión para poder cambiar la manera de sobrevivir de tu existencia.

A veces llega a ser algo aterrador, pero es muy necesario. El ser humano a lo largo de los años ha celebrado los triunfos de muchas batallas a lo largo del mundo. Sin embargo, aún le falta ganar la batalla principal, la de su mente. La mente humana es su órgano para pensar; es a través de ella que adquieres habilidades para pensar, conocer, desarrollarte, tomar decisiones y vencer. La mente ocupa un lugar muy importante en la vida de una persona. No aprender a renovarla, tanto si eres cristiano como si no, hará que tu existencia sea inefectiva y llena de malas decisiones. Lo que más tristeza genera es no reconocer que tú solo eres el esclavo de tu propia mente y de las malas elecciones. Tu alma está al borde de una catarsis, ya que la vida ha causado que vivas una vida llena de anhedonia.

La anhedonia, en su sentido más amplio, se refiere a la incapacidad de sentir placer o satisfacción, incluso cuando se experimentan actividades habitualmente consideradas como agradables. Esto puede incluir la incapacidad de experimentar placer al comer, relacionarse con los demás o participar en actividades profesionales o de ocio. La anhedonia es un síntoma de varios trastornos mentales, como la depresión o la esquizofrenia.

La vida que has aprendido a vivir es una vida "barata", la cual siempre has encontrado solamente en lo exterior. Esta vida "barata" siempre será problemática, desgraciada y llena de obstáculos; este es el motivo por el cual siempre estás buscando llenar ese vacío interno con lo exterior a lo que la vida te ha hecho adicto. Estás acostumbrado a sobrevivir con pensamientos incorrectos y negativos que solo han creado limitaciones y malas decisiones. Esta vida es adictiva; la vida te ha hecho creer que las metas exteriores serán lo único en llenar ese vacío interno. Has olvidado de ti mismo, es tiempo que aprendas a hacer un análisis existencial para poder llegar a ser. En otras palabras, un análisis existencial está basado en entender cuál es tu propósito y qué significa ser humano.

"Todo el mundo piensa en cambiar el mundo, pero nadie piensa en cambiarse a sí mismo" – Leo Tolstoi.

La felicidad interna, o sea la buena vida y la armonía interior, sólo se pueden conseguir a través de pensar correctamente, tomar decisiones ordenadas y crear acciones positivas dentro de tu vida interior. Cuanto mayor sea nuestro nivel de conciencia, más amplia será nuestra realidad hacia la libertad interior y mejores decisiones. Mediante la modificación de pensamientos, dejarás de verte a ti mismo como una víctima indefensa de la vida. Recuerda que, al cambiar tus actitudes, el énfasis está en el potencial de cada situación. La vida te ofrece una variedad de opciones, pero al final serás tú quien, gracias a este proceso, estará más consciente de sus posibilidades. Algún día podrás preguntarte: ¿cuál fue mi propósito en esta vida? ¿Cuál fue mi misión? La mayoría de la gente piensa que se les va el tiempo, cuando en realidad lo que se les va es su vida, debido a las decisiones que toman.

El Rey Salomón escribió: *"Pues, ¿qué gana el hombre con todos sus esfuerzos y con tanto preocupase y afanarse bajo el sol? Todos sus días (vida) están plagados de sufrimientos y tareas frustrantes, y ni siquiera de noche descansa su mente! ¡Y también esto es absurdo!"* **(Eclesiastés 2:22-23 – NVI – Énfasis mío).**

"La felicidad depende de nosotros mismos. Decía que para poder vivir una vida verdaderamente feliz se requiere el cultivo de una serie de premisas tanto a nivel físico como a nivel mental" – **Aristóteles.**

Es el punto del cual he estado haciendo referencia en este capítulo: Dios o cualquiera que sea tu dios, o ningún dios. Pero, como seres humanos, todos estamos capacitados para cultivar nuestra propia felicidad, y no solo esto sino todo lo que cultivamos en nuestra vida. Tenemos el poder de "hacer" para "llegar a ser".

Toda circunstancia negativa en la vida solo se convierte en lo que tú quieras que sea. La vida en sí misma no tiene significado; el significado depende totalmente de nosotros. Cuando la realidad es que somos nosotros los que procesamos y le ponemos una etiqueta a las circunstancias, ya sea como "buena" o "mala". Nuestra percepción es limitada, por lo que tú mismo limitas el verdadero significado de lo bueno o malo, tú mismo haces el producto final de tu manera de vivir, de acuerdo a tus decisiones. El hombre se deja vencer por la ausencia del futuro, ocupando su mente con pensamientos vacíos. Cada ser existente está capacitado para elegir entre sus propias acciones, y poder hacer parcialmente su propio destino y decisiones.

Veamos unos ejemplos de decisiones:

- Dos personas pierden su trabajo, uno piensa, qué desastre que voy a Hacer, y comienzan a caer en estrés y ansiedad, ¿qué pasa para este individuo? la vida sigue en control. La otra persona piensa, qué bueno ahora es una oportunidad para poder buscar un empleo mejor, o comenzar a estudiar, este toma el control de la vida tiene en orden sus decisiones y destino.

- Otro caso sería: Dos personas acuden a un examen médico y ambas son diagnosticadas con Diabetes, uno de ellos cae en desilusión hacia la vida, comienzan las preguntas, ¿por qué yo? ¿Y ahora que voy a Hacer? Mientras que la otra persona piensa, bueno, es tiempo de comenzar con Hacer cambios en la vida, ejercicio, buena alimentación, crear un estilo de vida más saludable, positivo. La vida comienza y depende mucho de la manera que reaccionamos hacia ella. Es increíble como desperdiciamos la mayor parte de la vida, cuándo queremos cambiar algo que en realidad no tiene solución, hay circunstancias en la vida que se presentan como, problemas y otras como realidad. Necesitamos desarrollar más convicción en la vida. Recuerda el embudo. Más sobre problema o realidad en el nivel octavo.

Walter Riso escribió: *"Unas de las primeras claves del crecimiento personal y la felicidad es saber apreciarnos a nosotros mismos por nuestra esencia, nuestros principios y nuestros valores, y no por lo que tenemos".*

En varias ocasiones, en esos momentos de inflexión de la vida, en los que has meditado y quieres comenzar de cero, sabes que será una decisión que requerirá que salgas de tu "zona de confort". Esto producirá un debate interno en tu mente, una lucha emocional, pues estamos acostumbrados a los patrones aprendidos que la vida ha creado en nosotros. Estamos tan apegados a lo conocido, que tememos abrir la puerta a lo desconocido. Tienes temor de mirar a través de tus grietas. Entonces surge la pregunta: ¿qué debo hacer para poder llegar a ser? Quiero y necesito un cambio en mi vida, pero ¿cómo? ¿Cuál sería la decisión correcta?

"Aquel que tiene un porqué para vivir, se puede enfrentar a todos los cómo" – **Friedrich Nietzsche.**

El primer paso y uno de los más importantes es aprender a detoxificar tu mentalidad y salir de la parálisis emocional. Debes aprender a lidiar con patrones mal aprendidos, modificar tus pensamientos y salir de la rutina. Sabías que Dios está más interesado en cambiar tu mente que en cambiar tus circunstancias. Esto es el primer paso más importante para radicalizar tu vida.

Pon tus pensamientos en orden, tus ideas, tu estilo de vida, tu entorno y, si es posible, incluso tu misma religión. Si logras esto, Dios te ayudará a resolver las circunstancias de la vida, lo que te permitirá seguir viviendo con la misma mentalidad. Además, una desintoxicación te permitirá experimentar una renovación emocional, espiritual y mental, lo que te ayudará a tomar mejores decisiones. Cuando la mente del ser humano es atacada ardua y constantemente, pierde la capacidad de pensar y se convierte en una mente bajo servidumbre de la vida, adicta a las miserias que la vida le ha dado.

Solo desintoxicando tu mente podrás tener una mejor percepción de la vida y liberar tu mente de creencias irracionales. De esta forma, podrás gozar tu vida en el aquí y el ahora, sin la intoxicación mental, espiritual y física de tu naturaleza humana.

Has vendido tu verdadera felicidad interna a la vida por un plato de legumbres. No confundas la alegría con la satisfacción externa que pueden producir cosas como un cheque semanal, una casa o un auto. Las alegrías son emociones pasajeras que dependen de circunstancias externas y de las decisiones que tomes.

Un ejemplo sería: el viernes tomas un cheque ¡qué alegría! el domingo en la tarde comienzas a sugestionarte y piensas "mañana es lunes, solo fue una alegría pasajera", y de esta manera te pasas la vida de alegría en alegría. Viktor Frankl llamó a esto la "neurosis de domingo": muchas personas tratan de dar sentido a su vida a través del trabajo y del ritmo frenético de la semana. Cuando llega el fin de semana, las vacaciones o la jubilación y se tiene tiempo libre, aparecen esos sentimientos de apatía, aburrimiento y vacío existencial, que en la teoría de Frankl se conoce como neurosis de domingo y es considerada un tipo de depresión.

Muchos tratan de llenar esa apatía o aburrimiento, o tal vez, sin darte cuenta, has estado viviendo un vacío emocional. Sin embargo, sin lugar a dudas, a causa de las modificaciones en tus actitudes, podrás entender que la felicidad es un sentimiento de amor, gozo y paz, profundamente anclado en tu corazón, y que no depende de las circunstancias adversas o favorables de la vida, ni de un cheque semanal. La verdadera felicidad es una cualidad interna única que cada ser humano debe descubrir por sí mismo, lo cual, a su tiempo, ayudará a mejorar tus decisiones.

De la misma manera que alimentamos el espíritu con la Biblia y el cuerpo con ejercicios, también necesitamos entrenar, renovar y desintoxicar la mente. Una mente desintoxicada nos hará conscientes de no ser víctimas de la manipulación mental de la vida. Cuando venimos a Estados Unidos para llenar nuestra ilusión, algún día llegamos a la conclusión como dijo el rey Salomón: *"Todo tiene su tiempo"*.

Eclesiastés 3:3: *"¿Qué provecho saca el hombre de tanto afanarse en esta vida?"* **(NVI).**

Immanuel Kant escribió: *"Vemos las cosas no como son, sino como somos nosotros".*

Tal vez aún no te has dado cuenta, pero tu vida ha sido la de un mundo caótico. Deseas un cambio, pero tus amistades y familiares no te comprenden, ya que todos son víctimas y prisioneros de la misma cárcel: la cárcel de la vida. Esto se debe a las mismas creencias, manipulaciones y decisiones tomadas generación tras generación, creando así una prisión mental. Sin embargo, tú has decidido romper con esta esclavitud mental, costumbres y creencias, y tomar mejores decisiones.

Es difícil aprender a vivir con gente que solo conoce la supervivencia y que están acostumbrados a vivir bajo la dictadura y las enseñanzas de la vida heredadas generación tras generación. Esto ha llevado al círculo familiar a adaptarse a una vida disfuncional, enseñando a sus hijos a tomar decisiones erróneas. Por lo tanto, te has preguntado: ¿Qué es la vida y sus decisiones?

El verdadero sentido común y concepto de la vida no es una búsqueda en lo externo, ni siquiera un descubrimiento. La vida es una creación; en general, la creación se refiere a la acción de crear algo nuevo cuyo efecto sea la solución de cualquier circunstancia o dificultad, disipando los temores. Cuando aprendes a vivir con sentido común y desarrollas un concepto superior en tu vida, esto crea un nuevo significado para tu vida.

Aprende a dar sentido y significado a tu vida.

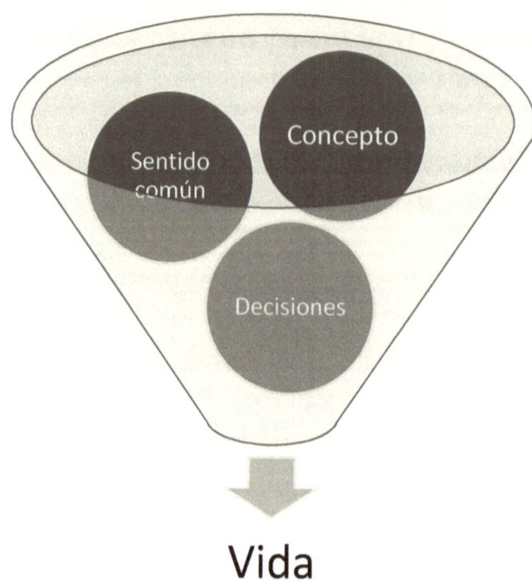

Vida

- **Sentido común:** Capacidad natural de juzgar los acontecimientos y eventos de forma razonable.
- **Concepto:** Formulación de una idea o imagen a través de palabras.
- **Decisiones:** Determinación o resolución sobre algún aspecto en la vida.

Dentro de este embudo se encuentran otras opciones a considerar para el control de la vida: Sentido Común, Concepto y Decisiones. En vez de magnificar los problemas de la vida, comienza a magnificar las opciones que existen. El sentido común es aquella inteligencia que ha desarrollado el ser humano para controlar de manera más sensata su vida. A veces cometemos el error de apegarnos tanto a la vida y sus parásitos, que nos resulta imposible vivirla.

Los seres humanos somos, por naturaleza, animales con costumbres. Buscamos una vida predecible y nos mantenemos dentro de nuestra zona de confort, confiando en la rutina y, generalmente, en los patrones de pensamiento aprendidos.

Creamos caminos en nuestra mente de la misma forma que se abre un sendero a través de una pradera, con el uso repetido. Dado que estos patrones son automáticos, podemos pensar que estos modos habituales de pensar y actuar están fuera de nuestro control. Por lo tanto, racionalizamos nuestras respuestas a la vida y caemos víctimas de fuerzas que limitan nuestro potencial como seres humanos[18].

Ahora bien, ampliemos el significado de lo que es vivir en una zona de confort y el miedo a las decisiones: Se trata de un ámbito que solo abarca lo conocido, un entorno donde nos sentimos cómodos y seguros porque todo está bajo nuestro control, pero la pasividad y la rutina provocan apatía y vacío existencial, impidiendo el crecimiento personal al renunciar a tomar iniciativas que nos permitan expandir los límites de esa zona. El bienestar que se experimenta no es producto de la satisfacción o el orgullo personal, sino de la ausencia de emociones negativas como la incertidumbre o la inseguridad al refugiarnos en nuestro entorno conocido, aunque esto nos impida disfrutar de nuevas experiencias.[1(Psicoadapta)]

La zona de confort también puede implicar trabajar en algo simple en un entorno seguro sin querer avanzar o mantener una relación que nos ofrece seguridad a pesar de sentirnos insatisfechos. Hay conductas que nos indican que estamos limitando nuestra vida a la zona de confort, y con una autoobservación honesta podemos darnos cuenta:

- Desmotivación que nos impide crecer emocional y productivamente.
- Vivir inmerso en la misma rutina todo el tiempo y con miedo permanente a tomar algunos riesgos en cualquier ámbito.
- Sensación de aislamiento de la sociedad, vivir solo sin atreverse a iniciar el contacto social.
- Sensación de tristeza y soledad, que en casos más graves puede llevar a la depresión.[2(Psicoadapta)]

---

[18] Alex Pattakos y Elaine Dundon: prisioneros de nuestros pensamientos.

Cuando hay ansiedad e incomodidad, la mente suele poner excusas para volver a su estado de comodidad. Es mejor anticipar estas auto excusas y verlas como artimañas, cuyo objetivo es racionalizar el dejar de esforzarse para salir de la situación. Una buena técnica es mentalizarse para actuar en contra de lo que nos pide el cuerpo.[3(Psicoadapta)]

La vida cambia y el cambio es incierto, pero podemos aprender a adaptarnos a nuevas situaciones aceptándolas como un reto, cambiando lo que podamos de la situación o cambiando nosotros mismos, reconociendo tanto nuestros miedos como nuestras fortalezas para afrontar la situación. Así, podemos aprender a gestionar la incertidumbre de la vida.[4(Psicoadapta)]

Son esos cambios críticos de los cuales comenzarás a ver la vida desde una perspectiva completamente diferente. Ya no esperas nada de la vida, sino que ahora eres tú el que le da sentido. Vivirás una vida más consciente y mejorarás tus decisiones. Para muchos, la vida es como un vaso de agua lleno, pero que no les quita la sed. Recuerda que cuando estás consciente de ti mismo, podrás expandir con mayor facilidad tu vida y mejorar las tomas de decisiones.

El fascinante mundo de la Psicología Positiva nos enseña a cómo hacer el mejor uso posible de nuestra voluntad para "llegar a ser" y descubrir la felicidad, sobreponiéndonos a la negatividad y esclavitud de la vida. La felicidad comienza en ti mismo; para poder cambiar tu mentalidad debes comenzar a descubrir esa felicidad interna que empieza primero en ti mismo. Nunca podrás ser feliz con nadie en tu entorno si primero no eres tú feliz; me refiero a esa felicidad que debemos generar a nosotros mismos, la que solo tú tienes la capacidad de producir. Recuerda que solo está en tus manos el poder decidir qué camino seguir y cómo debes hacer para poder llegar a ser. Todos individualmente estamos capacitados para tomar decisiones, a las que a menudo nos olvidamos.

No te olvides que tú eres el arquitecto de tu propia vida; comienza a reprogramarla. Al hacerlo, podrás descubrir cuáles son tus fortalezas y virtudes que estaban sepultadas.

Las fortalezas del ser humano son aquellas cualidades que nos permiten avanzar con valor y determinación. De esta forma, aprenderás cómo superar los desafíos de la vida y cómo fomentar tu desarrollo.

"El propósito principal en tu vida es, encontrar tu propia vida" – **Radames.**

La mayor parte del tiempo, la rutina de la vida, las obligaciones, los compromisos familiares y laborales, hacen que tus prioridades sean secundarias. Tenemos que aprender a priorizar, a comenzar a producir esas transformaciones necesarias en la vida. Aprender a ponerte en primer lugar a ti mismo, para llegar a ser. Tener plena conciencia de que la felicidad depende de ti, y no en nada más externo u otra persona. Asumir una actitud positiva, cultivar amor y empatía hacia ti mismo, de esta manera podrás ofrecer algo de lo que ahora sí tienes, tus valores internos, y no solamente dar de lo externo, lo cual la mayoría está acostumbrada a hacer. Aprender a ser libre es un proceso, avanzar poco a poco hasta llegar al punto de convertirnos en seres humanos nuevamente por mejores decisiones.

Viktor Frankl dijo: *"De modo que cada hombre, incluso en condiciones trágicas, puede decidir quién quiere ser espiritual y mentalmente y conservar su dignidad humana".*

Todos hemos nacido con algo llamado "dignidad", que significa cualidad del que se hace valer como persona, se comporta con responsabilidad, seriedad y con respeto hacia sí mismo y hacia los demás y no deja que lo humillen ni lo degraden. ¿Has pensado que tal vez la vida haya robado tu dignidad? Para entender mejor, todo lo que hayas buscado hacer en la vida para "llegar a ser" lo que te falte por realizar es que tú ya eres único, diferente, no tienes que convertirte en alguien que en realidad ya eres, lo que necesitas es descubrir quién realmente eres, un ser humano con dignidad que tiene el potencial de poder "llegar a ser" de acuerdo con tus decisiones.

Platón escribió: *"La libertad consiste en ser dueños de nuestra propia vida".*

La mayor parte del tiempo estamos convencidos de que somos y estamos hechos con límites, es decir, de una manera determinada que nos genera una negatividad interna y nos dice "nunca podrás cambiar". Sin embargo, hay un sinfín de ideas y recursos internos que descartamos porque están en contradicción con nuestra forma de vivir y tomar decisiones.

Debemos desarrollar lo coherente en nosotros, saber lo que queremos y tener el valor y la voluntad de hacer, tener iniciativa y decisión. Aceptar que somos seres únicos y tomar la libertad y la actitud que debemos adoptar ante la vida misma. La vida es digna de ser vivida y debemos aprender a utilizar la libertad interior, ya que ambas son indestructibles. Debemos aprender a cómo derrotar los tres peores enemigos del ser humano: la ignorancia, el miedo y la avaricia.

Estas pueden llamarse debilidades personales, las cuales requieren un trabajo profundo para reconocerlas. Debes comenzar por realizar un autoconocimiento, es decir, conocerte mejor a ti mismo. Deja de perder tiempo tratando de conocer y seguir a los demás. De esta manera llegarás a conocer mejor tus habilidades y olvidarte de frases como "yo soy así" o "es que no puedo". Debes hacer una introspección para llegar a ser. Aprende que el conocimiento, y en particular el conocimiento propio, es libertad. Si has elegido leer este libro, es porque buscas la libertad y quieres aprender a vivir. Esto significa que los valores del tener serán reemplazados por el de llegar a ser.

Sócrates escribió: *"Existe un solo bien, llamado conocimiento, y un solo mal, llamado ignorancia".*

Como he mencionado anteriormente, comienza a descubrir tus capacidades internas, es decir, cuál es tu concepto de ti mismo, pues lo externo es solo temporal. Lo interno te ayudará a desarrollar el sentido de tu vida y tu propósito de existir, "llegar a ser" el hombre con el potencial de tu vida.

Comienza por aceptarte a ti mismo, asumiendo la responsabilidad como ser humano en tu vida. Deja de estar viviendo en un barco sin timón, llevado por el viento y las olas de la vida. El placer y el poder de la vida son solamente metas por alcanzar, pero esto no es todo ni el fin de la vida; son solo metas por alcanzar. Cuando aceptamos y reconocemos que el primer objetivo y empírico en nuestra vida debe ser la felicidad interna como ser humano, podemos entonces llegar A Ser.

Carl G. Jung escribió: *"En nuestra ingenuidad hemos olvidado que bajo nuestro mundo de razón yace otro enterrado".*

Desenterrar y comenzar a reinventarte: descubre quién eres y no lo que la vida dice que eres o quiere que seas.

"Todos tenemos dos vidas, la que has vivido hasta hoy y la que nunca aprendemos a vivir" **– Radames.**

Reinventarte es darte otra oportunidad a ti mismo, comenzar a hacer cambios, será una tarea difícil pero su fin será una superación personal de la cual podrás decir: "He llegado a ser gracias a mejores decisiones y a la modificación de mis pensamientos".

Charles Darwin escribió: *"No es la especie más fuerte la que sobrevive, ni la más inteligente, sino la que responde mejor al cambio".*

El cambio, por más simple y sencillo que sea, implica una decisión, renuncia y una pérdida. En muchas ocasiones, es necesario alejarse de algunos seres queridos si tienen decisiones negativas. Convierte lo negativo en positivo, elige ser una persona nueva cada día. La vida debe ser un cambio constante y necesario, aunque esto signifique dolor. Son cambios necesarios para avanzar en la vida y aprender a poner límites.

Acuérdate del ejemplo de una gota de agua, cómo ésta puede llegar a romper una piedra, no por su fuerza, sino por su constancia.

El poder aceptar que la vida es cambio y decisiones nos hará entender mejor por qué vivimos con más razonamiento. Debemos disfrutar lo que Dios nos ha dado hoy y dejar el mañana para otro día. El ser humano tiene la capacidad de elegir libremente, podemos optar por volver a ser el ser humano que siempre hemos deseado ser. Así que comencemos, teniendo el valor, la audacia, el atrevimiento y la fuerza para lograr "ser".

"Aunque la vida me destruya hoy, la esperanza me hace fuerte para mañana" – **Radames**.

Viktor Frankl escribió en su libro "El hombre en busca de sentido": *"La vida humana nunca deja de tener sentido, ni siquiera en las circunstancias más difíciles, y este sentido infinito de la vida también incluye el sufrimiento, la agonía, las privaciones y la muerte".*

Tal vez no podamos controlar las circunstancias de la vida, pero sí podemos controlar nuestras decisiones. Sabías que hay hombres que sufren por no querer afrontar la realidad de la vida; por no querer hacer los cambios que muchas veces duelen para alcanzar la felicidad. Mientras tanto, aquellos que, por temor a vivir, prefieren sufrir por no querer cumplir su propósito en la vida: encontrar el verdadero sentido de la vida y el significado de su existir. El hombre ha aprendido a sobrevivir solo porque tiene que vivir, esclavo de la vida, vive porque tiene que sobrevivir, confundido con el vacío interior que lo consume día a día, lo cual he identificado como un alma vacía, seca y sedienta de todo lo exterior, menos de la verdadera felicidad interna. Los cristianos estamos acostumbrados a darle a Dios las migajas los domingos, de lo que nos sobra durante el transcurso de la semana.

Lucas 12:15: *"¡Tengan cuidado! -advirtió a la gente-. Absténganse de toda avaricia; la vida de una persona no depende de la abundancia de sus bienes"* **(NVI).**

"Las decisiones mal tomadas traen decepción del alma, agonía espiritual, emocional y física" **– Radames.**

No permitas que la voluntad de vivir y tu esperanza se paralicen; comienza a hacer para llegar a ser. Tu vida siempre estará llena de sentido; eres tú quien debe ir en dirección de ese sentido. Aprende a dejar de ser parte de la manada, comienza por encontrar tu propio destino y dejar de estar solamente sobreviviendo, como los demás. ¡La prosperidad del ser humano comienza adentro; será la riqueza más valiosa que obtengas en tu vida! Hay un botón que se llama "Reinicio"; búscalo y oprímelo, no te arrepentirás. Solo de esta manera podrás hacer para llegar a ser. Espero que esto te esté ayudando hasta este momento a vivir con decisión. Hay personas que, aun en las circunstancias más difíciles, se mantienen firmes; son ellos los que tienen el control de la vida y no lo opuesto. Llegan a ser personas positivas y motivadas, por muy oscuro que sea el día. Esto se denomina personas resilientes.

"La necesidad más grande del ser humano hoy, es: Aprender a vivir" **– Radames.**

Recuerda, primero comienza haciendo un análisis de las cosas que haces actualmente y comenzar a cambiar poco a poco cada uno de esos hábitos o patrones mal aprendidos y las rutinas que de nada te sirven, que solo te están quitando el tiempo y que cada día te alejan más de tus verdaderos objetivos en la vida. Verás que con estos principios esenciales en tu vida, tu actitud será transformada para cuidar más y hacer lo más necesario para poder llegar a ser. Recuerda que todas las personas exitosas han tenido que aprender a reconstruir su vida interior y no vivir solo de lo exterior. Cambiar nos resulta difícil a todos, porque tu cerebro y el mío se han acostumbrado a hacer las cosas de una manera determinada en la vida.

Recuerda como mencioné anteriormente: "El cerebro construye y la mente destruye". El cambio consiste en adquirir una actitud mental positiva.

Has observado como, cuando un insecto es atrapado en una telaraña, lucha y batalla para salir hasta que se da por vencido. Entonces la araña llega y consume su presa. De la misma manera, el ser humano cae en las telarañas de la vida, lucha y batalla hasta que se da por vencido, y entonces la araña (la vida) consume su presa (a sí mismo). Muchos son los que se dan por vencidos y comienzan a vivir los conflictos mentales de un infierno en vida.

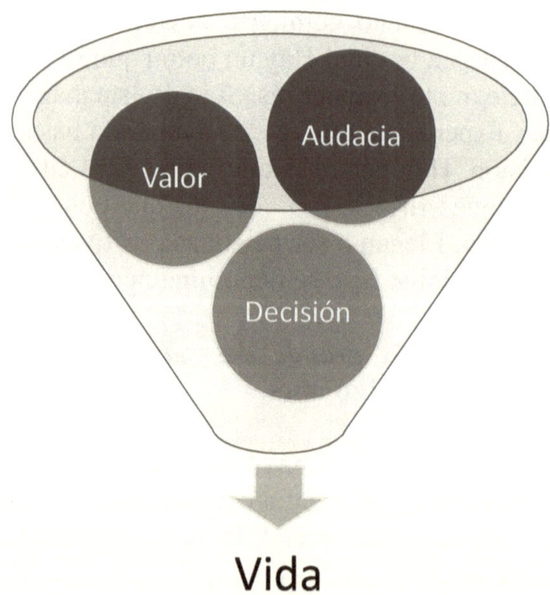

Los embudos en tu vida y todas las opciones que existen para vivirla requieren de audacia (atrevimiento, osadía, descaro), valor (cualidad, virtud, coraje, firmeza) y decisión (eterminación para actuar ante una situación que presenta varias alternativas).

No te limites a esperar las migajas de la vida.

Segundo nivel: Actitudes.

Una vida basada en decisiones y actitudes positivas será una vida con propósito y sentido.

La actitud es la manifestación o el ánimo con el que frecuentamos una determinada situación, puede ser a través de una actitud positiva o actitud negativa. La positiva permite afrontar una situación enfocando al individuo únicamente en los beneficios de la situación la cual atraviesa, y así enfrentar la realidad de una forma sana, positiva y efectiva. A su vez, la actitud negativa no permite al individuo sacar ningún aprovecho de la situación que esté viviendo, lo cual conlleva sentimientos de frustración, y resultados desfavorables que no permiten el alcance de los objetivos trazados[19].

La modificación de actitudes se aplica principalmente en dos áreas principales:

- Cambio de una actitud o actitudes que vienen de patrones mal aprendidos.
- Encontrar y desarrollar pacientemente una actitud sabia y significativa con relación a las situaciones que no pueden ser cambiadas, o sea, lo que se conoce como una realidad.

El primer nivel se basó en las decisiones. A continuación, veamos cómo una actitud positiva puede ayudarte a dejar una huella en el resto de la humanidad, a celebrar tus logros y vencer tus desafíos. La evolución de tu actitud puede llevar al crecimiento personal y a una mayor comprensión de la vida. Examina tu vida en el contexto del legado que has recibido, el legado que quieres vivir y el legado que deseas dar al mundo.

---

[19] Reflexión basada en la definición de la página web: www.significados.com

Es tan importante la actitud mental que incluso ésta puede tener efectos negativos en nuestra salud. A menudo, nuestra actitud toma el control sin que seamos conscientes de ello. La decisión de cambiar con qué actitud y el desarrollo de hábitos de vida nuevos, será la piedra angular para un cambio eficaz. Con una actitud positiva, comenzarás a ver los resultados.

La mente del ser humano es la que marca cuáles serán tus fortalezas y cuáles son tus debilidades. Una actitud positiva puede ayudarte a desarrollar un mejor autoestima. Como has visto en las páginas anteriores, la modificación de pensamientos es importante para vivir el aquí y ahora. Comprendo que la tarea no es fácil, pero, con buenas decisiones y una actitud positiva, tus emociones y forma de pensar se desarrollarán mejor y podrás construir una mayor resiliencia en tu vida.

El problema con muchas personas es que les gusta "rumiar" con su pasado, como se mencionó anteriormente. Esto es lo que hacen las vacas; mastican la comida una y otra vez, sin que esta acción parezca tener fin. Las personas hacen lo mismo con sus pensamientos, los mastican y mastican y se pasan la vida masticando, es decir, rumiando el pasado y no les dan oportunidad a experimentar el aquí y ahora. Y debido a esto, la vida hace de tu vida una rutina de la cual has pasado rumiando toda tu vida. Recuerda que somos y llegamos a ser lo que pensamos y sentimos, y de esto se desarrollará cuál es tu actitud.

Viktor Frankl escribió: *"Al hombre se le puede arrebatar todo salvo una cosa: la última de las libertades humanas, la elección de la actitud personal ante un conjunto de circunstancias para decidir su propio camino".*

En otras palabras, no podemos cambiar lo que nos ha ocurrido, pero sí podemos cambiar nuestra actitud hacia esas circunstancias. Por lo tanto, debemos ser capaces de adoptar una actitud más fuerte, resiliente y positiva, para así encontrar una visión de la vida más optimista y elevada.

"Todas nuestras necesidades, pasiones y objetivos existenciales están dentro de nosotros, y lo que es aún más interesante, irán cambiando a medida que maduramos y crecemos como seres humanos[20]".

La actitud con la que has aprendido a través de las circunstancias de la vida no solo afecta tu futuro, sino que también está afectando tu presente.

El psicólogo y filosofo William James dijo: "El descubrimiento más importante de mi generación es que las personas pueden alterar su vida si cambian la actitud de su mente".

Las decisiones que has tomado hasta el día de hoy han sido el resultado de tu propia actitud; tu actitud ha determinado tus acciones y tus acciones han determinado tus logros. Aprendiendo sobre tu actitud y el poder del aquí y ahora, puedes desarrollar una mentalidad en crecimiento que puede provocar un gran cambio en la forma en que piensas de ti mismo y de tu vida. Para mantener una actitud positiva se requiere una higiene mental adecuada.

Una actitud malsana perjudicial estará siempre relacionada con el negativismo, la resignación, la desesperación, el estancamiento y la indiferencia.

Decía Viktor Frankl, neurólogo y psiquiatra sobreviviente del Holocausto y autor de la Logoterapia: ***"Que la última de las libertades humanas era elegir la actitud con la cual 'hacer frente' a las circunstancias".***

Tener una actitud positiva no significa vivir en un mundo de fantasía o negar la realidad; es desarrollar una herramienta llamada resiliencia, que nos ayudará a superar cualquier adversidad sin quedarnos estancados en los problemas o en el pasado. Tanto las decisiones como las actitudes nos ayudarán a construir el futuro que deseamos. La actitud comienza en nuestros pensamientos y de allí se refleja en nuestra voluntad, en nuestras decisiones y acciones.

---

[20] Cita de Valeria Sabater, Licenciada en Psicología.

Será mucho más fácil lograr lo que queremos si tenemos una actitud positiva, una perspectiva para enfrentar la vida de forma efectiva. Aprende a creer en ti mismo: las personas con una actitud positiva pueden vivir mejor.

Todo aquel que posee un desarrollo mental y una actitud positiva, solo se enfoca en encontrar soluciones y busca qué hacer para llegar a ser.

R. Jeffress dijo: *'La actitud es nuestra respuesta emocional y mental a las circunstancias de la vida".*

Cuenta una historia que una vez hubo un hombre que pasó toda su vida montado en un león, pero no se atrevía a bajar por temor a que el león lo devorara. ¿Qué tipo de actitud crees que se puede denominar a este comportamiento?

¿Te suena familiar alguna vez haber tenido miedo de salir de tu zona de confort y seguir viviendo la vida que has estado viviendo hasta ahora? El hombre que se deja vencer por la vida ya ha dejado de vivir. ¿Cuál ha sido ese león (o tal vez una manada de leones) en tu vida? Todos tenemos el poder de crear nuestra realidad. ¿Cómo podemos superar ese miedo y llenarnos de valores para poder hacer lo que necesitamos para ser? ¿Cómo adquirir esa actitud? Recuerda que la vida depende de tus actitudes y tu forma de afrontarla. Cualidades como la resiliencia, creatividad, autocontrol, inteligencia emocional, lealtad hacia uno mismo y humildad ayudarán mucho a crear esas fortalezas en cada uno de nosotros. Sé consciente de que el amor es la meta más alta a la que un hombre puede aspirar. Entonces, ¿cómo nos llenamos de valores? ¿Qué son los valores? ¿Y en qué ayudan en nuestras actitudes?

Ejemplo: Mis valores como ser humano me han ayudado en este momento a adoptar una actitud explicativa hacia ustedes, los que están leyendo esto. Mis valores como hombre responsable, íntegro y libre han hecho posible que mis valores como ser humano puedan ser expresados con una actitud positiva y respetuosa hacia cada uno de ustedes.

Primero, hay que aceptar que la vida sin valores no sirve de nada. Imagina que ni tú ni yo tuviéramos valores morales. Estaríamos actuando solo por el instinto animal, como muchos hacen hoy en día. Viviríamos y actuaríamos de forma primitiva.

Recuerda que son esos valores humanos los que nos dan sentido en la vida; son los que determinan el tipo de vida que llevamos; los que enseñan a otros cómo comportarse; los que nos ayudan a encontrar nuestra misión en la vida.

John Lennon escribió: *"La vida es lo que pasa mientras estás ocupado haciendo otros planes".*

Ahora bien, no olvidemos los valores éticos, los cuales son guías de comportamiento que regulan la conducta de la persona, tales como la libertad, el respeto, la responsabilidad, la integridad y la lealtad. A continuación, encontrarás una lista previa de los factores que debes hacer para llegar a ser. Muchos quieren "llegar a ser" sin tener que hacer nada. Como consejero en el campo de la asesoría, he podido aprender de varios psicólogos, uno de ellos ha sido William Glasser. El enfoque de su terapia de realidad para el asesoramiento y la resolución de problemas se centra en las acciones aquí y ahora y en la capacidad de crear y elegir un futuro mejor.

El psicólogo William Glasser postula que el pasado no es algo sobre lo que se debe meditar, sino más bien algo que se debe resolver y superar para vivir una vida más plena y gratificante. De acuerdo con la Teoría de la Elección, somos seres autodeterminantes, ya que elegimos nuestro comportamiento y somos responsables de cómo actuamos, pensamos, nos sentimos, y también de nuestros estados fisiológicos. Esta teoría explica cómo intentamos controlar nuestro mundo y a aquellos que lo habitan. Cuando se da cuenta de que algo debe cambiar, se comprende y se acepta que la posibilidad de cambio es real, lo que conlleva a un plan para tomar mejores decisiones con una actitud más resiliente y alcanzar la libertad sobre esos pensamientos y emociones autodestructivos.

Comprender que si comienzas a centrarte en lo que puedes hacer aquí y ahora, es decir, actuar y pensar directamente en el presente, y dedicar menos tiempo a lo que no puedes hacer, hará un cambio en la acción y el pensamiento.

- **Automotivación:** Para alcanzar el éxito en la vida, la motivación es fundamental para darnos energía para lograr nuestras metas y enfrentar cualquier dificultad que surja en el camino. La motivación personal es la clave para conseguir lo que deseamos, es el sentimiento interno que nos empuja hacia lo que queremos alcanzar.
- **Autoestima:** Carl Rogers escribió: "La raíz de los problemas de muchas personas es que se desprecian y se consideran seres sin valor e indignos de ser amados". Todos tenemos una imagen mental de quiénes somos, cómo nos vemos, en qué somos buenos y cuáles son nuestros puntos débiles. Esta es la imagen que nos formamos a lo largo de la vida.
- **Enfoque:** Dirigir la atención o el interés hacia un determinado asunto o problema. Recuerda que no solo tienes una meta por cumplir, sino más bien un propósito. Se hará difícil a veces, pero es sumamente necesario que enfoques tus esfuerzos para poder hacer y llegar a ser.
- **Percepción:** ¿Cómo vemos y percibimos el mundo que nos rodea? Tenemos la capacidad y la noción de nuestro entorno para llegar a una mayor conclusión de lo que sucede a nuestro alrededor. Nuestros sentidos están más alertas ante todo lo externo, lo cual nos ayuda a valorar lo interno.
- **Acción:** Las decisiones y acciones que tomes y con qué fin. Confucio escribió: "No importa cuán lejos llegues, siempre y cuando no te detengas".
- **Voluntad:** ¿Cómo hacer frente a las situaciones de las que no podemos cambiar? ¿Cómo entender nuestro verdadero lugar en un mundo tan confuso?

- **Conciencia:** Es aquella persona que siente, piensa y actúa con conocimiento de lo que hace. Una persona consciente es aquella responsable, que no actúa con negligencia y sabe dirigir sus actitudes de forma adecuada.
- **Responsabilidad:** Una persona se caracteriza por su responsabilidad, ya que tiene la virtud no solo de tomar decisiones conscientemente, sino también de asumir las consecuencias que surjan de tales decisiones y de responder ante quien corresponda, en cada momento.

A medida que nos aventuramos por la vida, nos topamos con momentos de felicidad y de aflicción. Aunque podríamos desear experimentar únicamente los momentos felices, sabemos que para vivir una vida plena hemos de estar preparados para experimentar situaciones difíciles y a menudo dolorosas. Debemos aprender a hacer para llegar a ser, una de las maneras de hacerlo sería afrontando la vida con los ejemplos que has leído hasta aquí.

Steve Maraboli escribió: *"La felicidad no proviene de la ausencia de problemas sino de la capacidad para afrontarlos".*

De la manera que hayas afrontado tus problemas hasta hoy, y con qué actitud, tal vez puedas entender si te han hecho más fuerte o, por el contrario, te han desestabilizado. Cuando el ser humano llega a perder la esperanza de vivir, su voluntad de vivir se muere. Debemos aprender a cómo enfrentar el sufrimiento y aprender a cómo afrontar el dolor. El dolor es un corazón hecho pedazos, mientras que el sufrimiento es una mente confundida y vacía. El hombre que sufre y aprende a superar su dolor, él ha conquistado la vida, su vida.

Hoy día me he fijado en la manera tan anémica y sin sentido en la que la mayoría de seres humanos viven sus vidas. Viven la vida a cuatro partes y todo por falta de una transformación en sus pensamientos. Nunca alcanzan a vivir una vida completa al 100%.

Viven el presente con un 25% lleno de estrés, sin disfrutar el hoy. Otro 25% lo viven con depresión, rumiando el pasado. Otro 25% lo viven con ansiedad, preocupados por el futuro. Y los 25% que restan, los desperdician pensando: "Pobre de mí" o "nadie me entiende" ... Es necesario tomar conciencia de estas actitudes negativas, que indican una mentalidad pobre obstruida por patrones mal aprendidos.

¿Cuáles son las actitudes y cómo se reflejan en las personas con una mentalidad limitada? Las personas con una mentalidad limitada a menudo tienen actitudes negativas hacia sí mismas, el mundo y la vida en general. Estas actitudes pueden incluir pensamientos de inferioridad, falta de confianza en sí mismas y una predisposición a ver el mundo como un lugar hostil. Esta mentalidad limitada a menudo se manifiesta en comportamientos como la evitación, el aislamiento y la resistencia al cambio y a la innovación. Estas actitudes pueden afectar negativamente el desempeño de las personas, sus relaciones y su bienestar general.

Ejemplos:

a) **Baja autoestima.**
b) **Quejarse constantemente.**
c) **Temor al cambio.**
d) **Hacerse víctima de la vida.**

De esta manera pasamos la vida rumiando. Esto es, en última instancia, una forma de buscar atención, o el miedo a perderse en el camino. Debemos aprender a centrarnos en el presente y evitar discutir el pasado, ya que todos los problemas humanos se originan en un presente insatisfactorio. No olvidemos que somos capaces de crear y elegir un futuro mejor. "Hacer" para llegar "a ser".

Existen dos tipos de seres humanos: las víctimas, que pasan la vida sin ningún propósito, apegándose al sufrimiento, viviendo con apatía, aburridos y sin ninguna visión. Estos solo causan lástima, rumiando toda la vida; por temor a bajarse del león, siempre buscan acusar a alguien por su manera de vivir, arrastrando a sus familias a vivir de igual manera.

El otro tipo son aquellos que tienen el control de sus vidas, con propósito, aprendiendo a ejercer su libertad, eligiendo con qué actitud vivir, resistiendo los conflictos y manteniendo un estado emocional positivo, lo cual conlleva a una actitud elevada, llena de resiliencia.

Vivir es aprender a ser responsable de tu vida y asumir toda la responsabilidad que esto conlleva. Necesitamos descubrir el potencial que hay en cada ser humano para poder sentirnos plenos; para conseguirlo, es necesario madurar y aceptar lo que debemos hacer para "llegar a ser" lo que queremos. Vivir desde el corazón exigirá mucho valor y trabajo constante hasta sentirnos satisfechos con nuestros logros y triunfos. Pero no olvides que también debes aprender de tus fracasos, ya que son los que nos ayudan a cambiar nuestras actitudes.

Viktor Frankl escribió: *"El hombre que se dejaba vencer por la ausencia de futuro ocupaba su mente con pensamientos retrospectivos".*

Aprende a ser fiel a ti mismo, deja de engañarte, libérate de esa esclavitud que la vida te ha impuesto, comienza a ser fiel a ti mismo, ámate, pon en práctica tu fe, en tus momentos de solidaridad, recupera tu dignidad, comienza a hacer un buen uso del tiempo, esto es una actitud muy positiva.

Séneca escribió: *"No es que tengamos poco tiempo, es que perdemos mucho tiempo".*

Hoy **en** día existe una adicción llamada "conformismo" que ha impedido que el hombre desarrolle todas sus capacidades y potencialidades. Esta adicción ha hecho que el hombre pierda su voluntad propia y con el tiempo se convierta en uno más de la manada, sin ninguna visión. La frase más común entre los conformistas es "¿Para qué?" o "Tal vez mañana". ¡Cuidado con la apatía!

Siguen la opinión del grupo por el simple hecho de ser aceptados. El temor al rechazo los lleva a un conformismo.

El riesgo más grave y profundo es que, con el tiempo, al ser conformistas, perdemos nuestra individualidad e identidad. ¿Será este uno de tus leones (miedos)?

Ya no piensas tú, sino que eres arrastrado por el pensar de los demás; ya no eres original, tu identidad ya no existe, y con ella se pierde el compromiso contigo mismo. Además, comienzas a perder la iniciativa propia, ya que, en la mayoría de las ocasiones, tomar la iniciativa resulta difícil. Llega el momento en que esperas a que otros tomen la iniciativa y den el primer paso. Has dejado de ser tú; tu capacidad de autoconciencia se ha visto reducida a la imposibilidad de reflexionar y tomar decisiones. Debes recordar que tienes el potencial de actuar o no actuar, pero para eso necesitas comenzar a confiar en tus capacidades.

Stephen Covey escribió: *"Tomar la iniciativa no significa ser insistente, molesto o agresivo. Significa reconocer nuestra responsabilidad de hacer que las cosas sucedan".*

La iniciativa es responsabilidad propia, debes tomarla tú en tu día a día, cada momento que tengas que elegir o hacer algo, ten en cuenta que tu entorno es muy valioso y debes ser un ejemplo para todos y demostrar que tienes iniciativa para enfrentar la vida y sus sorpresas. Solo tu iniciativa te ayudará a hacer lo necesario para lograr ser lo que quieres ser. No permitas que la vida siga llevando el control sobre tu vida. Deja de seguir los sueños de los demás y comienza a hacer los tuyos realidad, busca lograr el éxito de "llegar a ser" lo que deseas.

La iniciativa es completamente tuya, proviene de tus propios pensamientos, de tu manera de razonar, sin ninguna influencia de la manada o el totalitarismo. Comenzarás a dar pasos en tu vida que se convertirán en oportunidades que jamás hayas imaginado. Llegarás a ser el hombre o la mujer únicos, independientes de la manada a la que el mundo está acostumbrado a seguir y que hace totalitarismo. Recuerda que es tu vida, que eres y siempre serás único, así que comienza a hacer todo lo que es correcto, toma la iniciativa.

Repítelo todos los días al levantarte: "Soy un ser único y hoy tomaré la iniciativa en este día y, sobre todo, sin olvidarme de Dios". Crea tu identidad, establece relaciones significativas y busca el significado, el propósito y los valores de la vida. Recuerda que, como mencioné al principio de este capítulo, para llegar a ser, debes tomar la iniciativa y asumir la responsabilidad. Comienza a ser tú mismo, fiel a tus creencias y no pierdas el enfoque. Trabaja en tu autoestima y tu visión. No hay nadie como tú y nunca lo habrá. Hacer algo para ser original y no una copia más de la manada; pasa tiempo contigo mismo, pregúntate qué debes hacer para ser.

Somos libres de elegir entre alternativas y, por lo tanto, somos responsables de nuestras vidas, acciones y cualquier falta de acción.

Viktor Frankl escribió: *"El hombre se autorrealiza en la misma medida en que se compromete al cumplimiento del sentido de su vida".*

Hay muchas maneras de observar la vida, cada una de ellas influenciada por las relaciones que has experimentado en tu entorno. La vida es un camino, una experiencia que todos caminamos hasta el punto final, la muerte. ¿Cómo la vivimos entre punto y punto? Eso depende de cada uno de nosotros. Comienza a actuar para que, antes del final, hayas llegado a ser.

M.E. Montaigne escribió: *"La verdadera libertad consiste en el dominio absoluto de sí mismo".*

Por último, recuerda que la mente se ha hecho adicta a los patrones que has establecido durante tu vida. Pero si aprendemos a hacer cambios positivos y a conocer esos sentimientos por los cuales nos han mantenido esclavos, aprendiendo a observarnos, haremos que lleguemos a ser lo que queremos. La meta es y debe ser aprender a bloquear todo pensamiento y sentimiento negativo que nos han mantenido cautivos hasta el punto de poder hacer que lleguen a extinguirse.

Toma la decisión de una vez por todas en tu vida; esto significa el proceso de elegir un curso de acción completamente nuevo.
Comienza a ser más optimista en el sentido de que los problemas tienen una solución. No permitas que la vida siga controlando tu vida.

El aprender a tomar decisiones más constructivas y eficaces, consiste en encontrar una conducta, para saber cómo resolver dichos conflictos de la vida.

La conducta se puede entender de la siguiente forma, es la realización de cualquier actividad en la que está implicada una acción, o un pensamiento o emoción y aun en lo espiritual.

Es encontrar tu identidad la identidad es coraje para Ser: debemos confiar en nosotros mismos para buscar dentro y encontrar nuestras propias respuestas. Pregúntate, ¿qué quiero de la vida y donde está la fuente de significado para mí en la vida?

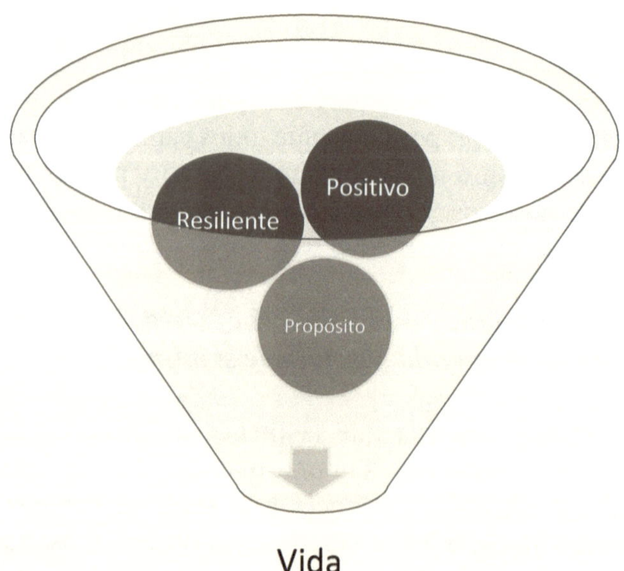

Vida

¿Qué embudo te ayudará a comenzar para poder hacer y "llegar a ser" lo que deseas? La vida no tiene problemas, sino soluciones que debemos descubrir.

La mayor tragedia que un ser humano puede cometer es morir sin saber realmente quién fue. La vida nos enseña, como has podido leer hasta ahora, a ser nosotros mismos y no como los demás.

"No hay más realidad que la que tenemos dentro. Por eso la mayoría de los seres humanos viven tan irrealmente, porque creen que las imágenes exteriores son la realidad y no permiten a su mundo interior manifestarse" – **Hermann Hesse.**

Cada ser humano posee la capacidad para vivir y cada uno tiene sus objetivos y ambiciones, pero no todos tenemos la misma actitud. Ganar tu propia seguridad ayudará a vivir con una actitud positiva y aprenderás a lidiar con toda incertidumbre. Las decisiones sin una actitud adecuada no sirven para nada. Una actitud positiva es el secreto para generar habilidades. La actitud correcta nos permite aprender y nos hace ser aceptables. Desde este punto de vista, es la actitud lo que marca la diferencia. No siempre somos conscientes de la actitud que tenemos.

La aptitud, por otro lado, se refiere a las habilidades y conocimientos que adquirimos y desarrollamos con el paso del tiempo[21].

"La actitud es el pincel con el que la mente colorea nuestra vida, y somos nosotros quienes elegimos los colores" – **Adam Jackson.**

---

[21] Esperanza Ajuria: *Psicocode.*

Tercer nivel: ¿Por qué el efecto negativo perdura más que el positivo?

"Quien conoce a los demás es sensato.
Quien se conoce a sí mismo, es sabio.
Quien vence a otros, es fuerte.
Quien se vence a sí mismo, es poderoso.
Quien consigue sus propósitos, es voluntarioso.
Quien se contenta con lo que tiene, es rico.
Quien no abandona su puesto, es perseverante" [22].

"Cuando dejo ir lo que soy, entonces me transformo
en lo que puedo ser" [23].

Como seres humanos, debemos entender que no somos instrumentos del destino y que no deberíamos asumir el papel de víctimas en el juego de la vida.

Mientras el ser humano siga viviendo sólo de sus instintos y necesidades externas, nunca podrá "hacer" para llegar a "ser". El ser humano tiene la capacidad de resistir, protestar y defenderse de las artimañas de la vida y de los parásitos emocionales.

La vida es el desarrollo del ser en su totalidad, esencia y propósito como ser humano. Como seres humanos, cada uno tiene la capacidad de ir avanzando, progresando y analizando de forma y voluntad propias en una dirección positiva.

---

[22] Cita de Lao-Tse, también llamado Lao Tzu, Lao Zi, Laozi o Laocio. Fue una personalidad china cuya existencia histórica se debate. Se le considera uno de los filósofos más relevantes de la civilización china.
[23] Cita de Lao-Tse.

El sentido de la vida ayudará a crear un destino con propósito, alimentado por el amor, la paciencia y la voluntad de vivir. Una vida sin sentido o propósito es una vida en un continuo naufragio, y como se ha dicho anteriormente: una vida vacía.

¿Qué es encontrar el <u>sentido en la vida</u>?:

- El sentido de la vida es: **tener visión.**
- El sentido de la vida es: **amar.**
- El sentido de la vida es: **volver a conquistar tu vida.**
- El sentido de la vida es: **ser agradecido.**
- El sentido de la vida es **poder decir: "Yo soy el sentido de la vida".**
- El sentido de la vida es: **la familia**, ya que esta es la obra perfecta de Dios.

El ser humano debe entender que es una totalidad que aún no ha sido plenamente comprendida. En la actualidad, la humanidad ha generado un imperio negativo en su vida, sin pasado ni futuro. El no reconocer nuestra libertad y nuestras opciones nos provoca graves problemas emocionales. Esta libertad es difícil de abordar, por lo que tendemos a encontrar una excusa cada vez. De esta forma, el ser humano nunca llegará a su totalidad.

Una vida llena de emociones y pensamientos negativos conduce a una vida de crisis interna, lo que nos lleva a experimentar un sufrimiento mental, psicológico y físico. Esta actitud negativa y este periodo extenso de situaciones negativas se pueden observar en la persona a través de la tristeza, el descontento, la depresión, la ira y la insatisfacción de la vida. Como dijo Lao: *"Deja ir para que puedas (llegar a ser – énfasis mío)"*.

En un sentido muy real, todos nosotros tenemos dos mentes: una que piensa y otra que siente, y estas dos formas fundamentales de conocimiento interactúan para construir nuestra vida mental.

Una de ellas es la mente racional, la modalidad de comprensión de la que solemos ser conscientes, más despierta, más pensativa, y capaz de ponderar y reflexionar. El otro tipo de conocimiento, más impulsivo y aún más poderoso, aunque a veces ilógico, es la mente emocional[24].

La mayor parte del tiempo, estas dos mentes la mente emocional y la mente racional operan en estrecha colaboración, entrelazando sus distintas formas de conocimiento para guiarnos adecuadamente a través del mundo (vida).Pero, cuándo aparecen los efectos tanto (negativos) como(positivos), el equilibrio entre ambas mentes se rompe y la mente emocional desborda y secuestra a la mente racional[25].

La mente humana es una fortaleza, posiblemente jamás llegue a ser comprendida totalmente, a pesar de la abundancia de estudios sobre ella. Está dotada para asimilar y recordar hechos y emociones de los más diversos, además tiene el poder de decirnos en qué pasar más tiempo meditando. Es capaz de bloquear e impedirnos recordar hechos positivos, en otras palabras, la mente nos lleva cautivos a la memoria, convirtiéndonos en prisioneros de nuestros pensamientos. Sigmund Freud calificó la mente del hombre como la de un animal que solo está constantemente en búsqueda del placer, tanto sexual como físico; esto es lo que satisface a la mente humana. ¿Qué es lo que hace que el ser humano se comporte de una manera determinada? ¿Están conscientes de lo que piensan? ¿Por qué se alimentan más de lo negativo? ¿Es esta la única personalidad que el ser humano debe conformarse hasta la muerte? La palabra "personalidad" viene del vocablo latino "persona", esto es la máscara que el ser humano presenta ante la vida exterior, pero, para los psicólogos, la personalidad significa aún mucho más que las apariencias externas.

No es fácil cambiar de modo de pensar; como he dicho antes, recuerda que lo que ha pasado es que estás tan acostumbrado a los patrones mal aprendidos que tus pensamientos negativos e incluso tóxicos han tenido el control sobre tu vida hasta el día de hoy.

---

[24] Daniel Goleman: *Inteligencia Emocional.*
[25] Daniel Goleman: *Inteligencia Emocional* – Enfasis mío.

Hay una necesidad urgente de trabajar lo suficiente para deshacerse de todos esos hábitos destructivos, esos parásitos que se han alimentado a través de tus emociones. Ser feliz es mucho más fácil que aprender a no vivir miserable el resto de tu vida.

Es más fácil concentrarse en lo negativo que en lo positivo en las circunstancias de la vida; tu mente racional ha sido infectada por tu mente emocional.

Tal y como lo identificó S. Freud, los tres niveles de la vida mental son:

- **El inconsciente.**
- **El preconsciente.**
- **El consciente.**

Las experiencias de la primera infancia que generan altos niveles de ansiedad suelen ser reprimidas en el inconsciente, desde donde pueden influir en el comportamiento, las emociones y las actitudes durante años. Por otro lado, los hechos que no generan ansiedad y que son olvidados forman el contenido del preconsciente. Finalmente, las imágenes conscientes son aquellas que se encuentran en la conciencia en todo momento[26].

¿Te has puesto a pensar por qué siempre el efecto negativo en tu vida tiene más influencia que el positivo? En otras palabras, lo negativo siempre persiste y ejerce mayor control sobre tu vida, lo que impide que comiences a hacer para poder llegar a ser. Todas las experiencias que has vivido desde tu infancia se han guardado en tu subconsciente. Al comienzo de este libro hice un breve comentario acerca de lo negativo que existe en tu vida. Es vital aprender que, si permitimos que estos pensamientos negativos tengan el control, tomarán posesión de tu mente y, con el tiempo, provocarán diferentes problemas cognitivos, como la depresión, la ansiedad y el vacío existencial.

---

[26] Sigmund Freud: *Human personality.*

La gente piensa más y dedica más tiempo buscando el sentido de la vida cuando están en situaciones difíciles, y esto hace que desperdicien un tiempo precioso que debería ser dedicado a lo positivo de sus vidas. Parece que lo negativo es más importante que lo positivo. Me refiero a una vida que está controlada por la negatividad, sin embargo, hay que tener en cuenta que es necesario también lidiar con las situaciones negativas del día a día.

Si prestamos atención, cuando hay alguna reunión entre familiares o conocidos, tendemos a dedicar más tiempo a hablar de lo negativo que de lo positivo. Invertimos mucho tiempo en procesar la negatividad y, por ende, perdemos la oportunidad de disfrutar de un momento que debería ser positivo. (Aunque el chisme también forma parte de lo negativo).

Cuando nos suceden cosas buenas, no nos preguntamos por qué ni para qué, sencillamente creemos que las merecemos. Es como si estuviéramos programados para pensar negativo. Es muy importante reconocer que tanto lo bueno como lo malo tienen un propósito, lo importante es aceptar y reconocer en qué has invertido más tiempo de tu vida. Pensar sólo en lo negativo sólo añade estrés y miedo, recuerda que el cambio debe comenzar desde adentro hacia fuera. Has aprendido a vivir con una mente "encadenada", alimentándola sólo con lo negativo, del pasado, y no puedes disfrutar del presente. Si vas a invertir en tu vida, aprende a invertir en lo positivo, lo real y lo valioso que hay en ella. Los beneficios de tener una actitud positiva ante la vida son innumerables, por lo que merece la pena comenzar a cambiar nuestras actitudes y decisiones a través de la modificación de pensamientos.

¿Por qué pasamos tantas veces más tiempo pensando en lo negativo de la vida? Tus pensamientos crean tu realidad, así que al estar constantemente repitiéndote que no sirves para nada o que nada saldrá bien, esto sólo reforzará que se convierta en realidad. Otro gran problema que cometemos es que alimentamos tanto los problemas o circunstancias negativas de nuestras vidas, que los convertimos en monstruos. Lo importante es aprender a fomentar los aspectos positivos y útiles y tratar de reproducirlos al máximo, para así reducir el peso de lo negativo con el tiempo.

Las actitudes positivas siempre nos traerán una mentalidad superior. Estoy completamente de acuerdo con la teoría de Alfred Adler, uno de mis psicólogos favoritos, quien decía que cada ser humano tiene la capacidad de determinar libremente su comportamiento y crear su propia personalidad. El poder llegar a tener un estilo de vida específico implica una opción consciente o inconsciente entre un sistema de comportamientos y otros.

Hacemos un hábito de lo negativo, lo alimentamos y nos preocupamos más por los pensamientos negativos, entonces, en lugar de sufrir por lo negativo, sufrimos más por el hecho de ignorar el sufrimiento en lo negativo.

Un ejemplo sería cuando alguien se gana la lotería, ese gozo durará tal vez unas semanas a unos cuantos meses, pero si esa misma persona pierde todo lo ganado, entonces esa persona experimentará lo negativo, lo cual durará toda la vida. Esa persona estará lamentándose durante su vida, con preguntas como: "¿No lo creo? ¿Cómo pude hacer eso? Nunca pensé que eso me pasaría a mí. Ya lo positivo deja de existir, en vez de recordar ese momento de gozo al haber disfrutado de esa paz financiera, todo es obstruido por lo negativo de las circunstancias. La mayoría de los seres humanos, por temor a lo nuevo que ofrece la vida y la responsabilidad de comenzar a hacerlo, ya lo negativo que se les ha inculcado en sus vidas, ese programa de mentalidad de esclavitud negativa para tales personas, es un desafío, un reto, del cual en su más profundo interior sufren las consecuencias en el cual crecieron, ya sea por el círculo familiar o las creencias de su entorno y cultura. Esto ha producido un estado mental indisciplinado, lo cual lleva al ser humano a una acción negativa mental.

La vida, para la mayoría que vive en un estado mental negativo, se convierte para muchos en una lucha constante. Pero la realidad es que se puede vencer y triunfar. Todo comienza con reconocer y aceptar la manera en que has dejado que la vida dirija tu vida. Debes tener el valor de comenzar a reprogramar tu vida, sin temor a las consecuencias. Recuerda el ejemplo del hombre frente al león.

Una manera de vencer esa indisciplina y comprensión erróneas es aprender a percibir tus pensamientos y desarrollar tu estructura y experiencias negativas.

***"Cuando el hombre aprende a ser responsable de su 'yo', entonces aprenderá y será responsable de su vida"* – Radames.**

Aprender a levantarse, luchar, combatir y perseverar. Ser consciente de que lo negativo solo tiene el poder que tú le des y permitas en tu vida. Debes saber que ser feliz es gratis, que todo lo positivo ya está dentro de ti; solamente tienes que aceptarlo y saber enfrentar el hecho de que, con el paso de los años, todo lo negativo haya producido efectos contrarios en tu vida.

Buda escribió: *"Ni tu peor enemigo puede dañarte tanto como tus propios pensamientos".*

Tenemos que aprender a quitar todo aquello que ha perturbado y obstruido tu mente,tus emociones, y reconocer que, si tal cosa no existe en tu mente, es que tampoco debe existir en tu vida. Todo lo negativo de la vida solamente toman el poder en tu vida, solo si tú les permites desarrollarse más de lo que tú les concedas.

En mi propia experiencia de la vida, aprendí que esta se puede dividir en tres partes:
- **Amar:** el que ama sufre,
- **Sufrir:** el que sufre lucha,
- **Luchar:** el que lucha vence.

La vida no pregunta si quieres ser fuerte, la vida te obliga a serlo. Los problemas son situaciones o asuntos que están pendientes de una solución, por lo tanto hay que reconocer que todos los problemas tienen solución.

Esto significa que tu trabajo es encontrar la solución a lo negativo. Lo difícil no es tanto aceptar ese pensamiento negativo, sino más bien cómo empezar a cambiarlo a través de las opciones que nos ofrecen.

Repito: "Las personas no tienen problemas, tienen soluciones que deben ser trabajadas". Deja de alquilar tu mente solo a lo negativo, deja de enfocarte en el problema y comienza a centrarte en la solución. Todo en la vida tiene solución, por muy difícil que sea. Todo lo negativo tiene una respuesta positiva. Encontrar la solución adecuada requiere estar abierto, receptivo y ser creativo. Trata de entender claramente el significado del problema. Un problema es una circunstancia que puede generar algún tipo de obstáculo en tu vida.

Recuerda que la inteligencia de un individuo se mide por la cantidad de incertidumbres que es capaz de soportar. En otras palabras, un problema es aquello que requiere una solución. Los problemas son una señal para tu mente y tu mundo, lo que requiere tu atención para mejorar y crecer, tanto a nivel espiritual como cognitivo. No te des por vencido, sé paciente y persistente. Comprende que el problema o la circunstancia que sea, es parte de la formación de tu carácter y será un proceso lento, pero muy efectivo.

Siempre he pensado que ¿de qué sirven los ojos si tu mente está ciega? Los ojos no te servirán de nada si tu mente no quiere ver. Cuando aprendes a reconocer que la vida puede tener momentos difíciles es entonces cuando es necesario saber afrontar el problema, ya que esto hará que tus pensamientos (tu mente) puedan comenzar a ver las soluciones de manera más positiva, lo que a su vez traerá a tu vida un cuerpo más sano, una mente más capacitada y tus pensamientos más optimistas. Esto es y ha sido un problema muy interno para encontrar la libertad interna de cada individuo.

La gente de hoy en día pone más atención y da mayor importancia a las experiencias negativas que a las positivas. Las malas emociones aprendidas a través de la vida, ya sea por el entorno de la familia, la escuela o alguna religión, dejan una experiencia negativa de la cual pasamos haciendo más énfasis en la solución a la situación.

En el transcurso de mi vida, he aprendido a diferenciar entre lo que es un problema y lo que es realidad. La realidad, al ser descubierta, llega a ser la libertad y lleva a la responsabilidad de hacer frente a toda incertidumbre negativa de la vida. Mientras más aprendamos, más conquistaremos la vida. ¿Acaso no hemos sido empoderados por Dios sobre todo en la vida?

Filipenses 4:13: *"Todo lo puedo en Cristo que me fortalece"* **(NVI).**

De esto daré un ejemplo: El poder tener un encuentro con una emoción difícil de superar, es decir, una emoción negativa que todos experimentamos en algún momento de nuestras vidas.

No olvides que las emociones son una parte esencial de la vida de los seres humanos. Sin embargo, hay pocas personas que se detienen a reflexionar sobre qué es esa emoción que están sintiendo en ese momento, cómo ha influido en su vida, en sus pensamientos y, sobre todo, en su comportamiento.

En mi caso, durante el transcurso de escribir este libro, ya he tenido dos ataques al corazón. Como resultado, me han tenido que instalar tres "Stents" o endoprótesis vasculares en mi arteria coronaria. Estos son pequeños tubos de malla de metal que se expanden dentro de una o varias arterias del corazón, dependiendo de la necesidad. Comprendí que esto ocurrió con un propósito y no como un problema. Esta realización me permitió ver la realidad de la vida con una actitud positiva y transmitir esa realidad a quienes lean estas palabras. Aprendí a vivir con una actitud mental positiva. Esto, a veces, es más efectivo que cualquier medicina. Desde el año 2000 también soy diabético. Imagínate lo que hubiera sucedido si desde entonces me hubiera enfocado en alimentar más lo negativo de esta enfermedad. Afortunadamente, ahora puedes leer esto gracias a una actitud POSITIVA.

La vida encierra y conserva un sentido. Nuestro deber, como seres conscientes y responsables, es descubrir el sentido de nuestras vidas. Necesitamos entender y procesar ese sentido; como humanos, tenemos la libertad y la responsabilidad de hacer para llegar a ser.

El sufrimiento es parte de la vida, pero el dolor es opcional. (Buda). Ambos llegan a ser parte importante en la vida, pero la responsabilidad de lo que nos sucede es nuestra. Debemos dejar de ser víctimas y de albergar resentimientos hacia la vida. En lugar de eso, deberíamos ver la vida desde una perspectiva diferente, como que ayer fue un sueño, mañana es una visión y hoy es la realidad.

Al hablar de emociones positivas, queremos decir que debemos valorar lo sucedido y verlo como una manera de hacer un progreso no solo emocional, sino en todos los aspectos de nuestra vida. Esto nos ayuda a dejar atrás lo negativo de las circunstancias y a centrarnos en el bienestar.

Pocas veces nos paramos a pensar en cómo los pensamientos negativos afectan nuestra vida, y cómo nos afecta la salud emocional, física y psicológica. Normalmente nos dejamos llevar por la vida y sus circunstancias, en lugar de utilizar el poder positivo de nuestra mente.

La mayor parte de las molestias físicas que sentimos provienen del estrés emocional y de los pensamientos negativos, haciéndonos vivir sin estimulación alguna y con cansancio crónico. Por eso, cada día que Dios nos permite vivir, debemos intentar programar nuestra mente y cuerpo para afrontar el reto con pensamientos positivos. La mente tiene un poder impresionante, y todo depende de cómo permitamos que sea programada y no que sea ella quien programe nuestra jornada.

Comenzar a darnos cuenta de que hay que aprender a eliminar todas esas telarañas de la vida que existen en nuestros pensamientos. Reconocer que, cuanto más luchemos por hacer y poder llegar a ser, más atrapados nos sentiremos en esas telarañas cognitivas, basadas en lo negativo. Muchas personas se rinden y comienzan a experimentar los conflictos mentales de un infierno vivido. Para poder comenzar a hacer y llegar a ser, hay que empezar a pensar con lógica.

Esto es el comienzo de alimentar todo pensamiento positivo y, de esta forma, aprenderemos a no sólo destruir la o las telarañas, sino también acabar con la araña que ha estado infestando tu manera de pensar y vivir de manera negativa.

Viktor Frankl escribió: *"El hombre solo 'llega a ser' tal en la medida en que descubre el sentido de la vida, el por qué y el para qué existir"* – **Énfasis mío.**

Uno de los mayores problemas que enfrenta el ser humano hoy en día es la falta de sentido en su vida. Se alimentan de negatividad y carecen de madurez para afrontar sus propios problemas. Es hora de que comiencen a vivir una vida positiva, estableciendo límites con la gente que los rodea, sean amigos, familiares o miembros de una iglesia a la que han pertenecido durante años.

Deben dejar de pensar que todo es resultado de la casualidad, pues la vida es un orden que hay que seguir, no un desorden. Todo lo bueno que se encuentra en la vida positiva y sana está basado en los límites.

**"El hombre imperturbable es el hombre sabio y feliz"* –
Zenón de Citium (335-263 a. C.).**

El secreto de la existencia humana no solo se basa en vivir, sino más bien, en saber para qué se vive. La vida en sí es sencilla, es la sociedad en la que vivimos la que nos ha enseñado cómo vivirla. Llegamos al punto en que hacemos lo que todos hacen (conformismo) y queremos lo que todos quieren (totalitarismo).

Nos subimos en el mismo tren que va rumbo al vacío existencial. El amor de Dios es tan personal y perfecto en cada individuo, que Él permite que el hombre haga y se convierta en lo que más anhela hacer en su vida. El hombre ya no sabe qué hacer para llegar a ser. No sabe cómo dejar de ser víctima de la vida, pues muchos son los que se pasan la vida como víctimas, siempre buscando a quien culpar por la trágica manera de su existir. Todo aquel que hace de la vida todo negativo, siempre está tratando de influir todo lo negativo de su vida en los demás, pues nunca han podido "llegar a ser" por no querer hacer lo contrario. Comienza a pensar en lo positivo que Dios ha creado en ti, como la responsabilidad propia, el perdón, la madurez, el optimismo, la espiritualidad, la autoestima y el humor.

¿Sabías que la información negativa se procesa con más prioridad que la positiva? Algo muy interesante es que, de todas las palabras con contenido emocional, el 62% son negativas y el 32% son positivas. Además de esto, debes saber que los acontecimientos negativos influyen el doble que lo positivo en la vida diaria. El auto diálogo negativo es una forma de pensamiento propia de personas derrotistas, sin esperanza. Están cómodos en su estado de queja, lamento y destrucción más o menos acentuada.

Esta forma de pensar sobre sí mismos y sobre las circunstancias que les rodean se ve reforzada con argumentos y razones que pretenden justificar y explicar por qué están adoptando conductas y actitudes estresadas, violentas, nerviosas, fóbicas, depresivas, desesperadas, etc. En realidad, obran así para sentirse seguros de sí mismos en su sinrazón habitual[27].

Quien está al mando de su vida abandona por completo la vieja rutina de lamento, queja y desesperanza, y se esfuerza por motivarse a sí mismo con palabras de ilusión, optimismo y éxito[28].

•————— · •●• · —————•

En las últimas décadas, el ser humano ha aprendido tanto a programar su vida de forma negativa en todos los aspectos de su existencia, que nos hemos quedado desnudos ante los contratiempos de la vida misma. Incluso la vida misma, que no está comprometida con algo más allá de sí misma, ha llegado a hacernos la vida miserable.

---

[27] Reflexión basada en *"Poderosa Mente"* de Bernabé Tierno.
[28] Bernabé Tierno: *Poderosa Mente*.

Nos hemos convertido en personas adictas a lo negativo. Para muchos en estos días, solo lo exterior satisface por un tiempo, y luego nos esclavizamos a todo lo negativo. Aprender cómo superar esto y hacer que lo negativo desaparezca es algo muy difícil de lograr para muchos, y aprender a vivir con esperanza en medio de la adversidad se convierte en una aventura sin fin. Seguimos entrenando nuestra mente solo en lo negativo. Cada mañana al comenzar el día es muy importante programar el cuerpo y la mente. De esta forma, el reto de ese nuevo día se puede afrontar con una mente positiva, lo que nos dará la seguridad necesaria para percibir lo positivo de ese día.

Todo esto se debe a que hemos aprendido a vivir en una cultura superficial que nos programa para vivir en un mundo lleno de negatividad. Recuerda que tu cerebro ya no le importa si eres feliz o no, pues ha recibido una programación para lo negativo de la vida.

Es un cerebro que ha estado en silla de ruedas y ahora tratas de enseñarle a caminar por el camino positivo, lo cual es y será un proceso con mucha disciplina y decisiones positivas. Esto requerirá mucha persistencia, planificación y el desarrollo de estrategias.

Un proverbio holandés dice:*" El sentido del humor es el patio de recreo de la inteligencia".*

Cierto es hallar el sentido positivo a tu vida para poder llegar a ser. Es necesario tener un buen sentido del humor cada día. Todos tenemos la capacidad de encargarnos de nuestra felicidad. La felicidad es un arte: un estado de la mente. Nunca serás feliz mientras no decidas serlo. La felicidad no es una parada en el camino, sino una forma de caminar con positivismo. La felicidad es un acto de valentía, es más fácil vivir deprimido y desesperado, ya que estamos programados para ello. La verdadera felicidad se consigue enfrentando las adversidades de la vida. Recuerda que las telarañas de la preocupación entorpecerán tu capacidad de pensar con claridad y exactitud lo que debes hacer para llegar a ser.

W. Clement Stone experimentó de una forma graciosa el impedimento de ver con claridad la vida sin telarañas. Describió su experiencia de la siguiente manera: "Fue como tratar de ver algo a través de una telaraña. Intentaba ver con claridad, pero la telaraña me impedía ver con nitidez".

"En mi infancia me gustaba comer ancas de ranas. Un día, en un restaurante, me sirvieron unas ancas de ranas enormes y no me gustaron. Inmediatamente llegué a la conclusión de que no me gustaban las ancas de rana de gran tamaño. Algunos años más tarde acudí a un lujoso restaurante de Louisville, Kentucky, y vi que en el menú figuraban ancas de rana. Mantuve con el camarero la siguiente conversación:

—¿Son pequeñas estas ancas de rana?

—¡Sí, señor!

—¿Estás seguro? Las grandes no me gustan.

—¡Sí, señor!

—Si son pequeñas las tomaré.

—¡Sí, señor!

Cuando regresó el camarero con el plato, vi que eran unas ancas de rana muy grandes. Me irrité y dije:

—¡Estas ancas de rana no son pequeñas!

—Son las más pequeñas que hemos podido encontrar, señor —me contestó el camarero.

Para no desairarle, me comí las ancas de rana. Y me gustaron tanto que pensé que ojalá hubieran sido más grandes. Aprendí una lección de lógica. Al analizar la cuestión, comprendí que mis conclusiones sobre las ancas de ranas grandes o pequeñas se habían basado en una premisa equivocada. No era el tamaño de las ancas de rana lo que las hacía desagradables. Lo que ocurría era que las enormes ancas de rana que había comido la primera vez no eran frescas. Y yo había asociado mi desagrado hacia las ancas de rana grandes con el tamaño y no con su mal estado".

Podemos aprender con exactitud que las telarañas mentales impiden una exactitud de pensamiento cuando partimos de una premisa equivocada[29].

Recuerda que tu vida se transforma de acuerdo al esfuerzo, el ánimo y, sobre todo, la persistencia que le dediques, ya sea para bien o para mal.

El ser humano está programado por las circunstancias y experiencias de la vida para enfocarse más en lo negativo. Esto puede deberse a un hogar disfuncional, a emociones negativas aprendidas o a una mala experiencia dentro de una religión, lo cual provoca una profunda tristeza y coraje que a menudo resulta en expresiones negativas.

Muchas enfermedades físicas se deben a la represión de la negatividad, que con el tiempo se refleja en el cuerpo y las emociones, provocando una desensibilización mental.

El psicólogo William Glasser, creador de la Terapia de Realidad, escribió que el enfoque de esta terapia para el asesoramiento y la resolución de problemas se centra en las acciones aquí y ahora, así como en la capacidad de crear y elegir un futuro mejor. Glasser proponía que el pasado no debe ser algo sobre lo que se medite, sino que debe ser resuelto y superado para vivir una vida más satisfactoria y gratificante. La teoría de la elección afirma que somos autodeterminantes, ya que elegimos nuestro comportamiento y somos responsables de cómo actuamos.

De esta manera, puedes ver que hay manera de vivir una vida más positiva: deja las excusas para otro, ya que tú eres responsable de ti mismo y tu vida depende de tu actitud positiva. La Terapia de Realidad sostiene que el individuo sufre de una condición humana universal, en lugar de una enfermedad mental. Esta terapia postula que el pasado no debe ser algo en lo que se medite constantemente, sino que debe resolverse y superarse para poder vivir una vida plena.

---

[29] Basado en el libro *"Actitud Mental Positiva"* de Napoleón Hill y W. Clement Stone (Páginas 76-77).

La Terapia de Realidad se basa en la convicción de que, aunque las personas a menudo son producto de su pasado, no tienen que ser prisioneras para siempre de lo negativo.

Los libros de Psicología hacen mucho más énfasis y dedican más tiempo a la negatividad y emociones desagradables que experimenta el hombre y la mujer que a las agradables: el 69% de estos artículos trata más lo negativo del ser humano y solo un 31% lo positivo. La gente todavía dedica mucho más tiempo y esfuerzo a evadir las malas emociones negativas, que a tratar de hacer énfasis en lo positivo. No es nada fácil que algo en tu vida cambie si solo tienes esos pensamientos negativos. Ya que pensar solamente en lo negativo producirá que no haya ningún tipo de motivación para adquirir el coraje hacia el desafío en la vida. Recuerda que de la manera que estés programado esa será tu forma de pensar, hablar, actuar y hacer. Muchas veces lo negativo en tu vida no te permite estar consciente de tus fallas y cómo hacer para corregirlas.

Recuerda que tus pensamientos son el alimento de tu alma; cómo piensas, te sentirás y actuarás. Tus pensamientos influyen de manera importante en tu manera de vivir. Esos pensamientos de negatividad, tristeza, culpa y vergüenza nunca te permitirán adquirir una motivación positiva. Es muy necesario comprometerte y actuar, comenzando con pequeños cambios y con el tiempo la motivación irá aumentando. Nuestro principal potencial debe ser el aumentar nuestras virtudes y valores, lo cual irá reinventando nuestras actitudes positivas. Es muy importante que tu punto de vista propio sea positivo; habrá muchas cosas de las cuales no estés de acuerdo, pero aun así, no importa, acéptalas como son y deja de vivir como víctima. Toda vida puede cambiar si se tiene la actitud correcta y deseada.

Por lo regular, elegimos ver lo negativo en cada situación, porque es de la manera que hemos sido programados por las circunstancias de la vida. Recuerda que todo cambio debe comenzar de adentro hacia fuera. La mente está acostumbrada a ver el lado negativo, cuando uno dice que el mundo está lleno de gente mala, mentirosa y todo lo demás que puede ser negativo en la humanidad.

No se está viendo la realidad como es en verdad, sino que se está opinando de la manera en que uno fue educado para ver la vida.

En cambio, una persona que ha sido rodeada de personas buenas y generosas aprenderá a opinar de manera diferente y a comprender el por qué esa persona es como es; en cada ser humano siempre habrá algo maravilloso que descubrir. Estando consciente de todo esto, si se pudiera cambiar la manera de pensar negativa, sabiendo que en este mundo siempre habrá de todo, tanto negativo como positivo. Todo depende de en lo que dedicas más tiempo.

Estas son palabras del día de una persona llena de negatividad, lo cual ejemplifica la mentalidad de una persona negativa. Recuerda que una actitud negativa tendrá un efecto perjudicial para la persona misma y para los de su entorno:

1. **¿Para qué?**
2. **¡Así estoy bien!**
3. **Siempre comparándose.**
4. **Todas las situaciones son vistas de forma negativa.**
5. **Siempre centrándose en el pasado.**
6. **Todo se ve como difícil.**
7. **Temor al futuro.**
8. **Siempre echando la culpa a los demás.**
9. **Contagiando a los demás con su negatividad.**
10. **Despreciando a los demás.**
11. **Están siempre quejándose.**
12. **Creen merecerlo todo.**
13. **Raramente comentan algo positivo.**
14. **Su comportamiento y manera de hablar son despóticos.**
15. **Para burlarse de los demás.**
16. **Críticas destructivas.**

(Tal vez puede que haya más, si acaso se me paso alguna, si eres negativo continua con la lista).

El pensamiento negativo puede llegar a convertirse en un hábito peligroso. Los pensamientos negativos se hunden en la mente y permanecen allí hasta que decidas hacer algo al respecto para poder llegar a ser. Esto se puede denominar como "analfabetismo emocional".

El analfabetismo emocional, es decir, la falta de recursos psicológicos y mecanismos emocionales con los que manejar mejor las circunstancias de la vida negativas, como la tristeza, el coraje, el temor, la decepción, nos hará ser mucho más frágiles ante los problemas de la vida. "Tu mente es para generar ideas, no para retenerlas" – David Allen.

Recuerda que tu manera de pensar determinará mucho de lo que sucederá en tu vida. Vivir con una mentalidad negativa solo nos permite ver el lado oscuro, lo triste, lo inútil, la incapacidad; todo es negativo, y solo porque no has tomado una decisión positiva para salir de ese mundo de oscuridad. Sólo tú has decidido llegar hasta esta etapa adulta con un mundo de incertidumbres. Del mismo modo que la mente positiva puede abrir puertas, la negativa también puede cerrarlas.

Roger Ebert escribió: *"Tu intelecto puede confundirte, pero tus emociones nunca te mentirán".*

A través del tiempo, al darse cuenta de lo que hay en este libro y poder llegar a analizar, reconocer, expresar y, sobre todo, transformar todos los pensamientos negativos y destructivos para que fluyan a nuestro favor y no en contra, tendrás una mejor capacidad de "alfabetización emocional" y podrás "llegar a ser".

"La necesidad más grande del ser humano es, aprender a vivir" – **Radames.**

El analfabetismo emocional es un concepto que hace alusión a la incapacidad para manejarse y sentirse cómodos con nuestras emociones. Señala la carencia de desarrollo de las habilidades emocionales más básicas.

Estar conscientes del analfabetismo emocional te ayudará a superar los patrones mal aprendidos en lo negativo de tu vida, y te brindará la oportunidad de ser más empático, sociable y confiado en ti mismo. Esto a su vez generará una mayor positividad en tu vida y te permitirá "llegar a ser" la mejor versión de ti mismo. Recuerda que el efecto de la positividad es el inverso del efecto de la negatividad.

La Terapia de Realidad de William Glasser tiene como objetivo la consecución de problemas y la toma de decisiones acertadas. Esta psicoterapia busca ayudar al cliente a alcanzar sus objetivos personales mediante el análisis de sus comportamientos actuales y la modificación de aquellos que interfieren con sus metas. El enfoque de la terapia de realidad se centra en el momento presente y en la mejora de las condiciones del futuro. Por tanto, para Glasser, la "cura" para la insatisfacción consiste en la asunción de mayores responsabilidades, madurez y conciencia. El éxito terapéutico está relacionado con el hecho de que el cliente deje de rechazar la realidad y comprenda que solo alcanzará satisfacción trabajando en sí mismo[30].

Como seres humanos, es nuestra responsabilidad madurar y crecer en todos los aspectos, de acuerdo con la forma en que Dios nos ha creado: espíritu, alma y cuerpo (1 Tesalonicenses 5:23). Es la responsabilidad de todo ser humano crecer y andar con ambos pies. Aprender a cómo lidiar con los problemas propios por sí mismo.

Los límites de la vida los establece cada persona; la vida está y siempre estará llena de diversas oportunidades. Por eso, es importante que aprendas a expandir tus conocimientos como ser humano. Al final, solo tú tienes la decisión de actuar o no. Según la Teoría de la Elección de Glasser, el ser humano es capaz de autocontrolarse.

Esta conducta está únicamente bajo el control individual de cada persona, de modo que, aunque el mundo exterior nos influya, sólo tú eres único y responsable de tus propias decisiones y actitudes. Así, la Teoría de la Elección nos hace entender que somos capaces de controlar nuestros pensamientos y acciones, e incluso cómo llegan a influir en nuestras emociones. Deja de estar rumiando tu pasado. Abre tu mente a nuevas ideas y mantén una actitud positiva hacia el futuro.

---

[30] *"Psicología y Mente"* por Alex Figueroa.

Autoaceptación: conocimiento del entorno en el que has crecido a lo largo de los años y la capacidad de ser responsable de tus decisiones y actuar de forma acertada para alcanzar tus objetivos.

Olvídate del pasado negativo, de aquello que ya fue, y enfócate en el presente para ser una persona motivada y tener un futuro positivo que empiezas a restaurar desde hoy.

***"Si como pensabas ayer, piensas hoy, entonces mañana pensarás igual"* – Radames.**

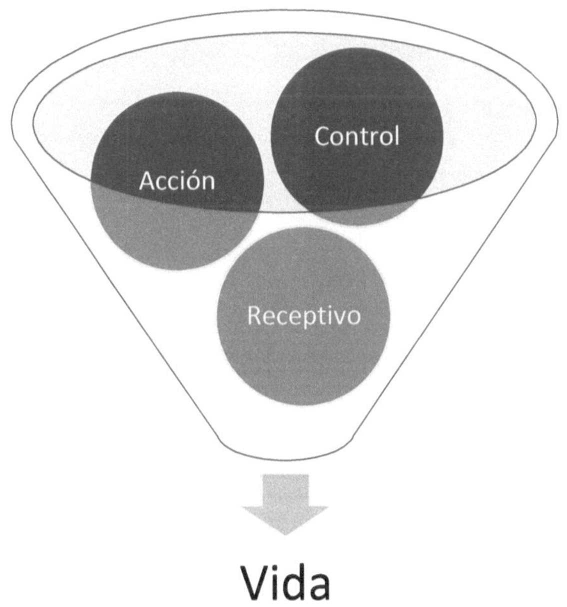

Así que tú tienes el control, la toma de acción y debes estar receptivo a no hacer tanto énfasis en lo negativo, ya que esto puede "llegar a ser" una especie de imán para tus emociones, percepción y comprensión. Somos seres temporales y, como tales, siempre debemos dirigirnos hacia algo más de lo que ya fuimos, debemos estar proyectándonos y creando expectativas para vivir, para mantenernos en el mundo y para comprender nuestros cambios.

Un hombre camina hacia su destino, aunque a veces es forzado a cambiar de rumbo. Otras veces, las circunstancias externas son demasiado poderosas, lo que lo obliga a acobardarse y ceder.

Cuarto nivel: Ánimo.

***"Gran remedio es el corazón alegre, pero el ánimo decaído
seca los huesos"*** **(Proverbios 17:22 – NVI).**

Tu mente, tu alma y tu cuerpo no debes olvidarlos, ya que de acuerdo a tu estado de ánimo, así será el resultado en tu vida. Sabías que el estado de ánimo de una persona refleja qué tipo de personalidad posee. La personalidad de un individuo nos permite conocerlo y comprender por qué actúa, siente y piensa de determinada manera. Recordemos que el estado de ánimo es una actitud en la vida emocional. Estando a un paso de poder eliminar tu indecisión y confusiones, debemos entender que el estado de ánimo es una emoción persistente acerca de nuestra percepción del mundo en el que hemos crecido de acuerdo a nuestro entorno. Todos poseemos un estado de ánimo muy cambiante, ya que todo depende del entorno en el que hayamos sido edificados; algunas personas son más estables, mientras que otras son más depresivas o irritables.

El **estado de ánimo disfórico** es el tema principal de este capítulo, el cual trata de un estado desagradable en el que predomina la irritabilidad, la tristeza, la soledad, el pánico o la ansiedad excesiva.

Se puede palpar y escuchar hoy en día cuántas son las personas que viven en un estado de ánimo anímico donde aún sufriendo en silencio, su cuerpo se va deteriorando; la mente es y ha permanecido esclava del pasado, ya sea por cultura y/o creencias, la gente corre en cantidades hacia los consejeros en busca de soluciones, soluciones de las cuales muchos no quieren escuchar. Aunque te parezca increíble, tu estado de ánimo está muy relacionado con tu bienestar físico y, además, con algunas enfermedades. Está comprobado que tanto el estado de ánimo o, ánimo caído, se pueden vincular a las preocupaciones, decaimiento y el estrés, los cuales influyen en tu estado de salud, lo que te pone a un paso de la depresión.

Un ejemplo de lo que es identificar tu estado de ánimo sería el siguiente: el domingo estás en la iglesia y compartes tiempo con familiares y amistades, sobre todo mucha comida. Ese mismo día ya en la noche tu mente comienza a invadir tus emociones recordándote que mañana tienes que ir a trabajar y es el comienzo de otra semana y tu físico te comienza a recordar todo lo que comiste. Ya tu estado de ánimo se convierte en algo completamente diferente. Presta atención a tu cuerpo: los hombros comienzan a ponerse en tensión, lo cual indica miedo o irritación, y una sensación de pesadez en todo el cuerpo sería una señal de estrés o decepción. Y es entonces donde comienzan los sentimientos de apatía, aburrimiento y estos llegan a producir lo que Viktor Frankl llamó "Vacío Existencial". En la teoría de Frankl, esto se conoce como la "neurosis de domingo" y es considerada un tipo de depresión.

Hay que entender que un estado de ánimo comienza con un pensamiento, ya que estos están conectados uno con el otro. Un pensamiento es una frase que uno se repite día a día, un sentimiento es una emoción o un estado de ánimo; tus pensamientos afectarán tu manera de actuar y, por último, debemos aprender a utilizar esos pensamientos para mejorar nuestro ánimo. Una de las ventajas de aprender cómo desarrollar ese estado de ánimo es que podemos aprender a cómo utilizarlo para poder entender, tolerar y reducir nuestro desánimo.

La manera de entender nuestros problemas influye mucho en la forma en que los afrontamos. ¿Sabías que tu estado de ánimo puede ser causa de varios trastornos emocionales, como la depresión, la ansiedad y la ira? Para esto, es muy importante saber identificar cada estado de ánimo. Puede que te sientas con un cansancio constante sin saber el motivo, y esto puede deberse a que estés deprimido. Cuando aprendes a reconocer y identificar cuál es tu estado de ánimo y el por qué, puedes comenzar a vivir una vida más eficaz y equilibrada (aunque no perfecta).

Cuando comienzas a analizar un pensamiento negativo, es decir, reconocerlo al instante y estar alerta a él, y comienzas a entender cómo un pensamiento negativo se enlaza con otro.

Con el tiempo y mucho esfuerzo por tu parte, podrías llegar a reconocer y poner en duda cuáles y por qué llegan estos pensamientos negativos, los cuales han sido la causa de tu estado de ánimo. El poder identificar y analizar estos estados de ánimo es, como cuando llegas con el tiempo a descubrir quién entre tu familia o alguna amistad ha estado siendo tóxico en tu vida, y siempre estás en un estado anímico, y decides apartarte de dicho individuo o familiar. El ánimo es esa fuerza o energía para hacer, resolver o emprender algo y llegar a ser.

Entonces, el ánimo son las ganas y las fuerzas que le ponemos a nuestras circunstancias. Esto nos motiva a sentirnos alegres, optimistas y con deseos de llevar a cabo nuestros planes cotidianos. Al aprender a controlar tu estado de ánimo, podrás pensar y actuar para sentirte mejor. Una de las formas de combatir tu estado de ánimo es aprender a contestar y cuestionar tus propios pensamientos.

Se escucha como algo absurdo; pero, ¿cuánto tiempo dedicamos a solucionar los problemas de otras personas, mientras dedicamos poco tiempo a solucionar los nuestros? Comienza a dialogar contigo mismo para mejorar tu estado de ánimo. Examina por qué tienes esos pensamientos a los que podemos llamar "Pensamientos Intrusivos" para identificar si son dañinos o positivos.

Acerca de los pensamientos intrusivos, estos son pensamientos, imágenes o ideas desagradables que llegan a convertirse en obsesiones y son muy molestos y preocupantes, lo que hace difícil su control o eliminación. Estos tipos de pensamientos pueden "llegar a ser" paralizantes, generando ansiedad y persistencia. ¿Qué tipo de ánimo y aliento puede existir en un ser humano viviendo y pensando de esta manera?

Ya que estamos en el tema del ánimo, es importante conocer uno de los factores principales que causa el estar con un ánimo anémico: la hormona llamada cortisol, también conocida como la "hormona del estrés". Hoy en día, por todas partes del mundo, se escucha cada vez más sobre la humanidad viviendo y estando en estrés a causa de este estado de ánimo disfórico. No solo es importante conocer tu estado cognitivo sino también tu estado físico.

La ansiedad es una respuesta de anticipación involuntaria del organismo frente a estímulos externos o internos, tales como pensamientos, ideas, imágenes, etc., que son percibidos por el individuo como amenazantes o peligrosos y son acompañados de algún otro sentimiento. El ritmo de vida acelerado, la situación económica y los problemas familiares en el que vivimos hacen que estemos en un estado de ánimo anémico. Junto con el cortisol también se encuentra la adrenalina, aunque ambas hormonas tienen funciones diferentes. Los síntomas de esta respuesta son: un pulso acelerado, los sentidos agudizados, dificultad para controlar la respiración y un estado de alerta general. ¿Quién es responsable de este estado de ánimo negativo? El cortisol.

Demasiado cortisol puede causar:

1. **Dolor de cabeza.**
2. **Tensión muscular en cuello y hombros.**
3. **Falta de concentración y problemas de memoria.**
4. **Ansiedad y depresión.**
5. **Mal humor.**
6. **Estado de ánimo anémico.**

Ante una situación estresante negativa, el estado de ánimo anémico, la Dra. en Psiquiatría Marian Rojas Estape, experta en la función del cortisol, dice:

> — *"Cuando la secreción de cortisol es constante, se produce el efecto contrario al que ocurre en condiciones normales; el cuerpo se inflama. Esto conlleva problemas digestivos como gases, inflamación, úlcera, entre otros. El cerebro envía mensajes de estrés al cuerpo, que se reflejan en la conexión cerebro-intestino, lo que provoca cambios en el tacto rectal, estreñimiento, colon irritable, etc.*

Además, hay modificaciones en el metabolismo del azúcar y de la insulina. Si una persona está intoxicada por cortisol, el cuerpo puede desarrollar un cuadro de resistencia a la insulina y diabetes" (Énfasis mío).

Al reconocer y estar más conscientes de estos síntomas, podrás comenzar a hacer algo para desarrollar un estilo de vida con más estrategias para tener pensamientos mucho más saludables. Es increíble cómo mejora tu vida al aprender a tener tú el control, y no que sea la vida la que te controle. Estos pensamientos saludables pueden mejorar de manera increíble tu estado de ánimo y, de esta forma, vivir la vida que mereces. Recuerda que debes hacer para poder "llegar a ser" el arquitecto de tu vida. ¡Anímate!

Cambia tus pensamientos y cambiará tu vida. Coge ánimo, fortalécete y comienza a cambiar poco a poco ese estado de ánimo. Cuando aprendemos a identificar a diario nuestra manera de vivir a través de las diferentes acciones que tomamos cada día, será mucho más fácil hacer algo y realizar un análisis de nuestro comportamiento, para aprender a conocer cada estado de ánimo en el que nos encontremos. Entonces podremos fijarnos metas para mejorar cada estado de ánimo y de esta manera llegaremos a ser.

Recuerda que tus pensamientos te ayudarán a definir tu estado de ánimo y a tener un mejor control de tus emociones.

A continuación, verás una lista de los diferentes estados de ánimo; si tomas uno y comienzas a trabajar en él, uno por uno, tu estado de ánimo comenzará a mejorar y tendrás un control más positivo de tus emociones.

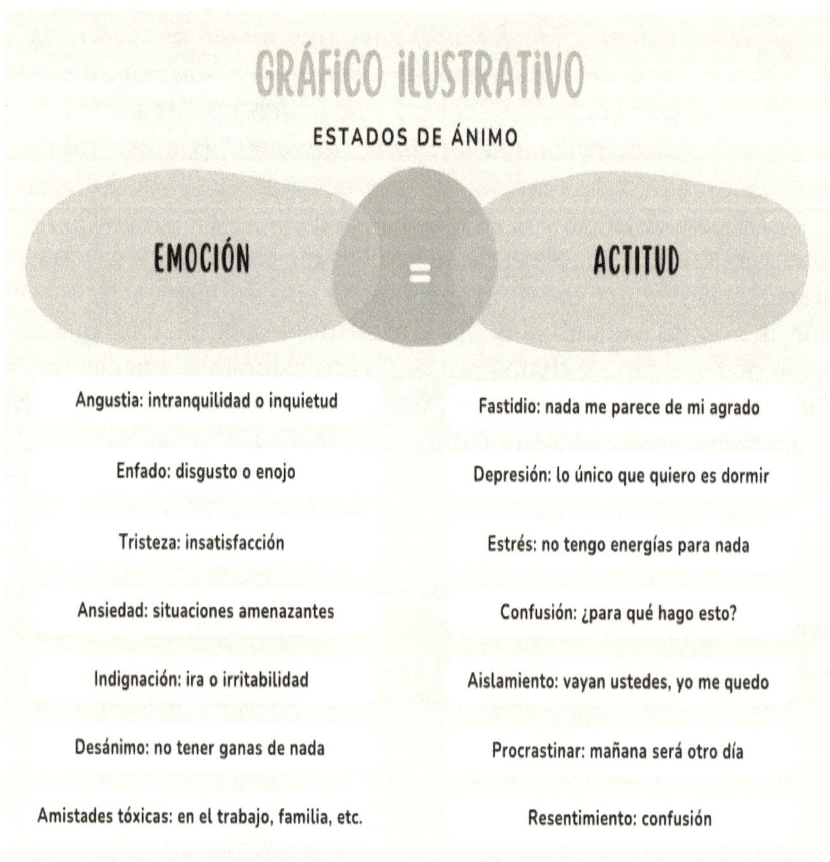

(Estos son solo unos cuantos; tal vez te acuerdes de alguno que en este momento estés pasando).

Aprender que los días no tienen la culpa de tu estado de ánimo, no dejes que la vida siga controlando tu vida. Debes estar alerta, ya que este estado de ánimo te está llevando a una depresión silenciosa, que ha estado poco a poco dominando tu vida. Mientras no tomes conciencia de ti mismo, esto seguirá produciendo o desarrollando una baja autoestima, ya que esta conlleva una percepción negativa sobre uno mismo.

Como puedes ver, según la lista de arriba, todas ellas son un conjunto de percepciones y pensamientos negativos que llegamos a tener acerca de nosotros mismos. Lo cual ha hecho de tu ánimo una experiencia negativa y controladora.

En el transcurso de escribir este libro, el mundo se encuentra en este momento pasando por una epidemia, no solo física sino también psicológica, en la que el estado de ánimo de millones de personas está siendo afectado por circunstancias diversas. Esto incluye el Coronavirus, el desempleo, la crisis económica, la ansiedad, el abuso físico y emocional, el abuso de sustancias alcohólicas y todo tipo de drogadicción, y los trastornos emocionales. Si el desánimo no se trata, con el tiempo puede desencadenar la depresión.

Algunos sinónimos de depresión son: Abatimiento, decaimiento, desaliento, desánimo, melancolía, tristeza[31].

El ánimo de millones de personas sólo se "restablece" temporalmente a través de un cheque de "estímulo". Es un ánimo externo, que satisface tus emociones a corto plazo. Puedo decir con seguridad que la mayoría de la humanidad ya no es humana, sino víctimas de las circunstancias de la vida de hoy. No hay propósito, han establecido un apego al sufrimiento, por el cual viven en apatía, aburrimiento, ansiedad y adicciones. El mundo de posibilidades se ha reducido, lo que ha provocado una psicosis a nivel mundial, generando miedo e incertidumbre. Esto ha llegado a producir no sólo un estado de ánimo anémico, sino también afectar la percepción, el pensamiento y la conducta. Estamos viviendo unos días alarmantes y oscuros, el desánimo en estos momentos está aumentando sin importar la nacionalidad o creencia de cada uno. El ánimo del ser humano está desapareciendo a pasos agigantados. Las familias son víctimas de las redes sociales, la falta de comunicación y otros factores hacen que el ser humano viva sin ánimo. Hoy en día, la condición del hombre debe consistir en sus decisiones y no en sus condiciones materiales.

---

[31] Fuente de referencia: WorldReference.com

El "razonar para vivir" está desapareciendo. La mayoría de nuestra juventud, para poder experimentar un ánimo, tiene que recurrir a las drogas; es una pandemia de la cual el sistema de vida ha traído cambios drásticos a la humanidad.

Algunos síntomas emocionales y psicológicos son:

- Negación.
- Confusión y dificultad para concentrarse.
- Ira, irritabilidad, cambios de humor.
- Ansiedad y miedo.
- Culpa, vergüenza, autoculparse.
- Tristeza, desesperación.
- Aislamiento.

Ahora veamos algunos de los síntomas físicos:

- Insomnio o pesadillas.
- Nerviosismo y agitación.
- Sobresaltarse fácilmente.
- Fatiga.
- Dolores musculares y dolores de cabeza.
- Estreñimiento o diarrea.
- Problemas respiratorios.
- Problemas gastrointestinales.
- Cambios en el apetito.

Algunos de los efectos psicológicos más comunes comienzan con la pérdida financiera, lo cual da lugar a la ansiedad, la depresión, los síntomas de estrés, insomnio, percepción de soledad y aburrimiento, los cuales con el tiempo pueden desarrollarse en un vacío existencial.

La Organización Mundial de la Salud ha advertido que en el futuro habrá un aumento de trastornos mentales debido al estado de ánimo de la humanidad.

Cada ser humano está experimentando hoy día su propio "campo de concentración". La visión del futuro se está convirtiendo en un sueño. Recuerda y no te olvides que detrás de cada pensamiento inútil siempre habrá uno o más positivos. Cuando tu alma esté en paz, entonces podrás escuchar mejor tu mente. Ánimo, comencemos a hacer un balance en tu vida para llegar a ser. Ten en cuenta que la rutina diaria puede afectar el estado de ánimo individualmente; con el tiempo esto llegará a producir una pérdida de interés en muchas actividades del día a día. Al final, solo hay una pregunta, un problema y una meta en la vida: la experiencia del significado.

Viktor Frankl escribió: *"La importancia del significado en la existencia humana y el desafío para todos los seres humanos es poder sostener e incluso mejorar el significado en nuestras vidas a pesar del inevitable sufrimiento que conlleva vivir una vida humana".*

Debemos tener en cuenta que la misma rutina y las pocas actividades, así como lo negativo que hay en la vida, ya sea en el trabajo o en el hogar, pueden provocar una sensación de desánimo que, con el tiempo, puede llevar a la distimia. Esta es una forma de depresión crónica, caracterizada por una pérdida de interés en las actividades cotidianas normales, desesperación, ineficacia, baja autoestima y una sensación general de ineptitud. Estos sentimientos pueden durar años y afectar profundamente las relaciones personales. Sin estar consciente, muchos matrimonios han estado desarrollando un estado de desánimo a través del tiempo, llegando al punto en que las acusaciones son el común denominador.

Frases como "es que yo le digo" o "es que no me entiende" pueden indicar que ambos están pasando por un tiempo de "vacío existencial" a causa del desánimo y la monotonía de su vida cotidiana. Las relaciones íntimas se han convertido en algo aburrido, y el sexo se ha limitado a ser una forma de escape.

El hombre, guiado por su instinto animal, piensa que sólo puede descargar su emoción a través del sexo, mientras la mujer, quien es utilizada, sufre en silencio. Entonces se sumerge en la pornografía, lo cual afecta el ánimo, el deseo y la comunicación, haciendo que la mujer se aísle y sufra en silencio, produciendo un Trastorno de Estrés Postraumático Agudo. El desánimo es un enemigo silencioso; una de sus principales causas es el cansancio. En esos momentos de desánimo, recuerdo lo que el salmista dijo en la Biblia:

"Se me afligía el corazón y se me amargaba el ánimo por mi necedad e ignorancia" **(Salmo 73:21 – NVI).**

El desánimo puede ser una luz de advertencia para todo ser humano que ha creído en Cristo, ya que muchas veces perdemos el objetivo de la vida. Cuando estemos desanimados, es de gran ayuda estar a solas con el Señor y permitirle que examine nuestro corazón y cuáles son nuestras motivaciones (Salmo 139:23).

Recuerda que el ánimo es la capacidad humana de experimentar emociones y afectos, así como de comprender. Un ejemplo sería que el sol no desaparece cuando llegan las tormentas, sino que se oculta tras las nubes por un periodo de tiempo. Del mismo modo, cuando llegan las aflicciones de la vida, tu ánimo se oculta temporalmente. El tiempo de duración de esta situación depende de ti. La vida puede resultar complicada a veces, pero es en estos momentos cuando debemos sacar fuerza para superar la situación y recuperar el ánimo que nos enseñará el camino a seguir. No olvides que siempre tenemos el poder de cambiar las circunstancias, por muy adversas que sean.

Robert Louis Stevenson, escribió: *"No juzgues cada día por la cosecha que recoges, sino por las semillas que plantas".*

¡Cuán cierto! Nosotros mismos opacamos el ánimo, perdiendo el tiempo centrándonos más en lo negativo y los errores de la vida que en lo positivo.

Una de las mejores técnicas para poder superar el ánimo de día en día es optar por una actitud positiva, sea como sea, para recuperar tu ánimo, es esencial que aprendas a superar cada dificultad y aprovechar ese ánimo. ¿Crees que tu estado de ánimo ha decaído? Todos pasaremos por esos momentos de decadencia de ánimo en algún momento.

Recuerda que hay que aprender a cuidarnos, pues nuestra mente se sentirá más cansada si no lo hacemos. Aprender a desarrollar buenos hábitos es muy importante para mantener nuestro ánimo, aprender a cuidar tanto el cuerpo como la mente. Aprender a fijarnos metas que nos aporten motivación y una ilusión en nuestro día a día. Comenzar a Hacer para llegar a Ser, son muchos los cambios que hay que Hacer, pero para esto es muy necesario obtener un buen estado de ánimo. Aprender a activar positivamente tanto el cuerpo como la mente, y no solo dejarnos llevar por el sofá preferido y el programa de televisión, pues esto hará que nuestro ánimo sea algo superficial. Ya que esto hará que aumenten las sensaciones de vacío y tristeza. Debemos aprender a activar positivamente tanto el cuerpo como la mente. De lo contrario estaremos activando únicamente un estado de ánimo emocional decaído y superficial. Lo que nos importa no es lo que nos sucede, sino la forma en que respondemos a lo que nos sucede.

Sal de la casa, esfuérzate a hacer una caminata, escucha en tu teléfono programas de ánimo, ve al parque y siéntate con un buen libro, en vez de comerte cuatro tacos, cómete solo dos. Cuando llega el desánimo, nos preocupamos más en llenar el estómago que la mente. Aprende a socializarte con gente positiva, llama a esos amigos que sabes que son de influencia positiva para tu estado de ánimo. Verás cómo al hacer esto se convertirá en una rutina saludable para tu estado de ánimo; sobre todo, comienza a poner límites en tu entorno.

Comienza a hacer un diario de qué y cuáles son las causas que te causan más desánimo. Pues de esta manera, aprenderás a llevar un balance en tu ánimo, físico y cognitivo. Verás cómo la rutina comenzará a cambiar si te aferras a hacer para "llegar a ser" el hombre y la mujer que Dios ha creado en ti.

> *"Pon tu esperanza en el Señor; ten valor, cobra ánimo!*
> *¡pon tu esperanza en el Señor!"* **(Salmo 27:14 – NVI).**

Es importante empezar a reflexionar, cuándo y por qué el estado de ánimo ha cambiado, reconocer y descubrir qué y qué debemos hacer paso a paso para mejorar y llegar a ser. Cuando nos llegan esos momentos de debilidad y deseas reafirmar ese estado de ánimo de una forma sencilla y te sientes débil, hay que reconocer que depende mucho también si existe algún motivo de sufrimiento, pues todo esto hará que el estado de ánimo sea un poco más difícil de recuperar. Pero hay que tener en cuenta, que por muy duras que sean las circunstancias, siempre podremos hacer algo cuando estemos bajo de ánimo. Esto hará que comiences a reflexionar, cuándo y por qué el estado de ánimo ha cambiado, para así mejorar y llegar a ser.

Habrá muchas ocasiones en las que el ánimo evolucionará poco a poco. Es importante aprender que esto debe ser gradual, un proceso lento, pero eficaz. Como mencioné antes, es muy necesario tener alguien de confianza que nos ayude a recuperar ese ánimo, ese cariño que sólo tú sabes quién te dará en esos momentos de desánimo. Como dije antes, sal de ese ambiente de la casa, cambia tu rutina, la cual no está produciendo nada positivo en tu vida; comienza a establecer rutinas saludables y edificativas; realiza actividades que te ayudarán a mantener la mente ocupada. Tal vez no logres mucho, pero al menos tu mente está siendo reprogramada para un estado de ánimo más productivo. No tengas miedo. ¡ÁNIMO!

La manera de entender nuestros problemas influye en la forma en que los afrontamos. Para entender esto, es necesario comprender que, para sanarnos, tenemos que aprender primero a pasar por la causa de nuestras propias pruebas.

Es sorprendente cómo puede cambiar tu vida cuando decides cambiar un pensamiento a la vez. ¿Te has puesto a pensar cómo la forma en que alimentas tu cuerpo influye en el funcionamiento de tu mente y, en consecuencia, en tu estado de ánimo?

Si queremos comenzar a experimentar un estado de ánimo más positivo y sentirnos mejor, lo más conveniente sería empezar por nuestros pensamientos. Recuerda que cuando conocemos mejor nuestra manera de pensar, nos puede ayudar en muchos ámbitos de la vida.

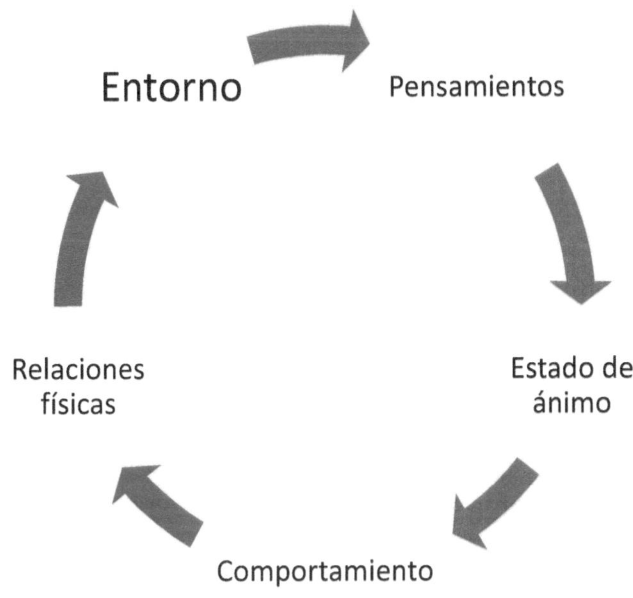

Si deseas sentirte mucho mejor en tu vida, lo más conveniente es empezar por tus pensamientos. El conocer tu manera de pensar te ayudará en muchos ámbitos de tu vida.

Gabriel Marcel escribió: *"Cuando uno no vive como piensa, acaba <u>pensando</u> cómo vive".*

Muchos se pasan la vida confundidos; el hecho de estar vivos ya es una gran confusión. Aprender a deshacerse de la confusión es muy importante, antes de que esta te consume.

Unos consejos para trabajar en la confusión: Primeramente, es importante tomarse un tiempo para evaluar la situación. Esto ayudará a identificar los factores que están contribuyendo a la confusión. Luego, es necesario desarrollar un plan de acción para abordar los problemas de manera eficaz. Por último, se debe priorizar las tareas y tomar las decisiones necesarias para asegurar el éxito del proyecto.

Estas son algunas estrategias básicas que pueden ayudar a trabajar en esta cuestión:

1) **¡Escribe!** Comienza haciendo una lista de pendientes y pensamientos importantes.
2) **Mantente activo:** haz ejercicio, esto te ayudará a olvidar las preocupaciones o encontrarles una solución.
3) **Come saludablemente:** sé más ordenado en tu manera de comer, la hora en que comes y, sobre todo, la cantidad que consumes.
4) **Aprende a descansar:** no solo tu cuerpo, sino también tu mente.
5) **Aprende a disfrutar más de la vida:** ríe más y aprende a respirar profundamente para aumentar tu energía.

Estos pasos con el tiempo te ayudarán a desarrollar una actitud más positiva para cuando lleguen los momentos de confusión. Así estarás mejor preparado para enfrentar cualquier situación. Aprende que, entre el pensamiento y la conducta suele haber una estrecha relación. Por ejemplo, es más probable que intentemos hacer algo si creemos que es posible, de esta manera podremos lograr nuestros objetivos. Sentarse a llorar y alimentar el desánimo sólo hará que tu vida se convierta en un caos, no solo en ti, sino también en tu entorno. Si la cabeza del hogar está sin motivación, también la familia se verá afectada. Si no hay un líder, todo se vuelve inestable. Las luchas cotidianas se convierten entonces en un vacío abismal.

Una vez más medita en este Salmo 27:14 nos dice*: "Pon tu esperanza en el Señor; ten valor, cobra ánimo; pon tu esperanza en el Señor!"* (NVI).

Debemos no solo depender de los bienes materiales, pues esto solo es pasajero, sino que debemos aprender a depositar la esperanza, el ánimo, la fe, la soledad, y todo lo demás, para que todo salga mucho mejor. Desde luego, no olvidando que cada uno debe hacer su parte para poder llegar a ser.

"Para obtener ánimo, hay que actuar en ánimo" – **Radames.**

Una palabra clave sería el volver a" reinventarte". Has de pensar: ¡Que!... ¡Eso sería imposible!

Charles Darwin escribió: *"No es la especie más fuerte la que sobrevive, ni la más inteligente, sino la que mejor responde al cambio".*

¡Ánimo! ¿Acaso hay algo imposible para todos aquellos que creen? No permitas que la vida siga en control de tu vida. Estamos viviendo en un mundo donde todo se está transformando a pasos agigantados. Todo se está transformando, pero ¿qué debo hacer para llegar a ser? Comencemos por hacer un esfuerzo para hacer una reinvención en nuestra vida. Para poder sobrevivir, pocos han podido salir adelante con un esfuerzo para aprender a reinventarse. Comprendo que hacerlo es algo difícil, dejar a un lado a la persona que has sido hasta hoy, es una tarea muy complicada, pero hay que aprender a afrontar la vida. Empecemos por la ilustración de arriba.

Carl Gustav Jung escribió*: "En nuestra ingenuidad hemos olvidado que bajo nuestro mundo de razón yace otro enterrado".*

Ahora bien, para comenzar el proceso de reinventar ese estado anémico, debemos comenzar con el razonamiento. El razonamiento es la capacidad del ser humano de ordenar sus pensamientos para generar una idea lógica.

Esta idea lógica ofrece respuestas y resoluciones a problemas de cualquier índole; es decir, lograr organizar y estructurar los pensamientos.

El poder razonar nos permite desarrollar y llegar a una comprensión más amplia de cómo controlar nuestros pensamientos, creencias, teorías, ideas y estrategias. De esta manera encontraremos soluciones a las diferentes adversidades a las que nos enfrentemos. Entender que la gran diferencia cuando el ser humano hace referencia al término de "razonamiento" es la separación entre el instinto y el pensamiento. La mayoría estamos acostumbrados a vivir solo por el instinto, ya que esta es la reacción natural de todos los seres vivos. Por otro lado, el poder razonar nos permite analizar y desarrollar nuestro propio criterio. El razonamiento es, a su vez, la separación entre un ser vivo y el hombre. De esta manera, podemos hacer uso del razonamiento, que es un conjunto de actividades mentales que, con el tiempo, llegan a hacer una conexión entre ideas y que dan apoyo o justifican una idea, permitiéndonos llegar a ser.

¡Ánimo! Deja de sobrevivir solo por instinto y comienza a razonar. Solo tú tienes el poder de hacer los cambios necesarios en tu vida para que puedas vivir y existir no solo como en el mundo animal. El instinto es una reacción espontánea en el comportamiento de los animales, que no se aprende.

Carl Gustav Jung escribió: *"Quien mira hacia adentro, despierta".*

Mira hacia lo más profundo de tu ser, despierta ese hombre o mujer que siempre has deseado ser. Rompe con esas cadenas de esclavitud mental, con ese entorno de amistades y hasta familiares.

Del mismo modo que el agua erosiona la piedra, la sensación de que "todo sigue igual" erosiona nuestra moral hasta que nos damos cuenta de que sí se puede cambiar.

Los años pasan y, con demasiada frecuencia, vemos que cuando nos enfrentamos a la misma situación, seguimos reaccionando de la misma manera. "Genio y figura hasta la sepultura".

Herman Hesse escribió: *"Para que surja lo posible es preciso intentar una y otra vez lo imposible".*

¡Ánimo! Cierto es que los recursos siempre estarán disponibles para nosotros. Así pues, empieza intentando algo nuevo en tu vida. Intentar significa querer, desear, proyectar y evaluar. Esto implica que hay un objetivo detrás de todo esto. En la vida nos vamos a encontrar con problemas y obstáculos, y es aquí donde, muchas veces, nos quedamos paralizados. Por eso, el punto principal es no quedarnos estancados.

Son muchas las personas que, en el momento de las pruebas de la vida, no saben qué hacer. La verdad es que hoy día son muchos los que han vivido una prueba tras otra, y llega el día en que el ánimo desaparece y ya no hay fuerzas para seguir adelante y querer llegar a ser.

La humanidad hoy día vive en la depresión, el estrés y la ansiedad. Es un monstruo de tres cabezas el cual ha tenido paralizado al ser humano y el hombre se ha sentido abatido.

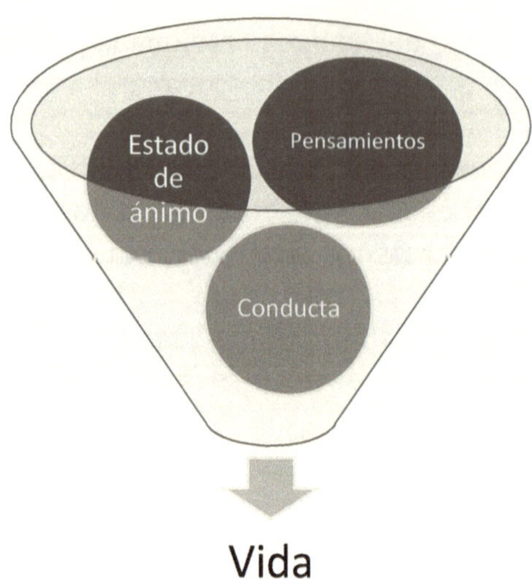

Vida

La mayor parte de la humanidad se ve abrumada por los cambios que están ocurriendo día a día, así como la gran falta de ánimo con la que vivimos. La ansiedad es una de las principales cabezas de este monstruo, haciéndonos vivir el presente con sufrimiento y desánimo, temiendo el futuro. La mente es infinita, y es crucial llegar a comprender cómo profundizar en ella para entender nuestros límites.

En este libro, como has visto hasta el momento, trata acerca de cómo vivir desde el interior y no desde el exterior; recuerda que hemos sido programados para hacer lo contrario.

Date un paseo hacia tu interior, en el que encontrarás los recursos que existen dentro de ti, y no permitas que la vida siga dictándote cómo vivir. Hoy en día hay miles de personas que aún no se han dado cuenta de que hace muchísimos años que han muerto. Caminan en este mundo sin Ánimo, Esperanza, Ambición, Amor, Lealtad, Compasión, Fe e Instinto, careciendo de sentido de la vida.

Recuerda que para aprender a sobrevivir hay una tarea muy amplia por hacer, que requiere tomar decisiones, afrontar las circunstancias y aprender de los errores cotidianos.

O salimos de nuestra forma tan limitada de pensar o seremos incapaces de ver las cosas desde esa perspectiva que nos permitirá descubrir puertas donde antes sólo veíamos muros[32].

---

[32] Basado en el libro *"Reinventarse: Tu segunda oportunidad"* de Mario Alonso Puig (p. 30).

Quinto nivel: El apego.

Viktor Frankl escribió: *"La vida humana nunca, bajo ninguna circunstancia, deja de tener sentido, y este sentido infinito de la vida incluye también el sufrimiento y la agonia, las privaciones y la muerte".*

La vida siempre estará llena de sufrimientos y agonía, victorias y derrotas, gozo y tristeza. Pero la pregunta sería, ¿por qué nos apegamos tanto al pasado? El apego nos impide seguir adelante y encontrarle sentido a la vida. Nos llevamos un archivo con nosotros, y en momentos de frustración, sacamos del archivo el apego emocional.

1. **¿Qué hemos aprendido de la vida?**
2. **¿Cómo utilizar lo aprendido?**
3. **¿Cómo poner en práctica lo aprendido?**

Estos tres principios te ayudarán a reinventar la manera en que piensas, a pensar en lo que estás pensando, a ir más allá de los límites de tu pensamiento y a estar consciente de lo que estás pensando. A esto se le llama pensamiento lógico. Todo lo que has aprendido de manera negativa en la vida, todo ese apego al pasado, no será útil al desarrollar este tipo de pensamiento lógico como herramienta para encontrar mejores soluciones a los problemas de la vida. Muchos aprenden a vivir la vida como víctimas, otros como sobrevivientes y muy pocos son los que viven con sentido y propósito. Al desarrollar este tipo de pensamiento lógico, podrás hacer una adaptación de tu vida pasada a una vida nueva mucho más eficaz y llegar a ser.

Una persona psicológicamente sana es alguien que se autorregula a través de los cambios en la vida y tiene un desarrollo un sentido de la vida, totalidad entre mente y cuerpo[33].

El apego es una deficiencia emocional que impide a las personas expresar, experimentar y vivir sus propias vidas. Las personas con apego siempre tendrán dificultad para separar sus áreas de vida. Son incapaces de enfrentar, expresar e identificar sus propias emociones. Viven con una desregulación emocional, es decir, una falta de control sobre su propia conducta, y experimentan emociones intensas que surgen con facilidad y no son capaces de controlar.

El apego es una consecuencia de personas que han experimentado rechazo, humillación, vergüenza, culpabilidad y temor desde la infancia y durante la adolescencia. Necesitan siempre depender de alguien para poder sobrevivir. El apego puede ser muy peligroso, ya que estás depositando tu vida en las manos de otra persona. Siempre están buscando la aprobación de esa persona. El apego impide que la persona sea responsable de sí misma y esconde quiénes somos verdaderamente. Por temor a ser descubiertos, nos apegamos a esa persona o algo debido a la vergüenza y la culpabilidad.

Debes aprender que cada pensamiento debe tener un propósito, es decir, ¿por qué estoy pensando esto y para qué? ¿De dónde proviene este pensamiento? Hay un tipo de pensamiento llamado pensamiento "intruso", que son aquellos pensamientos no deseados e involuntarios que se convierten en obsesiones y con el tiempo se vuelven muy difíciles de controlar y nos apegamos a ellos.

Estos son pensamientos dañinos que te mantienen esclavizado en tu vida. El pensamiento positivo no significa ignorar las situaciones menos agradables de la vida o querer ver la realidad de manera distorsionada. El pensamiento positivo significa enfrentar lo desagradable de manera más positiva y productiva. Crees que lo mejor va a pasar, no lo peor[34].

---

[33] Reflexión basada en: *Corsini & Wedding,* 2000.
[34] Reflexión basada en el libro *"Estilo de vida saludable"*, de Mayo Clinic.

Para entender mejor este libro, debes leerlo tanto horizontal como verticalmente. Según los expertos, los pensamientos intrusos son aquellos pensamientos no deseados e involuntarios que a menudo se convierten en obsesiones, ideas no agradables o imágenes que no queremos ver y mucho menos realizar.

Estos pensamientos han llegado a esclavizar tu vida. Te recomiendo ver a un especialista para que puedas aprender a tener pensamientos más sanos y positivos en tu vida.

Algunos de esos pensamientos intrusos pueden comenzar con la pornografía, hasta el punto de que durante una relación íntima con tu esposa, puedes llegar a imaginar que estás con otra pareja para alcanzar el clímax. Con el tiempo, estos pensamientos intrusos de la pornografía pueden producir efectos secundarios en la disfunción sexual, incluso hasta el punto de que si no permites que ese pensamiento intruso tome el control en tu vida, no podrás tener una erección natural, ya que tus pensamientos han sido invadidos y tú y tu pareja os habréis vuelto esclavos de los pensamientos intrusos. Este es solo un ejemplo de los muchos otros pensamientos que han mantenido en esclavitud a la humanidad y sobre todo han creado un apego.

A continuación, te daré algunos pasos a seguir para poder hacer que tus pensamientos negativos puedan convertirse en positivos y puedas "llegar a ser":

1) Tienes que reconocer que tú no eres lo que piensas.
2) Evita hablar y alimentar tanto esos pensamientos negativos, de esa manera evitarás que sigan reproduciéndose y comenzarás a crear distancia con el apego.
3) Comienza a trabajar en tu autoestima.
4) Ora sin cesar.
5) Busca de la presencia de Dios, o en ese algo o alguien en quien crees.
6) Habla con tu pareja ya que esto requiere de un acuerdo y esfuerzo mutuo.
7) Busca ayuda profesional.

Mientras más alto vayas escalando, más irás desarrollando esos pensamientos lógicos. Tales como aprender a perder el miedo y la vergüenza, y entender por qué tenías ese miedo. Darte cuenta de que lo difícil era dar el primer paso y fijarte una meta.

Las personas que son conscientes de la importancia de su existencia, viven mentalmente mucho más sanas. El apego, con el tiempo, va oxidando tus emociones.

Esos pensamientos intrusivos han intoxicado tu vida. Una intoxicación es la entrada de un tóxico en el cuerpo en cantidad suficiente como para producir daño[35].

El apego es el vínculo mental y emocional obsesivo hacia personas, actividades, ideas. Por lo tanto, el amor y el apego no son lo mismo. Este apego se da en la creencia de que estas cosas o personas nos darán placer, seguridad y autorrealización. Si la persona que tiene un apego a algo o alguien siente que si eso le falta le será imposible ser feliz, alcanzar sus metas o tener una vida normal y satisfactoria. En algún momento de tu vida tendrás la responsabilidad de crecer para encontrarte a ti mismo, lo cual será un proceso de formación de identidad.

La dependencia emocional es un problema porque puede de alguna manera hacer que la persona deje de funcionar o anular su identidad como persona. En otras palabras, la persona acaba por dejar su vida, renuncia a su yo, a sus deseos y motivaciones, y deja todo por seguir a esa otra persona. Lo peor de todo esto es que ni siquiera están conscientes de lo que hacen.

Nuestro yo verdadero ha sido enterrado por el inconsciente trance familiar. Creemos que el papel que desempeñamos es lo que en realidad somos[36].

Sócrates escribió: *"Una vida sin examinar no vale la pena de ser vivida".*

---

[35] Reflexión basada en: Webconsultas.
[36] Reflexión basada en: John Bradshaw, *La Familia.*

Sin darnos cuenta, hay muchas formas en las que nos hemos apegado tanto a la vida que nos olvidamos de vivir nuestra propia vida, lo cual ha creado una deficiencia que, a su vez, ha generado una discapacidad mental. No me refiero a ningún retraso mental, sino más bien a las limitaciones significativas en el funcionamiento intelectual, tales como la comprensión, la autoconciencia, el razonamiento, la resolución de problemas y la planificación.

Hacemos de la vida algo o alguien un apego que con el tiempo se vuelve tóxico en nuestra vida. Trataré de explicar cómo identificar y combatir este apego tóxico. Para esto, debes comenzar con pasos de bebé, no solo aprendiendo a reinventarte y a cobrar ánimo, sino también aprendiendo a reprogramar tu mente, lo cual te ayudará a cambiar tu vida. Comienza a desafiar incluso tus propios pensamientos. Ya que la vida te ha estado desafiando hasta hoy, es tiempo de que tú comiences a desafiar la vida.

"Aprender a ser libre es un proceso" – **Radames.**

La ilustración de abajo muestra cómo un apego o codependencia puede afectar, ya que la flecha va en descenso, lo cual afectará todos los aspectos psicológicos, emocionales y físicos de tu vida. Vivirás una vida atrofiada. Los miembros de una familia afectan tan profundamente los pensamientos, sentimientos y acciones de cada uno que a menudo parece como si las personas estuvieran viviendo bajo una misma "piel emocional".

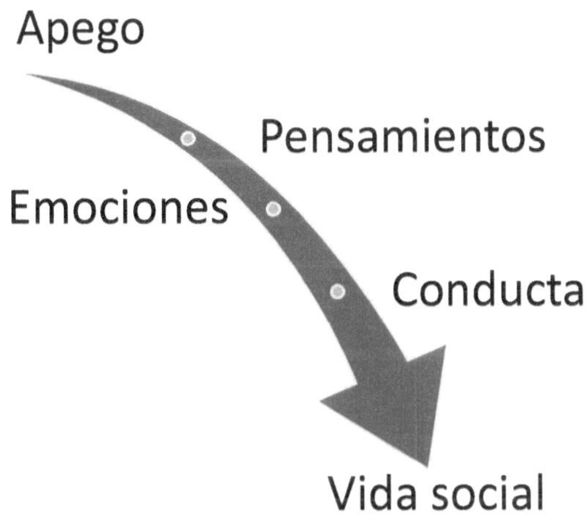

El apego corrompe, eso te lo dirá cualquier psicólogo que haya estudiado este campo. Para mí, es el principal motivo de sufrimiento en la historia de la humanidad. Si el apego corrompe, pierdes tu dignidad, tu respeto, tus valores más esenciales. También pierdes libertad y la capacidad de decidir cómo te vas a mover. Además, pierdes tranquilidad, ya que una de las características del apego es el miedo a perder aquello que deseas. Finalmente, pierdes también la alegría. Tu mente está tan enfocada en invertir recursos que pierdes la posibilidad de disfrutar la vida con muchas otras cosas, te absorbe[37].

Tenemos que aprender a ser muy conscientes de lo que han significado esos apegos, los cuales no nos han dejado avanzar para "llegar a ser" lo que somos, y con mucho discernimiento y autoconocimiento ver si realmente necesitamos eso o a esa persona, y darnos cuenta de que esto puede "llegar a ser" una adicción emocional. Cuando hablo de adicción, no me refiero solo a algún tipo de droga, sino que también podemos hacer de un hijo, esposo, trabajo o cualquier otra circunstancia un apego tóxico, incluso de tu misma religión; hay religiones que asfixian.

---

[37] Reflexión basada en las ponencias del psicólogo, terapeuta, filósofo, escritor y conferencista chileno Walter Riso.

El apego emocional surge a partir del miedo, como mencioné antes: de la manipulación y la inseguridad en ti mismo. Miedo a quedar solo, a perder a esa otra persona etc. Hay muchos que temen a la soledad, cuando en realidad, estar solo es el momento indicado para volver a reencontrarte contigo mismo y avanzar para llegar a ser.

En el transcurso de mi vida, comprendí que el apego es muy dañino y venenoso, ya que nos impide vivir de verdad. Nos fuerza a andar por caminos que no queremos, manipulando nuestra mente y convirtiéndonos en esclavos de dicho apego, haciendo que nunca aprendamos a vivir nuestra propia vida. Para aprender a vivir tu propia vida, primero debes conectarte con el presente. El hoy son las decisiones que tienes que tomar ahora para llegar a ser.

Comienza a construir como el arquitecto de tu vida, da el primer paso. Sé que algunas cosas no pueden ser cambiadas, pero eso no significa que no puedas planear un futuro mucho mejor.

Visualiza esa meta y qué debes hacer para alcanzarla. De esta manera desarrollarás ese poder para concentrarte en ti mismo y producir una esperanza de ser lo que has querido llegar a ser.

"*Somos codependientes porque hemos perdido nuestro sólido sentido de identidad, nuestro 'yo'" – La familia*, por John Bradshaw.

El apego debe tener, como todo en la vida, límites. Estos límites son muy necesarios y saludables para poder "llegar a ser" la persona que quieres ser. Debemos tener en cuenta que el desapego es vital en la vida y ser consciente de que habrá sufrimiento: a mayor desapego, menos sufrimientos; a mayor apego, peor lo vamos a pasar. Esto nos enseña que el desapego significará que obtendremos una mejor y más sana relación con alguna persona o situación, y no dependiente[38].

---

[38] Reflexión basada en las ponencias del psicólogo, terapeuta, filósofo, escritor y conferencista chileno Walter Riso.

La trampa del apego, o sea la codependencia emocional extrema o enfermiza hacia una persona o grupo de personas, la familia, amistades y hasta incluso la vida, se encuentra en lo más profundo del ser humano. Esto se debe a algún tipo de miedo o incapacidad.

Muchas veces, el temor a hacer un cambio hacia ese apego hace que prefiramos sufrir toda la vida, justificándolo como "amor". Como mencioné anteriormente, el hombre prefiere vivir sufriendo, antes que hacer cambios para dejar de sufrir.

La persona que llegamos a ser como adultos es un reflejo de nuestro pasado. La conciencia que llegamos a tener de nosotros mismos es la que nos ayudará a desarrollar una inteligencia emocional que nos permitirá distinguir entre nuestras percepciones y pensamientos. Para lograr esto, debemos tomar conciencia de los vínculos tóxicos que nos han hecho vivir codependientes de otras personas o de nosotros mismos.

Una persona que haya crecido en una familia disfuncional relacionada con el apego y la codependencia puede resultar muy difícil encontrar a alguien que sea capaz de comprender o validar sus sentimientos. Han aprendido a vivir en un ambiente donde la crítica abunda, lo cual para ellos es su vida "normal".

Cuando estaba estudiando para obtener mi diploma en consejería, una de las clases que más me impactó fue sobre el libro *"La familia"* de John Bradshaw, en el que un capítulo hablaba sobre ese mismo tema. Algo muy interesante que se menciona son las tres reglas de un hogar disfuncional, las cuales son: no mostrar afecto, no hablar de los sentimientos y no confiar en nadie.

- No hables, en particular, de lo que ocurre dentro de esa casa como familia.
- No sientas que tienes que hablar de lo que sientes, ya que a nadie le importa.
- No confíes a nadie acerca de lo que sucede en esta familia.

Es así como existe este apego tóxico, donde no se aprende a confiar en nadie, ya que esta era una de las reglas disfuncionales de esa casa. Esto crea un mundo cerrado y corrosivo, que se rige por una lógica puramente venenosa. Dentro de este círculo "familiar", todos viven emocionalmente divorciados, lo que lleva a un apego desorganizado.

> — Esto es un ejemplo de lo que es un apego tóxico, desorganizado y disfuncional: Hace algunos años, Walt Disney realizó una película maravillosa titulada "La trampa del oso". Esta narraba la vida de una madre osa durante los primeros meses de la vida de sus cachorros. Mamá osa les enseñó a sus cachorros a cazar, a pescar y cómo trepar árboles. Les instruyó sobre cómo protegerse cuando se encontraban en un peligro. Entonces, un buen día, siguiendo su instinto, Mamá osa decidió que había llegado el momento de irse. Les obligó a trepar a un árbol y, sin siquiera volver la vista atrás, se fue... ¡para siempre! En su mente de osa, había decidido que ya había cumplido con sus responsabilidades maternales.

No trató de manipularlos para que la visitaran alternativamente un domingo sí y otro no. No los acusó diciéndoles que eran desagradecidos, ni los amenazó con tener un ataque al corazón si la desilusionaban en lo que ella esperaba de ellos. Simplemente los dejó. En el reino animal, ser padres significa enseñarles a los hijos a valerse por sí mismos para que alcancen la independencia, y luego, dejar que vayan por su camino.

En nuestro caso, en el caso de los seres humanos, el instinto sigue siendo el mismo, esto es, el de ser independientes, pero nos domina la necesidad neurótica de vivir y de poseer nuestra vida a través de nuestros hijos. Lo más trágico de todo esto es que sufren tanto los padres como los hijos.

Los hijos, por el apego hacia los padres, se pasan la vida complaciendo todos sus deseos, y nunca aprenden a vivir sus vidas; siempre es "hagamos feliz a papá", aunque nosotros nunca lo seamos. Esto suele generar una relación tóxica entre padres e hijos, impidiendo a los hijos realizar sus sueños, confundiendo el apego con amor. Esto ha llegado a ser un ciclo de culturas, creencias y religión muy dañinas. Estos hijos nunca llegan a desarrollar su propia fuerza de voluntad. Comenzando con el autoconcepto, autoestima y el desarrollo de la voluntad es cuando se produce la autoconciencia de quienes somos verdaderamente.

> — Un ejemplo sería: Uno de los hijos decide pasar la Navidad con un grupo de amigos en vez de pasarla con su familia. En una familia funcional, los padres y hermanos del joven se sentirán tristes por la decisión, pero se alegrarán sabiendo que el muchacho estará contento con un grupo de amigos. En una familia disfuncional, la decisión del muchacho causará enojo en los demás miembros familiares; sus padres probablemente lo manipularán haciéndolo sentir culpable: si el joven decide irse, se sentirá culpable; y si, por la presión familiar, decide quedarse, se sentirá resentido y enojado[39].

Esto hace de los hijos unos impotentes para aprender a asumir las riendas de sus vidas. Llegan a ser adultos que dicen: "Mis padres siempre quisieron lo mejor para mí", sin cuestionarse qué es realmente lo mejor para ellos. No confundamos el consejo de un buen padre con el de un padre tóxico, o sea, no confundamos el apego con el amor. Esto produce una bancarrota en todos los aspectos de sus vidas, pues nunca llegan a tener conciencia propia de su vida interior. (Recomendamos tocar este tema en el ámbito familiar, con mucho respeto y confianza entre los miembros del hogar, y si es posible con la ayuda de un profesional).

---

39 *La familia*, John Bradshaw.

Cuando los padres son considerados como sagrados y deben ser honrados a cualquier costo, el hijo no puede contemplar la posibilidad de que estén abusando de él; y las madres suelen llevar puesto el delantal de víctima.

Recuerdo que en una ocasión, tal vez fue allá por el año 1985, mi madre narcisista me preguntó: "En este momento, ¿debes elegir entre tu Jesús o yo, como tu madre?". Ya para ese tiempo yo tenía un año y medio de haber venido al conocimiento de la Palabra (Biblia).

Al haber experimentado toda mi vida el rechazo de mi madre y todo el sufrimiento desde mi niñez, mi respuesta fue: "Desde que conocí el amor de Cristo, he conocido el amor verdadero, así que escojo a Cristo". Desde ese momento, pude terminar con ese apego tóxico que toda mi vida solo había causado un trauma en mi vida y no me había permitido descubrir quién era yo. ¿Alguna vez te has preguntado quién eres tú? Tu respuesta llegará a hacer un proceso en el bienestar de tu vida. Hablaré más acerca de este tema en el último capítulo del libro.

¿Cuántos matrimonios sufren hoy en día a causa de madres "suegras" que primero ponen a la madre y luego a la esposa? Hijos que nunca logran romper el cordón umbilical y sacrifican sus hogares por "mami". Esto se conoce como "mamitis", un apego excesivo hacia la madre. Estas madres siempre intentan dominar y controlar el matrimonio de sus hijos, diciéndoles qué decisiones tomar, y nunca dejan de decirles cosas como: "Te dije que esa mujer no te convenía". Siempre con el delantal de víctima puesto.

• —————— • •●• • —————— •

En mi vida personal me tomó muchos años romper con ese apego disfuncional que existía entre mi madre y yo. Hubo una lucha constante dentro de nosotros cuando aceptamos que debíamos ser libres y crecer hacia la libertad, madurez e independencia. Nos dimos cuenta de que la expansión es a menudo un proceso muy doloroso.

Antes de que me comiences a juzgar, en ningún momento esto que acabas de leer significa que dejé de amar a mi madre.

El punto principal en el que me baso es que debe existir un límite en todos los aspectos de la vida. Los límites son una manera de lograr alcanzar y ser. Muchos hogares se destruyen dentro del vínculo matrimonial porque uno de los cónyuges no pone límites y, por esto, toda la familia aprende a recibir solamente las migajas. Los límites bien aprendidos en un matrimonio en el futuro van a prevenir un gran resentimiento en ese hogar. Eso es lo que causa que el hijo/a nunca llegue a formar su propia identidad o a alcanzar su plenitud como ser independiente en su totalidad.

Inseguridad, tristeza, falta de autoestima, miedo al abandono, relaciones abusivas y tendencia al perfeccionismo son algunos de los síntomas que sufren millones de mujeres criadas por madres narcisistas. Estas mujeres saltan de relación en relación, se sienten indignas de amor o se auto sabotan, sin saber que el origen de sus problemas se encuentra en las dificultades de sus madres para construir un vínculo positivo y sólido con ellas[40].

Mientras más sea ese apego emocional tóxico, menos vida interior tendrá esa persona; esto es una manera enferma de vivir. Cada miembro de esa familia ha perdido su identidad propia. Si tú no cumpliste tus sueños como ser humano, no fuerces a tus hijos a cumplir tus sueños, ya que ellos tienen sus propios anhelos y objetivos en la vida. Como padres, aprendamos a potenciar sus propios valores y capacidades, tales como su honradez o generosidad; y no lo que poseen o sus buenos resultados académicos. Este tipo de concepto hace creer a los hijos que "si no tengo buenas calificaciones, entonces nunca seré nadie"; desde luego, estoy de acuerdo en que las buenas calificaciones son importantes.

Los padres dictadores son autoritarios dentro de la casa, y tienen el único propósito de hacer que sus hijos sientan y piensen de la misma forma que ellos. Esta relación familiar no reconoce la gran diferencia entre "negociación" e "imposición".

Lo importante es dejar que cada uno desarrolle al máximo sus propios potenciales, ése es un verdadero éxito dentro del núcleo familiar.

---

[40] Reflexión basada en *"Madres que no saben amar"*, por Karyl McBride.

El verdadero amor consiste en valorar al otro por lo que es, no por lo que tiene o consigue, o por sus caprichos como padre. Una familia feliz camina hacia la felicidad y no hacia los propios intereses. Por ejemplo, una hija puede tener una dependencia emocional sobreprotectora con su madre, lo cual en el fondo produce en ella una baja autoestima y un alto nivel de inseguridad, lo cual puede generar un gran temor a estar sola, o en otras ocasiones, querer salir corriendo del hogar.

Cuando este tipo de creencia en los hijos llega a ser su único punto de partida en la vida, es decir, el pensamiento de "solo mis buenos grados me hacen ser quien soy" para poder lograr algo, sin darse cuenta han creado un apego tóxico en sus vidas hacia la madre. No tienen la capacidad de sobrevivir por sí mismos en la vida, pues se olvidan de sus valores morales como seres humanos. El valor moral conduce al bien moral... Los valores morales surgen primordialmente en el individuo por influencia y en el seno de la familia.

La escala de valores regula el comportamiento de los seres humanos, permitiéndonos establecer la forma adecuada de actuar ante toda circunstancia de la vida. Al aprender a poner en práctica los valores humanos se generan buenas acciones, que tienen un impacto positivo en la sociedad. Estos valores también contribuyen a desarrollar el desapego emocional y la autosuficiencia en el ser humano.

Todos aquellos que son dependientes emocionalmente suelen perder de vista sus propios propósitos y metas personales. Son hijos que aprenden a vivir solos PARA su propio beneficio.

Por ejemplo: "voy a estudiar PARA que mis papás estén contentos, voy a estudiar mucho PARA poder entrar a una buena universidad, PARA poder tener una buena carrera, PARA tener un buen trabajo, PARA comprar una buena casa, PARA comprar un buen auto…

Para alcanzar el control absoluto en sus vidas, adquirieron muchas cosas materiales, pero se olvidaron de vivir. ¿Y dónde quedaron sus verdaderos anhelos? No hay nada de malo en esos "para", el punto principal es ¿para quién? Por tanto, los hijos llegan a pensar "me valoran por lo que hago y no por quién soy".

Los verdaderos valores dentro de un hogar (no me refiero a una casa) son un conjunto de principios tales como las relaciones respetuosas, empatía, amor, entendimiento, paciencia y comprensión, que solo se pueden aprender y transmitir en un hogar sano… y no en una casa con padres dictadores. Los valores familiares sanos fortalecerán los principios del respeto y confianza, tomando un sentido dentro del individuo más sano y comprendido desde una perspectiva completamente diferente.

Es muy importante aprender a respetarse a sí mismo como ser humano para que los demás nos respeten, asimismo debemos aprender a respetar y valorar las opiniones y los puntos de vista de los integrantes de la familia.

Es tan necesario que dentro del hogar cada uno aprenda a aceptarse a sí mismo y a valorarse por lo que es, ya que es en el núcleo familiar donde se desarrolla y fomenta la autoestima desde la infancia y es donde comienza el proceso para llegar a ser. Cuando un padre enseña que ha tomado el control de su vida, entonces los demás aprenderán a tomar el control de la suya. Las necesidades humanas básicas son sentirse valorado, aceptado y amado; es decir, la libertad de saberse únicos e irrepetibles.

J.B. Bossuet escribió: *"La reflexión es el ojo del alma".*

Cada miembro de la familia debe experimentar por sí mismo y reflexionar sobre su estado de vida como ser humano. Si aprendes a pensar de manera correcta, vivirás mejor y aprenderás a ser independiente, dejando de ser codependiente de alguien que, por "amor", ha hecho de ti alguien inútil. Recuerda que serás y te convertirás en lo que pienses; sé consciente del extraordinario y maravilloso poder de tu mente, de tus decisiones y no las de un padre o madre egoísta que solo enseñan a vivir a sus hijos bajo sus "reglas" disfuncionales.

A esto se le puede denominar una obediencia ciega que hace que el ser humano pierda y renuncie a su propia fuerza de voluntad.

Es imposible desarrollar un proceso de autoestima cuando se ha perdido la voluntad y la inteligencia individual.

Para poder "hacer" y "llegar a ser", debemos aprender a formar nuestra propia identidad y eso se logra aprendiendo a probar nuestros propios límites personales, y conseguir un 'divorcio emocional'.

Rabbi Mandel escribió: *"Si yo soy porque soy yo, y tú eres porque eres tú, entonces yo soy y tú eres. Pero si yo soy porque tú eres, y tú eres porque yo soy, entonces yo no soy y tú no eres".*

Una de las características de una familia disfuncional es que les resulta imposible realizar cambios, pues cuanto más quieren hacerlos, menos pueden lograrlo debido a que carecen de motivación y realización para romper con las creencias y costumbres establecidas. Para salir de una familia obsesiva y controladora disfuncional es necesario adquirir conocimiento acerca de la disfunción de ese núcleo familiar y afrontarla. Por el contrario, una familia sana es aquella en la que sus miembros y las relaciones que estos mantienen entre sí son completamente funcionales. Los miembros de la familia, igual que todos los seres humanos, poseen un potencial humano que les permite satisfacer sus necesidades individuales y colectivas de forma cooperativa y con individualización[41].

¡Cuidado! Si dentro de este núcleo familiar disfuncional existe el padre "religioso", es decir, aquellos adictos a la religión que hacen de Dios un símbolo de temor; padres rígidos, abusivos e ignorantes que hacen creer a sus hijos que fuera de la religión no hay vida, padres perfeccionistas y dictadores: la religión llega a ser una adicción, una dependencia en creencias y prácticas religiosas como un escape a la realidad, ya que de esta forma evitan confrontar la verdad y el pecado en el que viven.

Entonces, cuando los adolescentes alcanzan cierta edad, buscan la salida, ya que sus padres les han enseñado a vivir en una esclavitud religiosa.

---

[41] Reflexión basada en la página 81 de "La familia", de John Bradshaw.

Esto provoca el comienzo de los "porqués" y los lamentos por parte de los padres, quienes se han convertido en dictadores dentro del hogar. Lo cual se ha convertido en un virus que ha existido por muchos años, pero la gente tiene temor a afrontar la realidad de la vida y sigue bajo el control de una toxicidad religiosa. De la misma manera en que un adicto busca drogas o alcohol para alterar su mente y emociones, los religiosos buscan ese escape en su religión, sin darse cuenta de que viven una vida intoxicada llamada "religión".

"Nadie puede (hacer) que te sientas inferior sin tu consentimiento" – **Eleanor Roosevelt (Énfasis mío).**

Analicemos de una manera más inteligente este tema del apego religioso. Dentro de ese núcleo familiar, identificado como padres "religiosos", en el campo de la psicología hay un trastorno mental llamado TOC (Trastorno Obsesivo Compulsivo). Para comprender y ayudar a entender lo que es el TOC y cómo se relaciona con el núcleo familiar religioso, un ejemplo sería: "Si oras porque te trae paz y te sientes conectado, está bien; pero si oras solo por temor, con el pensamiento de que "debo orar"; sin darte cuenta estás viviendo bajo el TOC. "Tengo que orar (porque mis padres) …". Acerca de este tema "religioso" hablaré más adelante.

Cuando la motivación es ansiedad y no fe, esta última se vuelve falsa, tóxica y destructiva. En familias con creencias religiosas, un niño que expresa fe y fuertes principios morales es normalmente bienvenido. Pero, a veces, la fe de un niño puede convertirse en una obsesión y, en lugar de consuelo, el niño experimenta ansiedad extrema al pensar que está violando las normas religiosas, y desesperación por corregir lo que cree que son sus errores. Esto es lo que sucede cuando los niños desarrollan un Trastorno Obsesivo Compulsivo Religioso (TOCR)[42].

Ya que a lo largo de los años, el comportamiento tóxico negativo de los padres religiosos ha causado que su vida sea un mundo lleno de Trastorno Obsesivo Compulsivo (TOC) en su vida espiritual.

---

[42] [42] Reflexión basada en *"Child Mind Institute",* de Rachel Ehmke.

Emocionalmente están actuando como dictadores, con frases como: "¡Ya has orado!" o "¡Cómo es posible que te hayas olvidado de orar!"; lo cual hace que la oración se convierta en un deber y no en una necesidad. Esto conlleva a una vida espiritual compulsiva. El TOC religioso a veces también se conoce como "escrupulosidad". Ya no usamos la palabra "escrúpulo" con tanta frecuencia, pero implica un temor moral o una punzada de conciencia[43].

Por ejemplo, alguien con escrupulosidad podría preocuparse de que ella no dijera una oración correctamente, tal vez algunas de las palabras estaban fuera de orden, o ella no la dijo con la debida reverencia.

Esto podría tener algunas consecuencias religiosas, por lo que ella repite la oración, y posiblemente una tercera y cuarta vez, como una forma de corrección. También podría preocuparse de que no realizara suficientes buenas obras o de que solo las hiciera por razones egoístas. Además, podría preocuparse por tener pensamientos blasfemos y ofender a Dios.

¿Cuáles fueron esos principales causantes del TOC?

1. Falta de participación positiva de los padres.
2. Víctimas de abuso físico, sexual y emocional.
3. Discordia familiar extrema.
4. Codependencia y abuso mental religioso.
5. Apego disfuncional.
6. Estresores ambientales crónicos.

Las familias disfuncionales se originan inicialmente por altos niveles de ansiedad relacionados con situaciones estresantes.

Nuestra capacidad para lidiar con el estrés se relaciona con nuestro nivel de madurez, que se evalúa, en parte, por nuestra habilidad para hacer frente a aquello que nos causa estrés[44].

---

[43] Reflexión basada en *"Child Mind Institute"*, de Rachel Ehmke.
[44] Reflexión basada en la página 109 de "La familia", por John Bradshaw.

Cuando dos personas con altos niveles de pérdida de la identidad y bajos niveles de autoestima se casan, su matrimonio generalmente se caracteriza por la incapacidad de hacer frente al estrés y las tensiones del matrimonio y de la vida en general. El esposo y la esposa son los arquitectos de una familia, y cuando se relacionan de manera disfuncional, transmiten la disfunción a todo el sistema familiar.

Podríamos llamar a esto la "dependencia emocional de padres a hijos". Como se ha descrito anteriormente, los padres proyectan sus sueños en sus hijos, olvidándose de que los hijos tienen su propio derecho a elegir su propio destino. En otras palabras, los hijos no se dan cuenta del chantaje y la manipulación de parte de sus padres, incluso en el ámbito religioso.

A veces hay padres que sobreprotegen a sus hijos, lo que produce una "dependencia enfermiza". Esto impide que los hijos lleguen a desarrollar la confianza necesaria para aprender de sus propios errores y saber cómo levantarse en cada aspecto de sus vidas.

Aprende a apoyar a tus hijos sin tomar decisiones por ellos. La dependencia en sí no es mala, solamente cuando llegamos a niveles extremos causamos daño a toda la familia. Así que comencemos a hacer cambios positivos en nuestras vidas para llegar a ser

Cuando aprendemos a tomar el tiempo para analizar de dónde vienen estos comportamientos y creencias disfuncionales personales, y cómo han influido en mi comportamiento y decisiones, entonces podremos adaptarnos mucho mejor a una vida más efectiva e independiente, en lugar de apegarnos.

"El que es demasiado unido a los miembros de su familia experimenta miedo y dolor, porque la raíz de todo dolor es el apego. Así uno debe descartar el apego para ser feliz" – **Chanakya.**

Sexto nivel: Tu mente - tu mundo.

"La mayoria de la gente no quiere realmente la libertad porque la libertad implica responsabilidad y la mayoría de la gente le teme a la responsabilidad"[45].

Tu mente es y refleja el mundo en el que vives y has vivido, tu comportamiento, tu actitud, tus acciones hacia las amenazas, circunstancias y pruebas de la vida. Cuando permites que tu mente cambie, tu mundo cambiará igualmente, pero esto requiere de responsabilidad.

"El hombre se ha hecho responsable de 'todo' menos de sí mismo" – **Radames.**

Es muy necesario aprender a cerrar capítulos de tu pasado, porque eso es precisamente aprender a vivir. Aprender a desviar, cambiar, renovar y, sobre todo, salir de esa dichosa zona de confort emocional, ya que esta llega a generar un estado de conformismo psicológico en muchas personas, sobre todo en el hombre, ya que él sufre más de parálisis emocional, justificación perfecta para no hacer, no crecer y no tomar responsabilidad para llegar a ser.

En Psicología, la "zona de confort" designa un estado mental en el que el individuo permanece pasivo ante los sucesos que experimenta a lo largo de su vida, desarrollando una rutina sin sobresaltos ni riesgos, pero también sin incentivos para salir de su rutina y desarrollarse. Esto puede causar dificultades psicológicas tales como apatía en casos graves, donde muchos permanecen toda su vida sin poder vencer esa parálisis emocional. Por lo tanto, será muy necesario desarrollar una catarsis emocional para poder superar esta situación.

---

[45] Cita de Sigmund Freud, el cual fue un médico neurólogo austriaco de origen judío, padre del psicoanálisis y una de las mayores figuras intelectuales del siglo XX.

La inteligencia de un individuo se mide por la cantidad de incertidumbres que es capaz de soportar y con cuánto conocimiento controla su responsabilidad. Estamos acostumbrados a vivir la vida anclados al pasado, lo cual ha generado una incapacidad para lidiar con la parálisis emocional y el sufrimiento que esto conlleva en la mente, vida y mundo.

La apatía consiste en la falta de emoción, motivación y entusiasmo, siendo un estado de indiferencia en el que una persona no responde a aspectos de la vida emocional, social o física. Por otro lado, la catarsis se refiere a una liberación o eliminación de los recuerdos que afectan la mente o el equilibrio emocional.

Viktor Frankl escribió: *"Lo que el hombre llegue (a ser) lo tiene que (hacer) por sí mismo; es así como se revela la capacidad de elección del individuo y la responsabilidad que cada uno tiene para descubrir y consumar el sentido de su existencia"* – Rozo, 1998 (Énfasis mío).

De la misma manera que la función digestiva es importante para el aparato digestivo, la mente lo es para el cerebro. Tu mente alimenta tu mundo; te da entendimiento, habilidad, creatividad, emociones y es la que ha creado tu mundo. Por eso, debes tener el valor de aprender para saber desaprender y ser responsable de ti mismo. Estas personas con parálisis emocional tienen demasiado miedo de salir de su zona de confort, y terminan dejando este mundo con ideas nunca realizadas.

Hasta este momento, solo tú tienes el poder y la habilidad de creer o no creer en ti. Seguir creyendo y viviendo del pasado hará que no creas en el aquí y el ahora; es tu mundo, tu mente. Creyendo en ti mismo encontrarás el sentido de la vida, tu vida. Haz una inflexión propia. Con el tiempo, tememos más a nuestros pensamientos que a la realidad. A veces, para creer en ti, tienes que alejar tu alma de tu mente. Vivimos en un mundo lleno de mentiras, que la realidad en sí misma no es realidad, y lo más triste es que nos adaptamos a esa realidad y nunca aprendemos a vivir en verdad.

Eres el dueño y arquitecto de tu propia realidad; muchas veces tu alma quiere vivir una realidad, pero tu mente no se lo permite. Tu mente está adicta a las supuestas realidades de la vida, a tal grado que ha surgido una disociación entre ambas. Tu mente es tu mundo.

La realidad es subjetiva, ha sido una adicción y arquitectura de nuestro propio pensamiento humano.

Tu mente se ha adaptado tanto al mundo que ha construido su propia realidad, la que tu mente quiere vivir, y no la que tu alma desea con tanta pasión. Cuando comienzas a conocerte a entrar en tu mente, tu mundo, podrás comprender que ya no dependes de la vida, sino que aprenderás a modificar todas esas creencias falsas y negativas que la vida ha implantado en tu mente. Tu mundo está basado en tu manera de pensar (Mente) y tus emociones (Alma). Ahora bien, cuando hagas una introspección propia, podrás llegar a comprender cuál mente ha tenido el control en tu vida: la mente que piensa (Racional) o la mente que siente (Emocional).

La disociación cnsiste en una alteración de las funciones integradoras de la conciencia, la identidad, la memoria y la percepción del entorno. Esta se genera como un mecanismo de defensa del yo ante un suceso que pone en disputa dos ideas o dos entendimientos; el sujeto evita así la asociación entre la realidad y el entendimiento del yo dentro del entorno, insensibilizando sus emociones o sensaciones.

Soren Kierkegaard escribió: *"La vida no es un problema para ser resuelto, sino una realidad para ser experimentada".*

Para ser más específico, Hermann Hesse lo escribió de otra manera:

"No hay más realidad que la que tenemos dentro. Por eso la mayoría de los seres humanos viven tan irrealmente, porque creen que las imágenes exteriores son la realidad y no permiten a su mundo interior manifestarse".

La realidad es la sombra más perturbadora del ser humano. Desde su nacimiento, el hombre debe establecer una relación con su entorno, lo que significa un proceso continuo de desarrollo mental, físico y emocional. Se trata de una construcción diaria y constante.

Es una lucha constante entre el ser humano y su conciencia, perturbada a través de los años por el miedo a confrontar la realidad de su mente, su mundo. Esto ha llevado al hombre a preferir crear su propia realidad, conocida como fantasía, en lugar de enfrentarse a su sombra.

Cuando las personas se quedan atrapadas o ancladas en una vida que no les está aportando nada por temor al cambio, significa que ya dejaron de vivir en plenitud y libertad. Es muy importante aprender a asumir, abrazar y aceptar los cambios; hacerlos parte de tu mente y tu mundo. Aprender que la vida siempre será una aventura llena de retos y dificultades, pero tú tienes la opción de hacer cambios o seguir atrapado en esa esclavitud mental. No permitas que las corrientes de la vida sigan infiltrándose en tu mente y tu mundo.

Un buen ejemplo de cómo es vivir siendo dependiente de la vida se pudo observar durante el año 2020-2021, con el surgimiento de la pandemia de Covid-19. El sufrimiento, la ansiedad, el estrés y el aumento de drogas entre jóvenes y adultos se incrementaron. El ser humano recibió una sobredosis emocional y psicológica debido a la codependencia entre la vida y la "vida". Para aprender a vivir, es necesario que el hombre pierda todo.

Sufrir significa obrar y crecer, pero también significa madurar. El ser humano que se supera alcanza su verdadera identidad. Las situaciones extremas, además de ayudarle a alcanzar la libertad interior, le permiten alcanzar la madurez completa[46].

El crecimiento humano es y nunca dejará de ser una tarea a la que todos inevitablmente nos enfrentamos. El dolor fortalece nuestras emociones y el sufrimiento refuerza nuestros pensamientos. Busca el sentido de tu vida y deja de negarte o evadirte. Orienta tu mente y tu mundo hacia una dimensión llena de plenitud y propósito.

---

[46] Reflexión basada en el filósofo Viktor Frankl.

"La conducta del hombre no es dictada por las condiciones que encuentra, sino por las condiciones que toma" **(Victor Frankl, 1994).**

En el transcurso de mi vida he aprendido que la vida se puede dividir en cuatro partes, como se muestra en la ilustración siguiente:

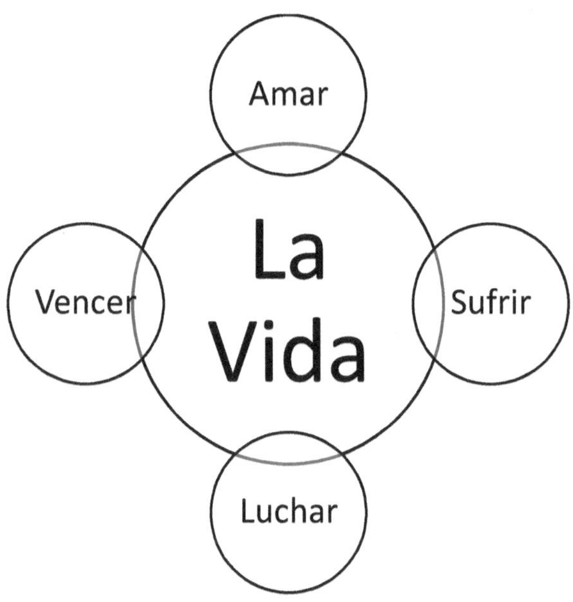

"El amor construye en el ser humano la esperanza y la voluntad de vivir. Cuando el hombre pierde la esperanza, ya su voluntad de vivir ha muerto" **– Viktor Frankl.**

La vida no te pregunta si quieres ser fuerte; te obliga a serlo. No olvides que es imposible vivir una vida positiva con una mente negativa. La esperanza es desear y esperar que algo suceda; la fe es creer que sucederá; y la valentía es hacer que suceda.

Al reconocer que nuestro tiempo en esta vida es finito, debemos aprender a cómo desarrollar una motivación para hacer lo máximo el tiempo que nos han prestado aquí en la tierra.

El trabajo del ser humano es y debe ser comprender y vivir para ser libres. Tu mente y tu mundo han sido infestados, manipulados y condenados por las mentiras y engaños de la vida.

Hemos perdido el compromiso con nosotros mismos, tu mente y tu mundo se han acostumbrado a vivir sin ningún tipo de motivación, debemos volver a estimular tu mente de manera positiva y propia.

Debemos comenzar el proceso de hacer lo necesario para aprender a tener una percepción, un conocimiento de la verdadera realidad para "llegar a ser" conscientes de la disociación que existe entre nuestra mente y nuestra alma, así como de la necesidad de realidad que debe existir entre ambas.

La motivación es lo que hace que el ser humano aprenda cómo actuar y comportarse, ya que es una mezcla de procesamiento de pensamientos, fisiológicos y emocionales. De la misma manera que alimentas tu cuerpo en tu vida y esto se refleja cuando eres adulto, también lo hace tu mente y esto se refleja en tu comportamiento hacia la vida. Debemos aprender que la relación entre cuerpo, mente y alma son inseparables. Es imposible comprender la vida sin primero conocerse a uno mismo. Si pudiéramos hacer una introspección, es decir, mirar hasta lo más profundo de nuestra mente, realizar una inspección interna, observarte y analizarte a ti mismo, interpretar y procesar tus propios pensamientos; ¿qué veríamos? ¿Cuál sería la realidad? ¿Qué hay dentro de ese mundo mental?

¿Te has preguntado alguna vez qué es la mente y para qué sirve? ¿Cómo he utilizado mi mente? ¿Cómo funciona mi mente? La mente es responsable del entendimiento, la capacidad de crear pensamientos, la creatividad, el aprendizaje, la percepción, la emoción, la memoria, la imaginación, la voluntad y muchas más habilidades cognitivas. No confundas el cerebro con la mente, tal como expliqué anteriormente.

El cerebro es parte de nuestro sistema nervioso central, localizado en el cráneo, que forma parte de la cabeza. La mente es el término utilizado para describir las funciones superiores del cerebro. Como mencioné antes: "Mientras el cerebro construye, la mente destruye". Tu mente, tu mundo.

Cuando las personas se quedan atrapadas o ancladas en una vida que no les está aportando nada, por miedo al cambio, están dejando de vivir en plenitud y libertad. Es muy necesario aprender a asumir, abrazar y aceptar los cambios; aprender a hacer de ellos parte de tu mente, tu mundo.

Acepta y reconoce que la vida siempre estará llena de aventuras, retos y dificultades, pero solo tú tienes la realidad, opción y capacidad de arriesgarte y aprender a cómo hacer esos cambios en tu vida, o seguir con esa esclavitud mental que has obtenido hasta el día de hoy. No olvides que si tu mente está esclavizada, también tu cuerpo lo estará. No permitas que las limitaciones sigan infiltrando tu manera de pensar.

Viktor Frankl escribió: *"A un hombre se le puede arrebatar todo salvo la última de las libertades humanas: la libertad de elegir su actitud en un conjunto dado de circunstancias, de escoger su camino".*

Es demasiado importante aprender cómo cerrar etapas, capítulos e historias de tu vida, porque precisamente eso es aprender a saber vivir, a saber cómo funciona tu mente. ¿Qué te ha arrebatado la vida? A través de este libro como consejero y todas las experiencias aprendidas en mi vida, a nivel secular y también como cristiano, he llegado a comprender cómo aceptar, controlar, gestionar, desviar, cambiar, renovar y, por supuesto, a no permanecer en la dichosa "zona de confort", ya que esto lleva a un aparente estado de comodidad que lentamente te conduce a la muerte en vida, justificación perfecta para no avanzar.

Cuando hablo de la "zona de confort", me refiero a esas mentes pasivas y conformistas que se pasan la vida en un estado de apatía. En psicología, la "zona de confort" designa un estado mental en el que el individuo permanece pasivo ante los sucesos que experimenta a lo largo de su vida, desarrollando una rutina sin sobresaltos ni riesgos, pero también sin incentivos. Debemos entender que estas personas pasivas sufren enormemente por dentro, a causa de sus sentimientos de inseguridad e inferioridad. Es su mente su mundo, son seres humanos que mantienen oprimidas sus almas por temor a la realidad.

Esto puede causar dificultades cognitivas muy graves en las decisiones personales, donde muchos permanecen toda su vida. La inteligencia de un individuo se mide por la cantidad de incertidumbres que es capaz de afrontar.

Tu actitud debería ser un 10% para entender lo que está pasando y un 90% para cómo reaccionar ante esa circunstancia. No olvides que la mayoría de estas circunstancias Dios las permite para lograr mejores resultados en nosotros. El problema es que la mayoría vive todo lo contrario; se enfocan en la vida y hacen del problema un Goliat, un gigante propio.

Viktor Frankl escribió: *"La vida nunca se vuelve insoportable por las circunstancias, sino solo por falta de significado y propósito".*

Tu mente es y refleja el mundo en el que has vivido y aún vives. Cuando comienzas a permitir que tu mente cambie, tu mundo también lo hará. Hay un refrán que dice: "Genio y figura hasta la sepultura". Para muchos, no es más que una frase; para otros, puede servir como una reflexión sobre el estado de vida que sigue manteniendo hoy. Recuerda que los grandes cambios siempre vendrán acompañados de sacudidas psicológicas y espirituales. Piénsalo bien: "Una vida llena de sol y nada de lluvia es solo un desierto".

Carl Jung escribió: *"El que mira hacia afuera, sueña; el que mira hacia dentro, despierta".*

Cuando aprendas a mirar hacia dentro, es cuando comenzarás a experimentar lo que es vivir con sentido, propósito y no sólo una vida eficiente. La gran diferencia entre ser eficiente y tener eficacia es que la eficiencia se refiere a hacer las cosas bien, mientras que la eficacia se refiere a hacer las cosas que hay que hacer. Tal vez hayas vivido eficazmente, pero ahora es el momento de hacer las cosas que deberías haber hecho hace tiempo para poder llegar a ser.

Séneca escribió: *"Mientras vivas, sigue aprendiendo a vivir".*

El tiempo de cada uno de nosotros es único e individual, nunca habrá dos tiempos iguales. La peor calamidad del ser humano es cuando vive sin tener conciencia de su propia identidad. La vida no solamente existe, sino que tiene un valor, depende de cómo la recibimos y cómo aprendemos a vivirla. Esto implica una gran responsabilidad que nos corresponde a nosotros mismos.

No es lo mismo dejar pasar el tiempo que aprender a aprovecharlo intensamente en cada uno de los momentos vividos con conciencia. El presente tiene una tarea: vivirlo de forma intensa y entender su significado para no desperdiciarlo.

"El día que le des libertad a tu vida, entonces comenzarás a vivir" – Radames.

Todos tenemos dos vidas: la que vivimos hasta el día de hoy y la que nunca llegamos a aprender a vivir. La que hemos aprendido a vivir es solo porque la vida nos ha dictado cómo hacerlo; nos ha enseñado a depender de lo que podemos ver, a adquirir poder y dinero para ser felices. Vivir es aprender a responsabilizarse y asumir la encontrar la respuesta adecuada a todas las cuestiones de la vida que nos asigna día a día. La cuestión es dejar de esperar que la vida te dé algo mañana, y empezar a preguntarte qué puedes darle a ella hoy. ¿Cuándo fue la última vez que pensaste en cómo está tu relación contigo mismo?

Vale la pena recordar lo que escribí anteriormente: aprender a vivir la vida aquí y ahora, y no en el mañana ni mucho menos en el pasado; hay que tener una vida completa y no solo a medias. La mayoría de los seres humanos viven la vida en partes; un 25% la vive en estrés, otro 25% en depresión, otro 25% en ansiedad y el último 25% en el "pobre de mí". ¿Es esto vivir?

Hoy en día hay tanta decepción y desaliento en el ser humano que su voluntad de vivir y la esperanza se han paralizado; la decepción del alma ha llegado a producir una agonía espiritual y cognitiva. Cuando el hombre pierde la esperanza, muere su voluntad de vivir.

La vida se ha convertido para muchos en una ramera, que poco a poco ha llegado a seducir tu alma, tus pensamientos y ya has dejado de existir. Se ha hecho difícil escapar de las garras de la vida, como una ramera, hasta el punto de que incluso tu alma ha sido seducida. Cuando el alma del hombre es seducida, sus sentimientos se ven intoxicados por la desesperanza y la desesperación.

"El viaje más hermoso que harás en tu vida será llegar a los confines de tu ser, y descubrirte a ti mismo" – **Radames.**

Debemos aprender a superarnos ante esta crisis interna. "Ay de mí" se ha convertido en una crisis existencial en la actualidad. La humanidad carece de ánimo, autoestima y fuerza de voluntad; solo existe el aburrimiento y la falta de éxito en la vida. Las personas que dependen de un solo valor para satisfacer sus necesidades están en peligro de caer en un abismo de insatisfacción. Cuando comprendamos que todos somos capaces de transformarnos, crear y reinventarnos, será entonces cuando aprendamos a transformar nuestro entorno.

Gandhi escribió: *"Tu vida es tu mensaje, recuerda que no eres lo que dices, eres lo que haces".*

La mente del ser humano siempre estará lista para enseñarnos nuestras debilidades y fortalezas. Recuerda que tu vida siempre será el resultado de tu forma de pensar, sentir y actuar. Cualquier debilidad saldrá de tu mente, de tu forma de vida y de lo que eres capaz de afrontar. Ten presente que tu vida será el resultado de tu actitud y carácter personal. Algunas metas se alcanzarán fácilmente, mientras otras requerirán mucho más esfuerzo de tu parte.

Ten en cuenta que, para poder alcanzar tus metas, lo primero que debes hacer es reconocer cuáles son tus fortalezas y, al mismo tiempo, identificar tus debilidades. De esta manera, podrías transformar cada una de ellas en virtudes. Te preguntarás entonces, ¿cómo comienzo a construir esas fortalezas?

La respuesta es comenzar con hábitos positivos, los cuales se desarrollarán mediante la repetición de actividades positivas.

> *"Siembra una acción y cosecharás un hábito; siembra un hábito y cosecharás un carácter; siembra un carácter y cosecharás un destino"* **– William James.**

En otras palabras, lo correcto es comenzar a actuar de acuerdo a tu realidad, de una manera más interior y positiva, de acuerdo con tus motivaciones positivas, para alcanzar el éxito en tu vida. Esto debe ser una acción diaria positiva. Debes empezar a ver más allá de tus propios ojos, a mirar con tu mente y no como todos los demás. Ya es hora de dejar de ser miope mentalmente y comenzar a mirar hacia el futuro, el tuyo. Haz realidad lo que veas con tu mente y alcanzarás lo que quieres. Y en el camino recuerda alimentar tu alma con amor, gozo, paz y, sobre todo, entendimiento.

> *"La vida le ha enseñado al hombre a sufrir en silencio"* **– Radames.**

Mi responsabilidad como consejero es ayudarte a "llegar a ser" el ser humano que puedes llegar a ser, y el trabajo de Dios es amarte hasta el final. El ser humano ha aprendido a vivir de ilusiones y teme despertar de ellas, ya que esto requiere mucho esfuerzo, valor y perseverancia. He llegado a comprender en el transcurso de este libro que el dolor es un corazón hecho pedazos, mientras que el sufrimiento es una mente confundida.

Viktor Frankl escribió: *"De modo que cada hombre, incluso en condiciones trágicas, puede decidir quién quiere ser espiritual y mentalmente, y conservar su dignidad humana".*

Es a través del transcurso de la vida que es nuestra responsabilidad adquirir conocimiento, lo cual nos obliga a aprender siempre algo nuevo; adquirir sabiduría.

Para aprender a dejar ir algo día a día; y desarrollar inteligencia, la cual nos ayudará a no olvidarnos de lo que se fue. Debemos recordar que somos nosotros mismos los únicos que podemos decidir cómo valoramos nuestra mente, nuestro mundo; somos dueños de nuestra propia arquitectura. Debemos practicar la disciplina, la constancia y la perseverancia.

Para que el hombre comprenda y llegue a entender que para poder vivir una vida con propósito y dejar de solo "sobrevivir", es necesario que llegue a darse cuenta del porqué de su existencia. Cada uno de nosotros tenemos la capacidad de "observarnos" desde afuera hacia dentro y cuestionarnos a nosotros mismos, de esta manera aprenderemos a tener una relación más íntima y sana con nuestro propio yo. Para entonces llegar a comprender y desarrollar el (quién soy) (por qué existo) (hacia dónde voy) solo de esta manera podremos comenzar a entender el sentido de nuestra vida. Y no solo vivir por lo que tenemos, cuántas propiedades, cuántos caballos, carros, mujeres, religión, etc.

Desarrollar la realidad de una vida con percepción, es decir, cómo vemos y percibimos la vida que nos rodea y la manera en que nuestra mente y nuestro mundo han sido influenciados. Vivir en realidad tu propia realidad, llena de acción, aprender a tomar decisiones positivas. La realidad de tu fuerza de voluntad, aprender a hacer frente a la vida para llegar a ser. Para esto debes aprender quién eres tú. ¿Cómo es y qué es el yo? El "yo" son esos "factores internos", es decir, el cómo y de qué manera tu mente y tu mundo han sido diseñados y controlados por ti. El "yo" de la vida son todos esos "factores externos", las circunstancias negativas que han influido en tu "yo".

Carl Gustav Jung escribió: *"El "yo" es el centro de la conciencia, la parte del alma humana donde se percibe, piensa, siente y recuerda. Es la conciencia de nosotros mismos y se encarga de desempeñar las actividades normales de la vida".*

Conforme una persona madura va experimentando el proceso de individuación, durante el cual los potenciales son realizados, las experiencias ampliadas y se llega a alcanzar la autorrealización, surge el "yo" de los "factores internos". "Tu mente, tu mundo" se refiere a tu personalidad, y estos factores internos requieren una exploración de la "sombra". La cual está basada en todos esos pensamientos y aspectos indeseables de tu personalidad que solo tú conoces, pero prefieres seguir ignorando. Es una parte vital de tu personalidad y debe ser enfrentada, en el presente, ya sea cambiándola o aceptándola como parte de la rutina del día a día.

No se trata de seguir viviendo engañándonos a nosotros mismos. Al poder tener este encuentro con tu "sombra" (factores internos), podrás entender mucho mejor ese lado oscuro de tu naturaleza humana.

C. G. Jung escribió: *"Lo que no se hace consciente se manifiesta en nuestras vidas como destino".*

Todos, de una manera u otra, somos saturados de manifestaciones o comportamientos irracionales. Esto nos ha dejado sin la capacidad de confrontar esa sombra o sombras que han tenido el control absoluto de nuestra mente, nuestro mundo y nuestros factores internos. Esta sombra llega como un viento en la mañana que desesperadamente sacude nuestras emociones, haciéndonos saber que quiere salir de allí, desde el inconsciente donde la hemos mantenido cautiva toda nuestra vida. Por lo general, nunca llegamos a percibir directamente el dominio oculto de esta sombra. Para entenderlo mejor, podemos recordar lo que decía el Apóstol Pablo:

Romanos 7:15: *"Porque lo que hago, no lo entiendo; pues no hago lo que quiero, sino lo que aborrezco, eso hago"* **(NVI).**

El Apóstol Pablo aprendió a vivir su vida crucificada (factores internos), lo cual muchos cristianos aún no han logrado hacer para llegar a ser.

No obstante, aún había áreas en él mismo donde la luz no había penetrado completamente. Allí estaba esa sombra, que tú y yo aún llevamos muy dentro del alma.

Escribió en Romanos 7:23: *"Veo otra ley en mis miembros, que se rebela contra la ley de mi mente y que me lleva cautivo a la ley del pecado que está en mis miembros"* (NVI). Él mismo era consciente del hecho de que en lo más profundo de sí mismo había una sombra. (Incluso si no eres una persona religiosa, puedes entender lo que acabo de explicar).

La persona religiosa corre a la iglesia para evitar enfrentar su sombra y, de esta manera, vivir en negación el resto de la semana, alimentando así su sombra. En otras palabras, opta por vivir en la negación.

La negación es una actitud o modo de comportarse frente a la vida, en el que la persona rehúsa aceptar la realidad de su sombra y prefiere llevar una vida irracional.

R.D. Laing describía de una manera poética la negación de la sombra: "El alcance de lo que pensamos y hacemos está limitado por aquello de lo que no nos damos cuenta". Y es precisamente el hecho de no darnos cuenta lo que impide que podamos hacer algo para cambiarlo. Hasta que nos demos cuenta de que no nos damos cuenta, seguirá moldeando nuestro pensamiento y nuestra acción. Si la negación persiste, como dice Laing, ni siquiera nos daremos cuenta de que no nos damos cuenta[47].

En nuestra propia vida, a veces cometemos el error de ver la vida solamente a corto plazo y no con la convicción de lo que hay que hacer para tomar pasos que nos lleven a un futuro mejor.

---

[47] Del libro: *"Encuentro con la sombra"*, página 20.

Con una plenitud de edificación, esto nos permitirá salir de esa zona de dolor y tensión. De esta manera, podemos comenzar a visualizar con mayor amplitud quiénes somos y para qué vivimos. Siempre nos encontraremos con cosas que podremos hacer y otras más difíciles; todo esto será una consecuencia de decisiones basadas en nuestras prioridades. Conocernos a nosotros mismos nos ayudará a saber cómo decidir, cómo pensar y cómo desarrollar nuestro autoconcepto.

Ahora bien, sigamos analizando "tu mente y tu mundo": desde el momento en que somos engendrados y comenzamos a vivir dentro de ese vientre, ya comienza la preparación para el encuentro con la vida. Aún no naces y muchos en la vida ya quieren que termine tu vida antes del final de los nueve meses.

Pero, ¿te has puesto a analizar quién es el arquitecto de tu vida durante esos nueve meses? ¡Dios!... Durante esos meses es Él quien día a día nos está formando, dándonos la capacitación y el poder para que, en ese momento, al ver la "luz" de la vida, comencemos a crear nuestra mente y nuestro mundo. Qué maravilla es que durante nueve meses nos prepare para los siguientes noventa años. Y en ese transcurso de la vida, lleguemos a descubrir la verdadera Luz. La "luz" de la vida es finita, pero la Luz verdadera es infinita.

William James escribió: *"¿Merece la pena vivir la vida? Todo depende del vividor".*

¡Qué maravilla! Todos nacemos con libertad, capacitados ya sea para conquistar la vida o ser conquistados por ella. La verdad es que desde un principio la vida comienza a tener el control absoluto de nuestras vidas, con frases como: "Si quieres llegar a hacer algo, debes hacer esto; de lo contrario, nunca llegarás a ser nadie". Y durante el transcurso de nuestras vidas, nuestra mente nunca se detiene a preguntarse ¿para qué? ¿quién soy? O ¿por qué estoy en esta vida?

El rey Salomón escribió: *¿Qué provecho saca el hombre de tanto afanarse en esta vida?"* – **Eclesiastés 1:3 (NVI).**

En otro capítulo el mismo rey Salomón escribió: *"Y como Dios le llena de alegría el corazón, muy poco reflexiona el hombre en cuanto a su vida"* – Eclesiastés 5:20 (NVI).

Los ojos no sirven de nada si la mente no quiere ver. Cuando aprendas a contar tu vida sin derramar lágrimas, sabrás entonces que, en lo más profundo de tu ser, has experimentado una catarsis.

Empieza a ocuparte de tu mente, de tu mundo interior, y menos de todo lo exterior de la vida; es tu vida, aprende a valorarla. Recuerda que hoy eres el reflejo de lo que hay en tu mente y en tu mundo. Cultiva tu propio poder interno, respeta la vida de los demás, y todo lo que existe en la vida; conviértete en tu propio maestro y deja a los demás ser lo que son. La vida está llena de soluciones; el que las limita eres tú. Justifica tus limitaciones y te quedarás con ellas.

El mejor ejemplo bíblico del que podemos aprender es el de Jesús cuando dijo: *"He venido al mundo para vencer, no para ser vencido por la vida ni para ser esclavo de ella"*. En Juan 14:12, Jesús añade: *"De cierto, de cierto les digo: el que cree en Mí, hará también las obras que Yo hago; y aún mayores obras hará, porque Yo voy al Padre"*. ¡Qué palabras tan llenas de significado! Si Él venció la vida, nos dice a nosotros como verdaderos creyentes, no como religiosos, que hará las obras que Él hizo. ¡Cree en Él! No permitas que la vida siga controlando tu vida; debemos aprender a confiar más en Él y no en la vida.

¡Qué promesa tan sorprendente! Sin embargo, hay que tener en cuenta que esto solo se puede lograr a través del Espíritu Santo. Esto no tiene que ver con ninguna religión, sino con una relación, convicción, determinación de lo que tienes, de lo que piensas o sientes. La convicción equivale a creencia: es un estado de la mente en el que el individuo supone el verdadero conocimiento o la experiencia que tiene acerca de un suceso o cosa. Hay dos estudios básicos y muy interesantes que muchos no están percatados para poder entender el propósito de sus vidas: la vida no solo consiste en religión, ¡sal de esa caja!

Antes de entrar en el punto de vista de la psicología y la filosofía, quisiera aclarar algo respecto a la religión como una manera de escapatoria que muchos usan para evadir o enfrentar la realidad de la vida. Muchas personas hoy en día, sin estar conscientes, se han convertido en "Adictos Religiosos".

La experiencia religiosa es como una droga para escapar del dolor de la vida y aceptar las responsabilidades que cada uno debe afrontar. La adicción religiosa es una dependencia en creencias y prácticas religiosas como una forma de evitar enfrentarse a la verdad, el dolor y el pecado. Esto es causa de una baja autoestima.

La adicción religiosa es frecuentemente usada como una manera de evitar enfrentar los problemas y asuntos reales de la vida, y muchos adictos a su religión provienen de familias donde estos fueron afectados por abusos religiosos. La gente usa la adicción religiosa como una manera distorsionada de relacionarse con Dios.

La religión puede convertirse en una obsesión, transformando versos de la Biblia en versos adictivos, sin darse cuenta de cómo estos "cristianos" pueden "llegar a ser" tóxicos dentro de la iglesia y sus hogares, afectando a sus familias y a su iglesia. Una religión tóxica, mal enseñada, puede "llegar a ser" una forma en la que la gente es controlada por la doctrina o el pastor, generalmente utilizando el miedo y el sentimiento de culpabilidad. La adicción religiosa es una manera de poder alterar tu mente, tu mundo y tus emociones a través de un sistema tóxico de creencias y conductas religiosas. A lo largo de mis 35 años como cristiano, he podido observar esto detalladamente y decirle a mi familia: "Corramos", no de la iglesia, sino de las doctrinas tóxicas que enseñan. Cuando encuentras una iglesia con algún tipo de denominación, ya ha distorsionado la Biblia.

Tristemente, hoy en día, muchas personas quieren ser pastores y enseñar un dios según sus creencias. Algunos van al extremo y llenan sus discursos de mucha teoría para presentarse como fariseos ante el púlpito. Esto provoca que los problemas de la vida sean aliviados con una excesiva actividad religiosa, lo cual activa la vida de manera compulsiva.

Como se mencionó en páginas anteriores, el Trastorno Obsesivo Compulsivo (TOC) es un trastorno mental caracterizado por la presencia de pensamientos, sentimientos, ideas, sensaciones (obsesiones) y comportamientos repetitivos e indeseables que los impulsan a realizar algo una y otra vez (compulsiones).

Recuerda que aún Jesús habló de los fariseos y líderes religiosos de su tiempo como sepulcros blanqueados, personas que, aunque por fuera parecían estar bien, por dentro estaban muertos y confundidos, de la misma manera que ocurre hoy en día. La denominación no existe en la Biblia. Jesús nunca dijo: "Yo he venido para que haya muchas denominaciones".

¿Te has fijado cómo aún dentro de muchas de estas denominaciones hay "hermanos" que no te pueden aceptar porque sus demonios no soportan tu presencia llena del Espíritu Santo?

Bien, sigamos con "tu mente, tu mundo" desde un punto fuera de la religión: **Psicología** y **Filosofía**:

- La palabra **"psicología"** viene de las palabras griegas *"psique"* y *"logos"*, que significan "alma" y "estudio", respectivamente. Por lo tanto, esto viene a significar el estudio del alma. Para poder entenderlo de forma más sencilla, la Psicología es la ciencia de estudio de la mente y el comportamiento humano. Para ser aún más sencillo, la Psicología es como la forma en la que has interpretado la información que ha llegado a ti durante tu vida, a través de tus sentidos.
- **Filosofía**, por su parte, significa *"philo"* y *"sophia"*, que quiere decir "amor a la sabiduría". Su propósito es entender los problemas de la realidad. Se centra en entender la existencia, el conocimiento, la verdad, la moral, la belleza, la mente y el mundo.

Llegará el día en el que, al estudiar y hacer uso de estos recursos, podrás entender que el dolor es parte de la vida, pero el sufrimiento es opcional. Entre un pensamiento y una acción siempre habrá una decisión; la vida, desde un principio, estará llena de decisiones.

La toma de decisiones es y siempre será uno de los procesos más difíciles a los que el ser humano tendrá que enfrentarse. Siempre consistirá en saber encontrar la conducta adecuada para poder resolver la situación, por muy problemática que esta sea. El punto principal es no concentrarse en la magnitud del problema, sino más bien en la plenitud de la solución. Ver la vida como inherentemente significativa y con un potencial ilimitado requiere un cambio de conciencia.

La vida siempre tendrá una manera extraña de llevarte a descubrir cuál es el significado y propósito de tu vida.

Friedrich Nietzsche escribió: *"Solamente aquel que construye el futuro tiene derecho a juzgar el pasado"*.

Es tu mente, tu mundo, así que empieza a ser responsable de ti mismo, construye el futuro al que quieres llegar. Cambia la forma en la que piensas, recuerda que no todos los problemas son iguales, no los exageres. Toda circunstancia en la vida, por difícil que sea, debe tener un sentido y un propósito. Estamos acostumbrados a tomar el mismo camino, como si fuera el único. Olvidamos nuestro propio potencial interno porque nuestra mente se basa en el potencial externo.

***"Erigimos y construimos una prisión, y la tragedia es que ni siquiera podemos ver los muros de esta prisión"* – Deepak Chopra, del libro *Unconditional Life*.**

Deuteronomio 30:19, dice: *"Elige, pues, la vida, para que vivas tú y tus descendientes"*.

Aprender a elegir está en la vida cotidiana, el ser humano se ve forzado a elegir de manera constante.

Elige hoy a ser el primero en cambiar tu mente y tu mundo para que tus descendientes no sigan llevando esa misma mentalidad anémica, la cual ha sido traspasada de generación en generación. Todo en la vida es un proceso, comienza por aprender a desaprender. Podríamos aprender a ver la vida como un neófilo.

A los neófilos les gusta aprender, tienen la capacidad de poder adaptarse a un cambio extremo, una tendencia a aburrirse fácilmente de lo viejo, el deseo de experimentar cosas nuevas, el deseo de poder crear cosas nuevas realizando o logrando algo que nadie había hecho antes[48].

Tu mente y tu mundo han sido infectados y violados por la vida externa. No hay un orden, organización, crecimiento o reproducción.

1. **ORDEN:** Cuando hablamos de orden, me refiero a la manera en que conducimos nuestra vida; es decir, la forma en que organizamos nuestras ideas, pensamientos y vida íntima. El orden también es una acción inteligente; significa aprender aquí y ahora.

A través de mis estudios como consejero, he podido aprender y ver la vida desde todos los puntos de vista, desde el religioso, el psicológico, el emocional, el físico y el psicosomático. A lo largo de los años han surgido hombres muy inteligentes en el campo de la consejería, como Sigmund Freud, Carl Jung, Alfred Adler y Viktor Frankl.

— S. Freud el cual pensaba que el ser humano era motivado a vivir a través del "placer".
— Alfred Adler el cual pensaba que la motivación principal del ser humano era a través de la voluntad del poder.
— V. Frankl el cual pensaba que el ser humano debería ser motivado a vivir a través de encontrarle el sentido a su vida. La cual llamó Logoterapia y es la que considera al hombre como un ser cuya principal preocupación consiste en cumplir un significado y en actualizar sus

---

[48] Fuente de referencia: Wikipedia.

valores, más que en la mera gratificación y satisfacción de impulsos e instintos.

"Cada vez más gente tiene los medios para vivir, pero no tiene el sentido para vivir" – **Viktor Frankl.**

¡Qué orden tan esencial sería aceptar y poder descubrir que la necesidad más importante del ser humano es "llegar a ser" consciente de la necesidad de su vida y encontrarle un sentido! Establecer un orden en tu mente y en tu mundo debe ser como cuando necesitamos llegar al éxtasis, el cual produce un placer físico y mental. Así, debemos vivir la vida con placer y propósito, con un intenso sentimiento de alegría y admiración.

Nuestra actitud hacia lo que nos ha sucedido en la vida es lo importante que debemos reconocer. "Estaba sin esperanza, pero mi vida ahora está llena de ella"; sin embargo, no sucedió de la noche a la mañana.

"La última de las libertades humanas, elegir la actitud de uno en cualquier conjunto de circunstancias, es elegir el propio camino" – **Viktor Frankl.**

1. **ORGANIZACIÓN:** Es una estructura íntima y muy personal en la que el ser humano debe comenzar a reorganizar su mente y su mundo. La organización de sus pensamientos, emociones y entorno le permitirá descubrir cómo vivir una vida fascinante y alcanzar una mejor relación con la vida. Esta organización implica aceptar que en la vida pasaremos por momentos de tristeza, enfermedades, problemas económicos, lo cual puede provocar que vivamos de una manera amarga. Organizarse debería ser una parte esencial; organizar tu vida, tus metas y tus objetivos te ayudará a vivir con más conciencia y a hacer tu vida más productiva. Una persona organizada puede "llegar a ser" mucho más.

2. **CRECIMIENTO:** Date permiso para crecer, ya que solo tenemos una oportunidad en nuestra existencia en este mundo. No significa que seas una persona madura solo por añadir velas a tu pastel en tu cumpleaños; no confundas los años de tu vida con tu vida en los años.

"La seriedad no es signo de madurez. La madurez es saber reírse de la vida, pero tomarla en serio cuando es necesario" – **Anónimo.**

El crecimiento emocional a veces es difícil de medir, pero hay algunas señales a las que podemos prestar atención para saber si estamos madurando emocionalmente. Estas señales nos indican que podemos añadir velas al pastel mental de cumpleaños: un crecimiento emocional saludable, motivador y que nos permita desarrollarnos como personas. No te preocupes si aún no has conseguido superar algunas de estas señales de la mejor manera.

"La vida es un viaje en el que nunca paramos de aprender" – **Yamila Papa.**

El crecimiento emocional nos ayuda a vivir de manera productiva y superar el estancamiento a través de la autorrealización, lo cual nos ayudará a replantear metas y aspiraciones. Una vez que hayamos comprendido y aceptado que el cambio es, de hecho, posible, seremos capaces de establecer un plan para tomar mejores decisiones. Al tomar el tiempo para conocernos a nosotros mismos, para conocer nuestra integridad, nos adentraremos más en el significado y propósito de nuestras vidas, y, por lo tanto, creceremos. Al descubrir el significado de la vida de adentro hacia afuera, encontraremos que el mundo estará lleno de soluciones más que de problemas, lo que nos ayudará a definir nuestras expectativas, incrementar nuestra conciencia y nos permitirá ser más profundamente nosotros mismos y más humanos.

Nuestras necesidades exteriores irán disminuyendo cada vez más, ya que la vida no tendrá tanto control sobre nuestras vidas, nuestra mente y nuestro mundo.

3. **REPRODUCCIÓN:** Significa que algo se reproduzca o exista de nuevo. La vida ha tenido un control sobre tu vida hasta el punto de que ya no eres tú mismo, sino una copia de algo. La reproducción es un proceso que avanza con el paso del tiempo. Para poder llegar a reproducir tu mente y tu mundo, es necesario que aprendas a cortar el cordón umbilical con la vida. Al cortar con este cordón, comenzarás un proceso del cual no habías sido consciente: el hecho de que a través de él hayas permitido que la vida tome el control de tu vida.

Ha sido a través del cordón umbilical de la vida que se ha producido un abuso emocional. Esto significa que has sido víctima de un maltrato psicológico constante, que a lo largo del ciclo de la vida ha ido erosionando tu autoestima. Has sido víctima de la vida, te has adaptado a ese estilo de vida y no sabes cómo salir de él.

El mundo y la vida no han estado en tus manos; más bien, tú has estado en sus manos. Esta ha sido muy astuta al manipularte, haciéndote creer que no puedes vivir sin ella. Este tipo de manipulación no es positivo, ya que no te ha permitido desarrollar tu potencial ni encontrar un significado a tu vida, a tu mente, a tu mundo, ni a reproducirte como un ser humano independiente. Esta forma de abuso emocional ha debilitado tu ánimo y tu salud mental, llegando a la situación en la que te encuentras ahora, sin seguridad y como un esclavo. La vida te ha convencido de que como persona careces de valor, más allá de lo que te ha dado de forma externa.

La vida te recuerda que lo que tienes es porque has sido un buen esclavo y te ha recompensado con todos los deseos de lo externo que tus ojos han deseado. El único ser que ha caminado en este mundo y rechazó todo lo que la vida le ofreció fue el Hijo de Dios. Ahora entiendes por qué Él dijo: "He venido para que tengan VIDA y no andemos como limosneros mendigando el pan de la vida".

El Rey Salomón escribió: *"No le negué a mis ojos ningún deseo, ni a mi corazón privé de placer alguno, sino que disfruto de todos mis afanes! ¡Solo eso saqué de tanto afanarme! Consideré luego todas mis obras y el trabajo que me había costado realizarlas, y vi que todo era absurdo, un correr tras el viento, y que ningún provecho se saca en esta vida"* – (Eclesiastés 2:10-11).

El abuso emocional, los golpes de la vida, las noches pasadas con tu amante la vida; todo esto sólo te ha producido el abandono de tu alma. Te has divorciado de tu interior al perseguir la vida.

Mientras escribo estas palabras, me doy cuenta de que apenas comienza mi vida. La reproducción en tu vida te llevará a encontrar el sentido de tu existencia, tu mente, tu mundo. El principal objetivo es hallarte a ti mismo; desconéctate del cordón umbilical de la vida.

El esfuerzo por encontrar un significado en tu vida debería ser una fuerza motivadora primordial en ti. Hoy en día, el abuso emocional ha provocado que el ser humano carezca de sentido de la vida, lo que ha causado un profundo tormento que lo acerca cada vez más al abismo de su alma. Nos falta conciencia de plenitud, ya que un vacío interior siempre nos persigue y nos impulsa a buscar refugio en los brazos de la vida.

"La vida tiene más valor que la comida, y el cuerpo más que la ropa" – **Lucas 12:23 (NVI).**
"¿Quién de ustedes, por mucho que se preocupe, puede añadir una sola hora al curso de su vida?" – **Lucas 12:25 (NVI).**
"Si así viste Dios a la hierba que hoy está en el campo y mañana es arrojada al horno, ¡cuánto más hará por ustedes, gente de poca fe!" – **Lucas 12:28 (NVI).**

"El mundo pagano anda tras todas estas cosas, pero el Padre sabe que ustedes las necesitan"– (Lucas 12:30 – NVI).

¿Quién anda corriendo a los pies de la vida? El mundo pagano. Todos aquellos que no tienen vida, que han dependido completamente de ella, que han sido esclavos de la vida, que aún creen que sin ella no son nada. ¡Hombres de poca fe! Hombres que han entregado su vida a la vida por las miserias de esta, ¡qué tristeza! El hombre se pasa la vida dependiendo de la vida. No permitas que ella te siga controlando.

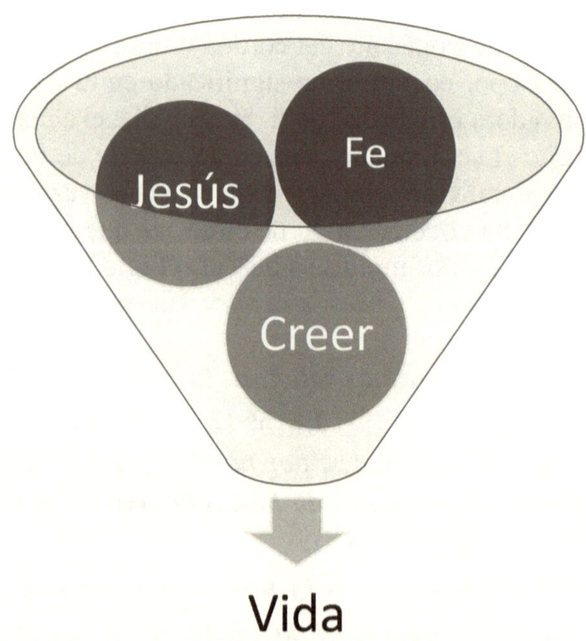

Hace un tiempo atrás, en aquellos días oscuros en los que tu sombra quiere tomar el control de tu vida, escribí lo siguiente:

UN DIÁLOGO EN LA OSCURIDAD

En el silencio de la noche, ese silencio que solo tú conoces
en medio de la oscuridad.
Tú que, en medio de la noche, vas al espejo y no ves tu imagen.
En ese silencio y la oscuridad de la noche, donde las lágrimas
se convierten en tus compañeras de silencio.
En ese silencio de la noche, donde tu vida te pregunta: "¿Por qué?".
Y el silencio de la noche te abraza y te dice:
"Te extrañaba, no te olvides que yo soy tu vida".
En esos momentos de angustia, tu alma te dice con gemidos:
"¡Yo soy tu vida!".
En esos momentos de oscuridad, tu vida te dice:
"¡Por favor, no me olvides mañana!".
Y en el silencio de la noche, un suspiro fue y la vida fue.

Séptimo nivel: Un alma olvidada.

Recuerdo aún en aquella oscuridad dentro del vientre de mi madre, escuchar una voz triste y persistente que me decía: "Yo soy la soledad y siempre estaré a tu lado, siempre te acompañaré". Un sentimiento de insignificancia abrazaba mis emociones. Y junto a mi alma podía escuchar una voz externa que decía: "¡Maldita sea la hora en que me embaracé!". El miedo sacudía mis pensamientos, aún no había nacido y ya tenía temor de la vida. Pensaba en medio de aquella oscuridad: "Oh alma, algún día nos volveremos a encontrar". Así, de esta manera, quedaron esos pensamientos y emociones profundamente grabados en lo más precioso que un ser humano posee: ¡El Alma!

Volver a reencontrarme, es decir, volver a rescatar mi alma, no fue tarea fácil. La vida está llena de obstáculos, pero nunca es imposible si tienes voluntad, decisión y ánimo para restaurar tu "yo". Sabía que debía conservar la esperanza de recuperar mi alma, y luego era mi responsabilidad mantenerla sana. No quería acostumbrarme a vivir de lo que la vida me ofrecía. Desde que llegamos a este mundo, necesitamos recibir amor para aprender a sobrevivir. Toda mi niñez y gran parte de mi juventud la viví anestesiada, por temor a mirar a través de las grietas que existían en mi vida, como resultado del rechazo de mi madre. Esto produjo en mí una desconfianza de ser rechazado.

Ya el rechazo de la vida estaba esperando para abrazarme con las injusticias de la vida. Es un sentimiento de hostilidad que comienza desde el vientre de la madre; y va aumentando durante los primeros años de la niñez. El alma de los niños, al igual que la mía, es engendrada en un ambiente caótico y triste, y éstos son los primeros suspiros de vida que damos. Tenemos que entender que desde el vientre, esa criatura ya está recibiendo información, sus emociones se están desarrollando y sus sentimientos hacia esa madre o padre son alimentados en lo más profundo de su alma. Desde ese preciso momento, comenzamos a construir una relación ya sea disfuncional o funcional con la vida.

Hay que entender que el nivel de percepción del bebé ya es muy alto. Al salir del vientre de su madre, comienza el proceso de adaptación de esa criatura.

Antes de seguir con el tema, quiero hacer énfasis en que el alma es para mí. Imagínate en lo más profundo de tu ser, en ese escondite del cual sólo tú sabes que existe, ya que como ser humano todos tenemos la misma voluntad y responsabilidad de vivir. Es precisamente ahí, en ese escondite, donde individualmente todos tenemos una cubeta, llamada alma. Y a lo largo de la vida, vamos depositando en esta cubeta todo lo que no queremos que nuestra mente sepa. Como el abandono emocional, los abusos psicológicos, los abusos sexuales, el vacío existente, el aburrimiento, la depresión, el estrés, y la ansiedad, sólo por nombrar algunos. Te da pánico pensar que un día tu mente se entere y no sepa quién eres. Y prefieres seguir viviendo, engañando a tu mente. Tienes temor a bajarte de tu león. Estás acostumbrado a vivir inconscientemente. La cubeta está al desborde, tu alma grita angustiada: "¡No soporto más!". Y tu alma entristecida se adaptó a vivir en miseria, alimentándose por los parásitos del recuerdo. Ésa es el alma, esa cubeta llena en lo más profundo de tu vida.

"Como perro que vuelve a su vómito es el necio que repite su necedad" **(Proverbios 26:1).**

Por años, la vida me ha alimentado, como dice el refrán bíblico: "Nacen perros y mueren perros". ¿Qué recursos ofrece la vida a aquellos que se conforman con el vómito de la vida? Estos niños/as están aprendiendo a sobrevivir a través de la crisis emocional y física.

- **Psicológica:** piensan toda su vida que no tienen derecho a vivir, es un ciclo sin fin, ¿para qué?
- **Emocional:** Es un temor a la vida, a ser rechazados, odio, ira y aislamiento.
- **Física:** Trastornos de alimentación, como la anorexia nerviosa, la bulimia nerviosa y el trastorno alimentario compulsivo.

Necio es aquella persona que insiste en sus propios errores o se aferra a ideas o posturas equivocadas, demostrando así poca inteligencia. Vivir sin alma es vivir como un perro, atravesando la vida solo con el instinto animal. Comprendí, a través del tiempo, que necesitaba un reencuentro con mi alma, ya que esto sería "despertar mi conciencia dormida". Reconocer y aceptar que un alma herida se refleja en el ser humano a través de su manera de relacionarse con la vida, y, sobre todo, con su propia vida. Si Dios sopló aliento de Vida en el ser humano, entonces, el ser humano debe dar Vida a la "vida", y no la "vida" al ser humano.

Este tipo de niños crecen con una fobia hacia la vida, ya que desde el vientre de su madre comienzan a vivir un proceso difícil de entender. Estos niños, a través del tiempo, van desarrollando diferentes tipos de enfermedades emocionales y psicológicas, tales como el trastorno de personalidad, que toma su origen en el rechazo dentro del útero materno.

Por lo menos existen diez trastornos de personalidad. Veamos tres de ellos, tales como:

1) **Trastorno paranoide de la personalidad:** Estas personas se caracterizan por tener una gran desconfianza hacia los demás, sintiendo que están en su contra, que son amenazantes o degradantes. Estos recelos, así como la extrema desconfianza, son difíciles de comprender para los que están a su alrededor. Generalmente, dudan sobre la lealtad de sus amigos o familiares, y suelen mantenerse distantes con los demás, pues creen que así se protegen y evitan ser dañados[49].

2) **Trastorno antisocial de la personalidad:** Estas personas se caracterizan por vivir fuera de las normas de forma continua, incumpliéndolas y siendo irresponsables con sus actos. Esto genera dolor y sufrimiento en los que les rodean, sin que ellos muestren afectación alguna.

---

[49] Psicoadapta: Centro de psicología.

Abusan y se aprovechan de los demás sin importarles nada, ya que disfrutan de la demostración de poder a través del daño o las humillaciones que causan. Además, son intolerantes con la debilidad, vulnerabilidad o fragilidad de los demás, así como con la propia[50].

3) Trastorno narcisista de la personalidad. El egocentrismo y la arrogancia, junto con la falta de empatía, describen a estas personas a la perfección. Continuamente deben exagerar sus capacidades personales y sus logros con el fin de que los demás los reconozcan y tengan una imagen de ellos digna de admiración. Les gusta diferenciarse con el convencimiento de que por sus éxitos o posición social se les debe dar un trato diferencial. Son vulnerables frente a las críticas, llegando a reaccionar con ira y agresividad. Sacan provecho de los demás sin miramientos, y sus comportamientos soberbios llegan a ser tan notorios que llaman la atención de aquellos que los rodean[51].

Ha sido a través del desarrollo de este libro durante los años que me llevó escribirlo, y en el transcurso de su desarrollo, estudiar y obtener mis diplomas en consejería, donde mi alma fue sanada con cada capítulo y pude descubrir el trastorno que afectó mi vida. El alma del ser humano es eterna y sufre en silencio durante toda su vida. Mediante la evaluación de mi propia vida, llegué a la conclusión de que en mi alma siempre existió un vacío existencial desde mi infancia, donde la vida me dijo: "Póstrate ante mí y te daré todo lo que tu alma necesita". ¿Te suena familiar algo de la Biblia? Algo que la mayoría hacemos.

Eclesiastés 2:17 nos dice: ***"Aborrecí, por tanto, la vida, porque la obra que se hace debajo del sol me era fastidiosa; por cuanto todo es vanidad y aflicción de espíritu"*** **(aborreció la vida, pero no su vida).**

---

[50] Psicoadapta: Centro de psicología.
[51] Psicoadapta: Centro de psicología. Énfasis mío.

Como mencioné anteriormente, vendemos nuestra vida por una miserable porción de legumbres, alimentándonos de las migajas de la vida. Los hijos crecen, el tiempo con el cónyuge se pierde, la iglesia solo existe para los domingos, las enfermedades aumentan, confiamos en todo lo material que acumulamos y al final llegamos a la vejez con el alma triste y vacía, llena de la leche adulterada de la vida que nunca nos ha saciado. Vivimos la vida revolcándonos en el vómito de la misma, viviendo una vida insensata, sin aprender a vivir independientemente de la vida. Regresamos nuevamente al vómito y lo más impactante es que arrastramos a nuestros seres queridos con nosotros.

Causas de vómito del alma: ¿Qué tipo de intoxicación has permitido en tu vida? Una intoxicación es la entrada de un tóxico en el cuerpo en cantidad suficiente para producir un daño. El tóxico puede ser una droga, un veneno, una sustancia química, un medicamento o una enfermedad. La intoxicación del alma, por otra parte, se refiere a la entrada de sentimientos, pensamientos, experiencias o influencias externas que pueden dañar la salud emocional y espiritual de una persona.

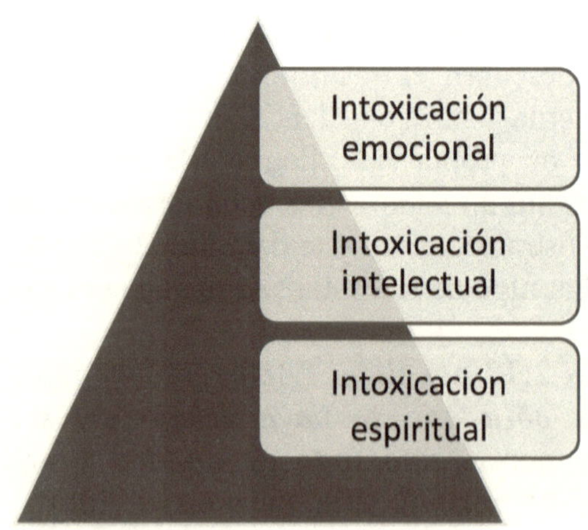

"Es curioso que la vida, cuanto más vacía, más pesa" –
León Daudi.

En muchas ocasiones en el transcurso de la lectura de este libro tal vez hayas notado la expresión (vacío); ese vacío como condición humana es el sentimiento generalizado de apatía, aburrimiento y alienación social, acompañado de una desesperanza y un sentimiento agudo de soledad. Y era precisamente esa soledad lo que desde el vientre de mi madre me decía: "Siempre estaré contigo".

Muy a menudo tenía un diálogo en la oscuridad, donde mi alma me decía: "¡Aquí estoy!". Durante muchos años fui esclavo de la vida, intoxicado por las vanidades de la misma. Me sentía ineficaz, inservible e inútil, intoxicado por la nada. Ese vacío es un sentimiento muy difícil de entender y superar, ya que se aferra al alma con todas sus fuerzas, manteniéndonos anémicos y estériles durante el transcurso de nuestra vida.

Hablando específicamente sobre el alma, he podido analizar a través de los años cómo un alma intoxicada puede producir parásitos, deteriorándose en varias maneras a través de las emociones, convirtiéndose en víctima de los parásitos de la vida, como sucede a menudo en la vida de aquellas personas acostumbradas a vivir como perros.

La "vida" ha manipulado tu vida, así como un parásito manipula la vida de un insecto. Es interesante cómo ciertos parásitos, al infiltrarse en la mente de algunos insectos, han llegado a manipular sus comportamientos, basado en la neuroparasitología, la ciencia de estudiar cómo los parásitos pueden controlar el sistema nervioso del huésped. La vida es como un parásito que se infiltra en el alma y mente del ser humano y se alimenta toda la vida de tus emociones y tu manera de dirigirte ante la vida. Esta llega a ser huésped en tu vida y se alimenta de todo lo externo que tus ojos ven. Deja de estar arrastrándote por la vida como un gusano lleno de parásitos. (Son ejemplos difíciles de asimilar, pero muy necesarios).

Si te sientes incómodo al leer esto, es porque está haciendo efecto en tu alma; estás permitiendo una desintoxicación emocional, intelectual y espiritual.

El agotamiento del hombre tiene su origen desde que él comienza a descuidar su alma. Cuando el alma está agotada, el espíritu del hombre comienza a debilitarse y esto se refleja a través de los ojos, ya que éstos son la ventana del alma. Cuando el hombre aprende a desarrollar que tiene la facultad, el derecho y la libertad de reflexionar y llegar a pensar por sí mismo, esto le permitirá entender que es único y que él puede estar sobre las circunstancias de la vida. El hombre es la única esencia que tiene la capacidad y comprensión ante la vida. Un alma motivada, acariciada, cuidada y alimentada crea una mente positiva, entonces surgirán emociones positivas, sanas y se reflejará en una mirada inteligente.

El hombre, al sentir y vivir con ese vacío, comienza a pensar que su existencia no tiene sentido. Sus fuerzas comienzan a flaquear y se siente derrotado. Trata de llenar ese vacío con todo lo que la vida le ofrece: sexo, trastornos de alimentación, alcohol, drogas y sobre todo muchas horas extras de trabajo. Intentan ahogar el alma con las migajas de la vida. Viven confundidos, creyendo que las horas extras son una bendición de Dios, cuando en realidad no se han dado cuenta de que han estado chupando de los pechos de la vida, amamantados por los placeres de la misma con la leche adulterada[52].

El rey Salomón, en el Libro de Eclesiastés, escribió con la sabiduría de Dios lo siguiente:

Eclesiastés 6:7: *"Mucho trabaja el hombre para comer, pero nunca se sacia".*

Eclesiastés 5:15: *"Tal como salió del vientre de su madre, así se irá: desnudo como vino al mundo, y sin llevarse el fruto de tanto trabajo".*

---

[52] Referencia bíblica: 1 Pedro 2:2.

Eclesiastés 5:16: *"Esto es un mal terrible: que tal como viene el hombre, así se va. ¿Y de qué le sirve afanarse tanto para nada?".*

Eclesiastés 5:17: *"Además, toda su vida come en tinieblas, y en medio de muchas molestias, enfermedades y enojos".*

Eclesiastés 4:6: *"¡Más vale poco con tranquilidad que mucho con fatiga… corriendo tras el viento!".*

Eclesiastés es un libro de perspectiva sobre la vida y el problema es que nos da miedo confrontar la realidad de la vida y no queremos salir del Nuevo Testamento de la Biblia. Preferimos aferrarnos a las promesas de Cristo antes de aprender a aceptar que la vida es absurda y todo es vanidad (nada malo con aferrarnos a Cristo). La pregunta sería: ¿A qué nos aferramos? Y la triste realidad es que hoy día se predica más el mensaje de prosperidad y es a lo que muchos se aferran hoy día. Y siguen alimentándose de las migajas de la vida y su leche adulterada. ¿Y el alma?...

Te pasas tu vida en tinieblas, molestias, enfermedades y confusión. Los hijos crecen creyendo que, para ser felices, hay que beber de la misma leche adulterada que tú les enseñaste a tomar; creen que para sobrevivir hay que vender la vida a la vida, porque tú le vendiste tu vida por un miserable plato de lentejas. Vives alimentando tus deseos y te olvidas de alimentar tu alma. Con el tiempo, te sumerges en un océano de deudas, dudas y sentimientos inexplicables. Con el tiempo, tu alma se convierte en una bestia de tres cabezas llamada Depresión, Estrés y Ansiedad.

Todos tenemos dos vidas: la que hemos vivido hasta hoy (amamantados por los pechos de la vida), y la que nunca hemos aprendido a vivir. Es el momento de dejar de depender de la vida. Hemos aprendido a vivir con solo un 5% de nuestra capacidad humana, mientras el otro 95% proviene del Alma.

Esta ilustración nos ayuda a entender mejor cómo hemos vivido hasta ahora y por qué la vida ha estado controlándonos. Nos adaptamos a esta vida del 5% durante nuestro peregrinaje en este mundo.

Ha habido una disociación, como mencioné antes, entre tu mente y tu alma. La disociación se utiliza para describir la desconexión entre cosas especialmente asociadas entre sí.

Carl Jung escribió: *"Todo aquello que no se hace consciente se manifiesta en la vida como destino".*

La mayor parte de nuestra percepción actual y el conocimiento de la vida provienen del 5% que poseemos. Según el filósofo Nietzsche, si nos conformamos con lo que en este momento tenemos y no intentamos aumentarlo, morimos. El ser humano se ha acostumbrado, o sea, ha desarrollado una manera de vivir tan pobre que piensa que el dinero y todo lo material que ha acumulado puede satisfacer las necesidades de su alma. El hombre se ha convertido en algo más que un ser clónico, amansado y mediocre, lo cual hace que la decadencia en la sociedad siga en aumento.

El rey Salomón dijo: "Toda la vida, la palabra 'tinieblas' aquí se refiere a vivir en ignorancia, falta de instrucción o de conocimientos; es decir, tu sombra de ignorancia, la cual no quieres enfrentar por falta de conocimiento, y con tu dinero pasas la vida viviendo inútilmente.

Acuérdate de que eres único e irrepetible, valora lo que tienes y céntrate en todo aquello que te haga sentir bien, domina tus deseos y no dejes que ellos controlen tu vida. No pienses que estoy en contra de cumplir esos sueños, sino que quiero que comprendas que con el tiempo esos sueños se convertirán en pesadillas y opresiones, y luego te conformas con alimentar tu alma con las migajas de los domingos en la iglesia (no me refiero a estar metido en la iglesia todos los días).

En el inconsciente, que está enterrado en un 95%, se encuentra el pensamiento creativo, que nos ayuda a producir una forma de pensar y vivir nueva, lo cual nos ayudará a llegar a ser.

Al escribir este libro, estoy desarrollando mi creatividad. Usa tu propia creatividad positiva para comenzar a vivir esa vida que no has conseguido vivir. Comienza a conectar tu mente con tu alma; recuerda que tu mente es tu mundo y eres responsable de tu vida. No te olvides de derrotar primero esos pensamientos adictivos, para que pueda haber una relación sana entre tu alma y tu mente.

La vida es hermosa para aquellos que saben vivirla no solo mentalmente, sino también con el alma y la influencia que tienen el cuerpo, el alma y la mente sobre ella. Cuando aprendemos a vivir en conexión y a vivir plenamente de acuerdo con todo lo que significa vivir el yo propio, despertamos el inconsciente y tenemos mejor control de nuestra vida.

1. Es por medio del cuerpo que el hombre entra en contacto con el mundo material. De aquí que podamos calificar al cuerpo como la parte que nos hace conscientes del mundo.

2. El alma está compuesta por el intelecto, que nos ayuda a comprender el presente estado de existencia, y las emociones, que provienen de los sentidos. Puesto que el alma pertenece al propio ser del hombre y da a conocer su personalidad, se llama la parte que tiene conciencia de uno mismo.

3. El espíritu es la parte por la que nos comunicamos con Dios, y solo por él podemos percibir y adorar a Dios. Por esto, el espíritu es considerado como el elemento que posee conciencia de Dios. Dios vive en el espíritu, el yo vive en el alma y los sentidos viven en el cuerpo. El alma es el punto de unión entre el espíritu y el cuerpo, ya que ambos están fusionados allí. El hombre, a través de su espíritu, mantiene relación con el mundo espiritual y con el Espíritu de Dios, recibiendo y transmitiendo el poder y la vida del mundo espiritual. Por otro lado, el hombre se encuentra en contacto con el mundo externo sensorial a través de su cuerpo, recibiendo sus influencias y

también influenciándolo. El alma se encuentra en medio de dos mundos, aunque pertenece a los dos. Está ligada al mundo espiritual a través del espíritu, y al mundo material a través del cuerpo.

También posee el poder de la libre voluntad, por lo que puede elegir entre sus influencias ambientales. El espíritu no puede actuar directamente sobre el cuerpo, necesita un medio, y ese medio es el alma, creada por el contacto del espíritu con el cuerpo. Así pues, el alma se encuentra entre el espíritu y el cuerpo, manteniéndolos unidos. El espíritu puede someter al cuerpo a través del alma para que obedezca a Dios; de la misma manera, el cuerpo, mediante el alma, puede atraer al espíritu para que ame el mundo[53].

¿Por qué está tan anémica la alma del ser humano? Alimentamos el espíritu con 45 minutos los domingos a través de un predicador, sacerdote o apóstol, pero con el tiempo esto ha decepcionado tu alma. Luego, alimentamos el cuerpo, al menos durante una hora o dos, sin pensarlo, solo para satisfacer esa ansiedad de llenar ese vacío que tu mente te ordena. Esto lo hacemos saturando el cuerpo con grasas, carbohidratos excesivos, como pan, tortillas, arroz, pasteles, papas, bebidas gaseosas, dulces y alimentos procesados cargados de azúcar. Dedicamos esfuerzos a llenar el cuerpo con glotonería (Desorden Alimenticio).

¿Y el alma? Esta, se ha alimentado de todas las migajas que sobran del domingo, ¿y qué del resto de la semana? Este capítulo se basó en tu alma. No cabe duda de que el alma varía de persona a persona. Cada uno de nosotros somos responsables individualmente de aquello que se extenderá por la eternidad. La vida nos ha enseñado a los seres humanos a vivir con la mente vacía y corrupta, preocupándonos más del físico que de nuestra propia alma. ¿Ahora imagina al ser humano que no tiene a Cristo? ¿De qué están llenas esas almas?

---

[53] Reflexión basada en *"El hombre espiritual"* de Watchman Nee.

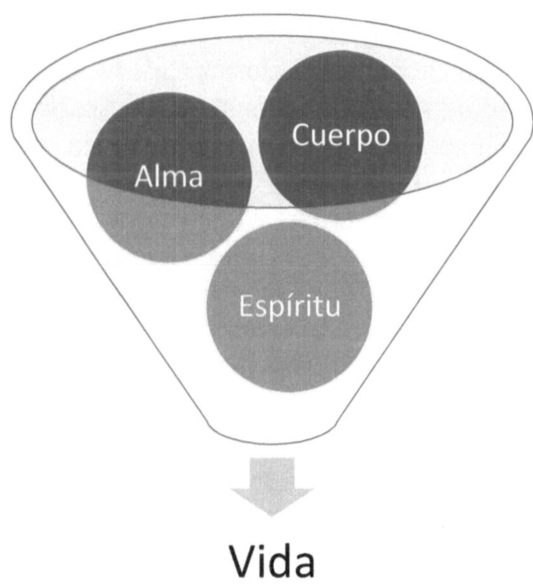

Job 10:1 dice: *"¡Ya estoy harto de esta vida! Por eso doy rienda suelta a mi queja; desahogo la amargura de mi alma"* **(NVI).**

Es una emoción del alma; hoy en día, la humanidad está sumergida en un abismo tan profundo por las injusticias de la vida que ya no saben qué pensar ni cómo pensar. Dios, para muchos, se ha convertido en un "dios": las drogas, el sexo y la bulimia nerviosa vienen a hacer un tipo de escape de la realidad, y el alma sigue sufriendo en silencio. Cuando Dios creó al hombre, le dio una libertad total: cuerpo, alma y espíritu; pero el hombre, en su ignorancia y sufrimiento emocional y psíquico, se aleja cada vez más de su Creador. El hombre que Dios creó no fue una máquina dirigida o controlada por Él; al contrario, le dio libertad absoluta de elección. Es tan grande y sublime el amor de Dios que El permite que tú y yo lleguemos a ser quienes queramos; es tu alma, Dios jamás nos priva de nuestra libertad.

Si eres cristiano, no abuses del amor de Dios. La vida nos ha enseñado que el hombre debe dedicar toda su vida a sobrevivir con el esfuerzo humano y alimentar el cuerpo con los frutos de su trabajo.

La vida ha depositado en cada ser humano lo que he llamado un "parásito", el cual se alimenta del alma. ¿Cuál ha sido tu parásito? El alma es como una esponja que, durante el transcurso de la vida, va absorbiendo todo. Está entre el espíritu y el cuerpo, y cuando llega a manos de su creador y este la toma y la exprima… ¿Qué saldrá?

Cuando Dios creó al ser humano en su totalidad perfecta, quiso que el espíritu tuviera el control absoluto, el alma como intercesor y el cuerpo como herramienta útil. El espíritu encargaba asuntos al alma, quien a su vez los ordenaba al cuerpo para llevarlos a cabo. Sin embargo, con el paso del tiempo y las enseñanzas de la vida, el ser humano ya no encuentra sentido o significado en su vida, por lo que se dedica a alimentar el cuerpo con los placeres de la vida, ofreciéndole migajas al mismo. El alma, como esponja entre espíritu y cuerpo, sufre en silencio a causa de la insensatez y la irresponsabilidad humana.

El hombre ha aprendido a no ser solo esclavo mental de la vida, sino que también arrastra a su alma al sufrimiento. Hasta que el hombre aprenda y llegue a reconocer que no es culpable de su pasado, sino responsable de su aquí y ahora, dejará de ser víctima de la vida.

Cuando comiences a encontrarle sentido a tu pasado, tu presente aquí y ahora comenzará a tener sentido, y de esta manera podrás construir un futuro con sentido. Un alma sin sentido es como tener un vaso vacío en tus manos. Nunca olvides que todos los grandes logros requieren tiempo y paciencia; lo único que te separa de lo que deseas en la vida es la voluntad de intentarlo y la fe de creer que es posible. No olvides que el estado natural del cuerpo es salud, el estado natural de la mente es paz, y por último el estado natural del espíritu es amor. No olvides que tanto tu cuerpo como tu alma escuchan a lo que tu mente les instruya.

Acuérdate de que el mundo en el que has vivido es el que has permitido que exista en tu mente y tu alma. La mayoría de los problemas en tu vida se deben a dos razones: actuamos sin pensar o pensamos demasiado y no actuamos.

Tienes que aceptar que la oscuridad más terrible en tu vida no es la que te rodea, sino más bien la que llevas dentro.

Estamos acostumbrados a vivir de forma miserable porque es más fácil, pero ser feliz es complicado, aunque mucho más entretenido. Lo que alimente tu alma, eso controlará tu vida. La vida siempre estará llena de diferentes obstáculos, pero los límites los impones tú.

Te voy a recetar una dieta básica emocional para todo tu ser. En las mañanas tu desayuno debe constar de estos ingredientes básicos:

1. Un plato lleno de **decisiones**.
2. Un vaso lleno de **fe**.
3. Un pan tostado lleno de **esperanza**.
4. Y en una bolsa, echa todo y llévatela llena de **ánimo**.

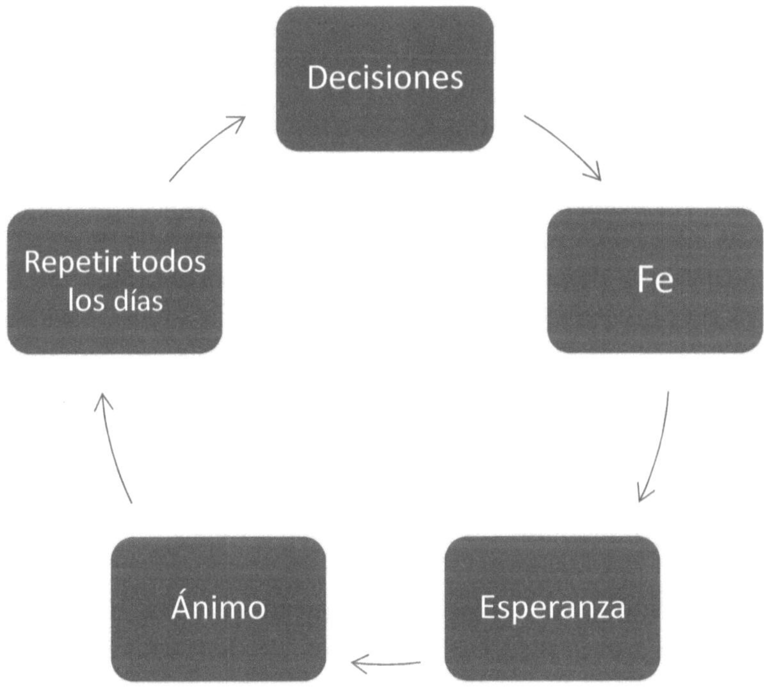

Lo siguiente es una ilustración:

> — Había un ratón que siempre estaba angustiado porque tenía miedo de un gato. Un día, decidió consultar con un mago para contarle de sus temores. El mago se compadeció de él y, entonces, lo convirtió en un gato. Pero el que ahora era gato, empezó a tener miedo del perro. Y, luego de ser convertido en perro, comenzó a tener miedo de la pantera. El mago, ya fastidiado, decidió volver a transformarlo en ratón una vez más, y le dijo: "Nada de lo que haga por ti va a servirte de ayuda, porque siempre tendrás el corazón y la mente de un ratón".

Si al terminar de leer este libro aún sigues con la misma mentalidad y un alma confundida, es que continúas con la mente de una persona ciega.

Ya has visto en capítulos anteriores todo sobre las decisiones y el ánimo; es tiempo de alimentar tu alma de esperanza. Una persona positiva y resiliente siempre convertirá sus problemas en retos, nunca en obstáculos. En otras palabras, hoy es el mañana que tanto te preocupaba ayer. Recuerda que nunca habrá peor enemigo en tu vida que tus propios pensamientos de esclavitud. Está bien si la vida te rechaza por ser sincero, pero no aceptes que te siga aceptando por ser hipócrita. Los hombres no se hacen a partir de victorias fáciles, sino en base a grandes derrotas.

"El más terrible de los sentimientos es el de tener la esperanza perdida" – **Federico García Lorca.**

Hoy en día, la realidad es que muchas personas han perdido la esperanza. Esta es la peor desventura que puede sufrir el ser humano. Vivir sin esperanza ni pasión es como recordar un pasado que ya no existe, un vacío que se percibe en todas las actividades cotidianas.

Ya no hay razón para desesperanza, ya que de la misma manera que hay un virus que se contagia, nosotros también debemos contagiarnos entre nosotros la esperanza. Hoy en día hay muchos desafíos que enfrenta la humanidad, podemos convertirnos en generadores de pesimismo al dejarnos llevar por todo lo negativo que se vive cotidianamente, ya sea a nivel económico o social, generando aún más incertidumbre y desaliento, lo cual solo aumentaría el vacío existencial. O podemos contagiar esperanza y optimismo, ya que esto nos ayudará a hacer cambios en nuestras vidas y a convertirnos de nuevo en los arquitectos de nuestro propio destino.

"De modo que cada hombre, incluso en condiciones trágicas, puede decidir quién quiere ser espiritual y mentalmente y conservar su dignidad humana" – **Viktor Frankl.**

La Biblia nos dice: *"Porque yo sé muy bien los planes que tengo para ustedes, afirma el Señor, planes de bienestar y no de calamidad, a fin de darles un futuro y una esperanza"* **(Jeremías 29:11 – NVI).**

Las personas con esperanza poseen una autoestima positiva y una gran resiliencia hacia la vida y sus adversidades. Estas personas son capaces de soportar el dolor con mayor facilidad, tienen un sentido de la vida con más visión y, lo que es más importante, prestan menos atención al estrés de la vida. Por otro lado, aquellos que tienen inteligencia, pero escaso de esperanza, ven la vida solo con los ojos, pero no con la mente, el espíritu y el alma.

Por lo tanto, dejemos de culpar al pasado, a la cultura y a la familia. Todos podemos hacer que la esperanza se eleve a un nivel positivo para así llegar a un futuro mejor. Alimenta tu esperanza a través de tus decisiones, fe y ánimo.

Como he mencionado anteriormente, habrá circunstancias y situaciones donde no tendrás control, pero tú tienes el poder para tomar tus decisiones. Tus alternativas son las que eliges para llevar tu manera de existir y encontrar el propósito de tu vida, en lugar de que la vida te siga embarazando de parásitos. La esperanza activa ciertas neuronas como la dopamina y la serotonina:

a) La **dopamina** desempeña una función que va más allá de recompensar cuando hemos realizado una acción placentera, como el sexo y la alimentación. En realidad, actúa antes de eso, liberándose para lograr algo bueno y evitar algo malo.

b) La **serotonina** es un químico presente en el cerebro que transmite señales entre neuronas, que son las células cerebrales, regulando la intensidad de esta señal. Se fabrica en el cerebro y los intestinos, y es la responsable de mantener un estado de ánimo positivo.

Así que la dopamina y la serotonina son neurotransmisores fundamentales para el correcto funcionamiento del cerebro:

a) **Dopamina:** Más motivación y felicidad; menos dopamina: más apatía y decaimiento.

b) **Serotonina:** Obtendrás menos dolor y tristeza; menos serotonina: vivirás más irritable, ansiedad y depresión.

En el camino de la vida, no todos te llevarán a tu propósito; así que comienza a crear tu propio camino; es tu alma la que lo debe hacer.

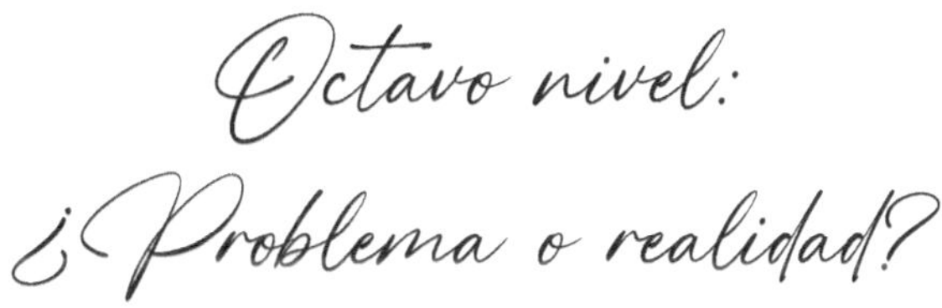

"La mayoría de los problemas en la vida se deben a dos razones: actuamos sin pensar o seguimos pensando sin actuar"[54].

Muchas veces en nuestra vida vivimos situaciones a las que no podemos cambiar; esto significa tratar de aceptar la realidad de aquellas situaciones que están fuera de nuestro control. Esto no significa que tengamos que estar de acuerdo con esa situación, conflicto o contradicción; o que nos rindamos. Pero al aceptar y comprender lo que es, le daremos al problema menos poder sobre nuestra vida para que podamos seguir avanzando.

Un problema es aquello que definitivamente altera la paz interna y la armonía dentro de un hogar, estudios o trabajo. Los problemas de la vida, en muchas ocasiones, mantienen al individuo en un estado de entumecimiento mental, ya que con el tiempo pueden afectar el estado de ánimo, el pensamiento y el comportamiento. Esto se debe a que muchas veces lo que parece ser un problema puede ser una realidad.

Hay que tener en cuenta el efecto dominó que producen los problemas en la vida, ya que estos traen consigo sus propios parásitos tales como el estrés, acompañado de confusión, frustración y mucho insomnio. Para diferenciar entre lo que es un problema y una realidad, es necesario adquirir una disciplina y una actitud, como hemos visto a través de cada capítulo de este libro.

---

[54] Cita de Zig Ziglar, el cual fue un escritor, vendedor, y orador motivacional estadounidense.

En el transcurso de mi vida durante muchos años fui esclavo de los problemas, pensaba que eran parte de la vida y de alguna manera había que aceptarlos.

De la misma manera en que un drogadicto llega a tener tolerancia hacia cierto tipo de drogas, el ser humano también puede llegar a un punto en el que aprenda a tener tolerancia hacia los problemas. Al igual que las drogas interactúan directamente con el cerebro y cambian el estado de ánimo, también hay un efecto de los problemas. Muchos llegan a desarrollar tolerancia hacia ellos y con el tiempo les cuesta aceptar si es real o si se trata de un problema en el que han estado viviendo. La mente a veces es muy caprichosa y gusta de recordar los problemas del pasado y no quiere aceptar la realidad. Es asombroso lo que puede llegar a hacer la mente humana y cómo puede tomar el control de tu vida. Los caprichos de la mente suelen ser los que activan esas emociones y pensamientos intrusivos que te hacen esclavo de tus problemas.

Cuántos seres humanos se pasan la vida esclavos de sus propios problemas. La vida es como un rompecabezas; cada pieza tiene su propósito y razón, un lugar y un por qué. No insistas en poner esa pieza donde no debe ir. Tal vez lo que estás experimentando en estos momentos de tu vida sea un problema o una realidad. Vivir confundido y en esclavitud mental toda la vida es vivir miserablemente, sin saber diferenciar lo que es un problema o una realidad. La realidad es que muchos se pasan la vida bajo los problemas y no sobre los problemas. La mayoría se acostumbra a escuchar el pasado y sus problemas como un cuento narrativo.

De lo cual han producido un tipo de amnesia y disociación con la realidad. Y estas personas que no hacen el esfuerzo por superar y tomar decisiones, como se mencionó en el capítulo primero, llegan a desarrollar lo que se denomina como preocupación crónica. Esta preocupación crónica se debe a cuando la persona se obsesiona con un mismo problema, sin llegar a ningún tipo de madurez o solución, y esto causa que la realidad se vea más pequeña y el problema se expanda.

"A veces los problemas no requieren una solución para resolverlos; en su lugar, requieren madurez para superarlos" – **Steve Maraboli.**

Los problemas son situaciones o asuntos que están pendientes de una solución, por lo tanto, hay que saber aceptarlos y realizar el trabajo para encontrar esa solución. Esto significa que el tuyo y el mío es buscar una respuesta, aunque no será fácil, requiere de estar más receptivo, abierto y generoso de ideas. Un problema es algo que requiere una solución, un esfuerzo propio que te ayudará a formar un carácter positivo. El problema no es la vida, el problema eres tú, ¿quién no tiene problemas en su vida? Recuerda que si hay un problema es porque hay una solución, es un problema lo que te indica que es un área más de aprendizaje en tu vida.

Lo siguiente es una historia que nos reta a discernir lo que es un problema a solucionar y lo que es una realidad:

<u>EL ÁRBOL DE LOS PROBLEMAS</u>[55]

Un leñador que había contratado para ayudarme a talar un bosque acababa de finalizar un duro primer día de trabajo. Su cortadora eléctrica se había dañado y le había hecho perder una hora de trabajo, y después su viejo camión se negó a arrancar. Mientras lo llevaba a casa, en mi coche, se sentó en silencio. Una vez que llegamos, me invitó a conocer a su familia. Mientras nos dirigíamos a la puerta, se detuvo brevemente frente a un pequeño árbol, tocando las puntas de las ramas con ambas manos. Cuando se abrió la puerta, sucedió una sorprendente transformación. Su cara bronceada estaba llena de sonrisas. Abrazó a sus dos pequeños hijos y le dio un beso a su esposa. Posteriormente me acompañó hasta el coche. Cuando pasamos cerca del árbol, sentí curiosidad y le pregunté acerca de lo que le había visto hacer un rato antes: "Oh, ese es mi árbol de los problemas", contestó. "Sé que no puedo evitar tener problemas en el trabajo, pero una cosa es segura: los problemas no pertenecen a la casa, ni a mi esposa, ni a mis hijos.

---

[55] Autores: Jaime Lopera Gutiérrez y Marta Inez Bernal Trujillo.

Así que simplemente los cuelgo en el árbol cada noche cuando llego a casa. Luego, en la mañana, los recojo otra vez". "Lo divertido es", dijo sonriendo, "que cuando salgo en la mañana a recogerlos, no hay tantos como los que recuerdo haber colgado la noche anterior".

Cuando permitas que un problema tome el control de tu vida hasta el punto de vivir obsesionado, esto impedirá que puedas ver y tomar mejores decisiones para aprender cómo llegar a ser. La preocupación nunca resolverá ningún problema; al contrario, hará que magnifiques aún más el problema. Nunca podrás evitar que los problemas toquen a tu puerta, pero sí puedes evitar que se queden cómodos en tu vida. Debes aprender a dejar de exagerar los problemas, a no hacer montañas de unos simples granos de arena.

Un ejemplo bíblico: Durante el ministerio de Jesús aquí en la tierra junto con sus doce discípulos entre ellos había uno llamado Judas. Jesús sabía la verdad acerca de Judas y miraba la situación como una realidad. Él no perdía el sueño ni dejaba de comer, sino que seguía comunicándose con su Padre. Así que Judas era una realidad con la cual Jesús tenía que lidiar.

Entonces, hoy en día, ¿tienes algún tipo de problema en tu vida a nivel familiar o en tu matrimonio o trabajo? ¿Un 'familiar Judas' del que por lástima no puedes deshacerte y prefieres seguir viviendo con el problema y todo, sin aceptar la realidad? La realidad es que para experimentar una libertad tanto emocional como psíquica, debes aceptar la realidad y comenzar a poner límites. Al hacerlo, aprenderás a poner finales necesarios en tu vida y asumirás la responsabilidad de tu libertad.

"La responsabilidad es el precio de la libertad" – Elbert Hubbard.

Cuán cierto es que, al querer escapar de la realidad y no hacernos responsables de los problemas, desarrollamos una conducta muy dañina en nuestro entorno, llamada patrones mal aprendidos.

Preferimos vivir engañándonos a nosotros mismos, creyendo que es solo un problema y nos convertimos en esclavos de éstos. El entorno externo ha depositado parásitos en nosotros, de un mundo de problemas, del cual solo nosotros, por nuestra necedad e ignorancia, deseamos vivir. Solo somos nosotros los responsables de nuestra vida, soluciones, decisiones y nuestra realidad.

Como mencioné anteriormente, la preocupación se convierte en crónica, porque has permitido que ese problema invada tus pensamientos. Te acuestas alimentando ese problema y, al levantarte, sigues alimentándolo. No olvides que la preocupación crónica puede llegar a producir con el tiempo ansiedad y conducir hasta un estado de depresión.

Tipos de parásitos problemáticos:

- *Políticos.*
- *Religiosos.*
- *Espirituales.*
- *De salud.*
- *Económicos.*
- *Sociales.*
- *Emocionales.*
- *Laborales.*

Cuando un parásito se está alimentando de tus decisiones incorrectas acerca de uno de estos problemas, esto llega a crear un efecto dominó en varias áreas de tu vida. Por ejemplo, cuando estamos preocupados por algún problema económico, esto nos conduce a tener problemas emocionales, o tal vez, a problemas de salud. El efecto dominó llega a afectar el ámbito laboral, así como el espiritual: preguntas como "¿por qué si Dios existe?" pueden llegar a desarrollar problemas sociales.

No hago énfasis en el ejemplo religioso simplemente porque este siempre será un tema entre las creencias de los hombres, y sabemos que existen parásitos religiosos, los cuales suelen llenar las iglesias.

Estos parásitos son los más asquerosos que puedes experimentar en tu vida, pues incluso pueden llegar a superar las ideas políticas, generando guerras de religión. ¿Son problemas o realidades?

***"El cristianismo podría ser bueno, si alguien intentara practicarlo"* – George Bernard Shaw.**

La siguiente ilustración muestra cómo debemos ver y analizar un problema. Observe cómo el problema es el círculo más pequeño y la realidad es el más amplio y cubre los pasos adecuados a seguir para tomar mejores decisiones en cada aspecto o circunstancia problemática que se te presente en tu vida.

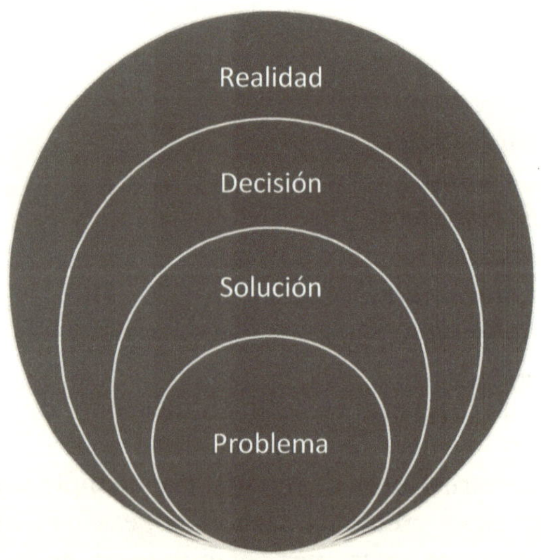

"Los hombres se esfuerzan por alcanzar el mayor significado posible en su existencia y por realizar el mayor valor posible en su vida"[56].

---

[56] Cita de la página 85 del libro *"The feeling of meaninglessness" por* Viktor Frankl.

Como seres humanos, tenemos la responsabilidad de esforzarnos para alcanzar nuestras metas y demostrar que tenemos la capacidad de experimentar y vivir la vida. No te olvides de que tienes la libertad de decidir qué quieres hacer cada día para ser mejor persona y vivir una vida más positiva y eficaz.

Ahora bien; una realidad sin sentido seguirá siendo un problema, las decisiones que tomes deben tener sentido en tu vida, ya que esto forma una gran manera de tomar decisiones formales y racionales. Deja de vivir en contra de ti mismo; como mencioné antes, mientras el cerebro construye la mente, destruye.

En su libro *"Making Contact"*, la terapeuta Virginia Satir menciona **cinco libertades**:

1. La libertad de ver, oír y percibir lo que es aquí y ahora, y no lo que fue, será o debió ser
2. La libertad de pensar lo que uno piensa y no lo que uno debería pensar.
3. La libertad de sentir lo que uno siente y no lo que debería sentir.
4. La libertad de preguntar lo que uno quiere, sin esperar permiso.
5. La libertad de tomar riesgos por uno mismo, sin elegir ir a lo seguro.

En muchas ocasiones, al visitar a mis amigos de escuela en Puerto Rico, podía observar la falta de libertad en ellos como seres humanos, a causa de uno o varios problemas que existían dentro de aquellas casas. Lo que antes eran hogares a través del tiempo, los problemas dentro del vínculo familiar fueron incapacitando y endureciendo las emociones hasta el punto de convertirse en casas llenas de disfuncionalismo.

Cuando aprendemos a encontrar la solución a cada problema, tomar las decisiones correctas, ya sea como familia o individualmente, la realidad es que como ser humano podrás enfrentar la vida y satisfacer tus necesidades, recobrando tu energía, experimentar tu libertad y llenar ese vacío a causa de los problemas que tomaron el control de tu vida.

Deja de estar viviendo con anorexia emocional. En otras palabras, tu nutrición psicológica es pobre, con niveles muy altos de "grasa" de problemas. Aprende a comer más saludablemente, "orgánico" en la realidad.

Hoy en día necesitamos conocer mejor las capacidades que cada uno posee, ya que estamos viviendo días en que los valores se debilitan cada vez más y la falta de sentido común se acrecienta, lo cual nos lleva a vivir con problemas, careciendo de iniciativa y control. La humanidad, por falta de conciencia hacia la verdad y el conocimiento de una situación y una realidad, ha sido motivo de vivir atormentados emocional y psicológicamente, y esto los lleva a vivir un vacío interior dentro de ellos mismos a causa de los problemas de la vida.

Existe una gran brecha entre lo que una persona es y lo que debería convertirse. Los problemas causan muchas veces temor, lo que constituye un gran problema, ya que los miedos están relacionados con lo que una persona percibe como una amenaza para su vida.

El miedo se convierte en un problema cuando una persona se asusta de cosas que no son reales; nuestra tarea es identificar si ese problema es una realidad. En muchas ocasiones, la mayoría de los seres humanos son tan afectados por un problema que éste puede llegar a afectar la vida cotidiana y generar problemas en la misma.

Por ello, muchos acuden a la consejería para tratar este tipo de problema, lo cual puede llevar a manifestarse en un trastorno de salud mental. Si ese problema no se reconoce como una realidad, puede llegar a afectar la familia, el trabajo, la religión y, por supuesto, afectará el estado de ánimo, el pensamiento y el comportamiento.

Así pues, te recomiendo que vuelvas a analizar la ilustración de la página anterior para poder entender mejor el problema y poder trabajarlo adecuadamente.

¿Cuáles son los síntomas o signos que demuestran cómo este "problema" ha transformado tu vida?

- **Sentimientos de tristeza o desánimo.**
- **Pensamientos confusos.**
- **Alejamiento de amistades.**
- **Cansancio, baja energía.**
- **Desconexión de la realidad.**
- **Problemas con el consumo de drogas.**
- **Cambios en el deseo sexual.**
- **Exceso de enojo.**
- **Cambios alimenticios.**

Dentro del núcleo familiar, cuando un problema llega y no se toman las decisiones adecuadas, el padre como cabeza del hogar puede comenzar a tomar decisiones incorrectas, lo cual lleva a que toda la familia se vea arrastrada. Esto provoca que la familia pase de ser una "normal" a una disfuncional, perdiéndose la libertad en el hogar y deteriorándose con el tiempo, debido a la incapacidad para hacer frente al problema. La ansiedad, originada por una situación o problema estresante, magnifica el problema y reduce las posibilidades de una solución positiva. Se olvida que como familia es necesario mantener una comunicación entre todos los miembros, de modo que cada uno tenga la oportunidad de opinar y llegar así a la realidad para tomar las decisiones correctas.

En una familia funcional, se valora el aprecio entre sus miembros y se tienen en cuenta sus opiniones. Esto enseña a los hijos desde la infancia a reconocer cuando hay un problema a nivel individual o familiar y a buscar soluciones.

La modificación de pensamientos se basa en la creencia de que el cambio es posible. Como consejero, una de las partes más gratificantes es ver cómo las personas cambian su forma de pensar acerca de los problemas de la vida. Esto tiene un impacto positivo, no sólo en la vida de una persona, sino en toda su familia, su trabajo y sus estudios.

No hay nada mejor que ver a la gente encontrar el camino hacia la realidad y los valores internos. La realidad es clave para la felicidad, mientras que los problemas son la clave para la miseria. Alimentar la realidad nos permitirá ir más lejos que alimentar el problema. Las personas con una mentalidad de crecimiento están constantemente monitoreando si lo que están enfrentando es un problema o una realidad.

La Biblia nos dice en el libro de Proverbios 10:14: *"Los sabios atesoran conocimiento, pero la boca del tonto es ruina cercana"*. Tonto, o sea, ignorante; tipo de persona que vive esclavizada a los problemas y constantemente en ruina.

Vivir de esta manera tan solo por no hacer un esfuerzo y poder "llegar a ser" y adquirir autoconciencia... La autoconciencia es la capacidad que tiene una persona para practicar la introspección, la cual incluye tomar conciencia de la percepción de las propias fortalezas, debilidades, cualidades, defectos, ideas, pensamientos, creencias, ideales, respuestas, reacciones, actitudes, motivaciones y emociones[57].

No hay ningún ser humano que pueda quedar exento de los problemas; esto es un hecho inevitable. Pero todos deberíamos esforzarnos por aprender a enfrentar los desafíos de la vida día a día. Los problemas pueden hacerte sentir abrumado y con estrés, lo que puede llevar a una fatiga emocional.

"Hablar de nuestros problemas es nuestra mayor adicción. Rompe ese hábito, habla de tus alegrías" – **Rita Schiano.**

Me gustaría relacionar el abuso de las drogas con la manera en que se hace abuso de los problemas. Tal y como dice la frase, hacemos una adicción al magnificar más los problemas que las soluciones que existen día a día. El abuso de las drogas es una experiencia muy dolorosa para aquellos que tienen algún ser querido en dichas situaciones; buscamos ayuda psicológica en varias situaciones, consejo en familiares y nos pasamos la vida con ese temor de no querer aceptar que ese ser querido ya no es un problema, sino más bien una realidad.

---

[57] Fuente de referencia: Spiritual Science Research Foundation.

Estos problemas hacen impotentes a ese núcleo familiar. Hay que entender que tanto los efectos de las drogas como muchos de los problemas tienen y tendrán un efecto mental, así como físico. Es increíble, pero hay personas que les gusta acumular problemas.

Cuando aprendemos a manejar los "problemas", comenzamos a sentirnos menos abrumados y estresados. Lo primero que debemos hacer es identificar si se trata de un problema o de una realidad. Muchas veces gastamos tiempo alimentando el problema, cuando, si aceptásemos que la verdad es una realidad, tendríamos más tiempo para valorar la vida aún más. Las personas deben aceptar y desarrollar su potencial para lograr vivir en paz y conocimiento. La vida es un problema, pero, una cosa es segura: yo soy la realidad en la vida. La seguridad y la confianza en uno mismo harán sentirnos más seguros de nuestras capacidades. Debemos comprender que internamente somos personas capaces, más capaces que los problemas. La confianza y la autoestima harán y nos ayudarán a sentirnos más preparados para hacer frente a los problemas de la vida y llegar a ser. Los problemas siempre buscan secuestrar las habilidades de las personas, incluyendo la paz emocional y el funcionalismo cognitivo. El 99% del daño que hacemos a nuestra mente es causado por nuestros propios pensamientos. El 1% del daño es causado por la realidad (lo que realmente sucede y el resultado). La mayoría de las veces, el problema no es el problema; la manera en la que pensamos acerca del problema sí lo es. La mayoría de nuestros problemas pueden ser solucionados arreglando nuestros pensamientos[58].

Rompe con el hábito de alimentar los problemas, no les des más lugar del que merecen en tu vida. Los problemas se nutren de la preocupación. Explora la búsqueda del significado en el presente de tu existencia, experimentando el significado y el propósito de la vida, que ofrece un sentido de existencia y lleva a sentimientos de realización y satisfacción. El problema de nuestro tiempo es que la gente se encuentra atrapada en una sensación de falta de significado.

---

[58] Fuente de referencia: *Psicología y Reflexiones.*

El problema, la realidad y el sentido de tu vida están basados en la libertad de tomar tus propias decisiones. Incluso en situaciones inmutables, tienes la opción de cambiar tu actitud hacia la misma. Es importante aprender a distinguir qué problemas puedes cambiar y cuáles no debes sacrificar tu tiempo intentando solucionar.

Aprende a transformar tu vida y no permitas que los problemas de la vida sigan manipulando tu existencia. Comienza a mirar los problemas desde la distancia, de esta manera podrás hacer un análisis más profundo con calma. Al despertar cada día, no comiences alimentando el problema; más bien, inicia alimentando tus pensamientos de manera positiva. De esta forma, estando sereno, no enfrentarás el problema, sino que lo abordarás, lo que te permitirá desarrollar una actitud más positiva y proactiva. Estamos acostumbrados a ver los problemas únicamente con los ojos, pero cuando aprendas a verlos con tu mente, entonces comprenderás los recursos que hay más allá del problema, permitiéndote aceptar que hay otra realidad en tu vida.

Los pensamientos positivos son útiles para tu vida, esto no quiere decir que debas ignorar el problema, sino que el pensamiento positivo te permitirá afrontarlo de una manera más constructiva. Esto cambiará tu perspectiva, ya que comenzarás a creer que lo mejor va a venir en lugar de lo peor. El afán y la ansiedad son problemas comunes de la vida, y una persona introvertida puede experimentarlos sin tener la capacidad psicológica, emocional y espiritual para superarlos. ¿Pero qué pasa con los cristianos?

> *"Por tanto, os digo: No os afanéis por vuestra vida, qué comeréis o qué beberéis; ni por vuestro cuerpo, qué vestiréis. ¿No es la vida más que el alimento, y el cuerpo más que el vestido?"* **(Lucas 12:25).**

De acuerdo al significado original, la palabra "afán" en griego "merimna" significa ansiedad, preocupación, lo que divide, lo que distrae la mente y lo que hace girar la mente de la persona angustiada en diferentes direcciones.

No podemos salir de Egipto, sino que debemos vivir en el mundo. Se puede ver cómo el versículo de Lucas 12:31 comienza haciendo énfasis en "tu vida" (vuestra vida) y luego hace énfasis en "la vida", como si dijera: *"¿qué es la vida, sino…?"*. Él nos dice: *"No os afanéis, pues, diciendo: ¿Qué comeremos, o qué beberemos, o con qué nos vestiremos?"*.

Lucas 12:32: *"Porque los gentiles buscan todas estas cosas; pero vuestro Padre celestial sabe que tenéis necesidad de estas cosas".*

¡Pero tú no! ¡Tú tienes la libertad de elegir tu Vida! No permitas que la vida siga controlando tu Vida, llenándote de parásitos, llamados problemas. Busca a tu Padre Celestial, Él sabe que tienes necesidad de todas estas cosas. Él te ofrece una vida de bendición, de libertad y de victoria.

Ahora bien, tanto si nos enfrentamos a un problema exterior como interior, poseemos en nuestro interior ciertos mecanismos de defensa inconscientes que nos permiten estar en paz con nosotros mismos y con los que nos rodean. Estos mecanismos tienen la función de reducir al máximo las consecuencias de una situación emocionalmente intensa, para que el individuo pueda seguir funcionando de manera normal.

Las funciones de los mecanismos de defensa son las siguientes:

- Lograr un reequilibrio entre las realidades internas y las externas.
- Autorregular la posibilidad de satisfacer los impulsos.
- Facilitar una adaptación adecuada con la sociedad.
- Permitir un correcto desarrollo de la personalidad.
- Proteger el equilibrio emocional.

Todos tenemos pensamientos, sentimientos, impulsos y recuerdos que pueden ser difíciles de manejar debido a los problemas; en algunos casos, las personas lidian con estos sentimientos mediante lo que se conoce como mecanismos de defensa. Estos mecanismos son respuestas psicológicas inconscientes que protegen a las personas de la ansiedad, amenazas a la autoestima y cosas que no quieren pensar o tratar. Se cree que estos mecanismos de defensa protegen la mente de sentimientos y pensamientos que son demasiado difíciles de manejar para la mente consciente.

No todos tenemos la capacidad o resiliencia para afrontar los problemas; en algunos casos, se cree que los mecanismos de defensa evitan que los pensamientos e impulsos inapropiados o no deseados entren en la mente consciente.

La resiliencia es la admirable capacidad que le permite a algunas personas afrontar las diversas adversidades que se les presentan en la vida cotidiana. Esta nos permite desarrollar comportamientos positivos ante el estrés y los conflictos que se presentan en la vida humana.

Todos pasamos por situaciones difíciles; cada uno de nosotros debe enfrentar la decepción, la pérdida y el cambio como parte de nuestro diario vivir; ser resiliente no significa que esos momentos se vayan, sino que ahora tenemos las herramientas para afrontarlos mejor. Cuando tienes resiliencia, aprovechas la fuerza interior que te ayuda a superar cualquier problema o desafío, lo que te hace sentir menos abrumado y evitar recurrir a mecanismos poco saludables, como el abuso de sustancias.

Consejos para mejorar tu resiliencia de acuerdo a la clínica Mayo:

- Conectarse. Construir relaciones sólidas y positivas con sus seres queridos y amigos puede brindarle el apoyo y la aceptación que necesita en los buenos y malos momentos.
- Haga de todos los días algo significativo. Establezca metas que le ayuden a mirar hacia el futuro con sentido.
- Aprenda de sus experiencias pasadas, considere las habilidades y estrategias que lo ayudaron en esos momentos difíciles. Si es necesario, escriba sobre ellas en un diario para ayudarlo a identificar patrones de comportamiento positivos y negativos.
- Mantenga la esperanza, acepte los cambios incluso anticipados para que sean más fáciles de adaptar.
- Cuídese a sí mismo, participe en actividades y pasatiempos que disfrute, incluya la actividad física en su rutina diaria, duerma lo suficiente, lleve una dieta saludable, practique el manejo del estrés y técnicas de relajación, incluyendo la oración.
- Sea proactivo, no ignore sus problemas, descubra lo que se debe hacer, haga un plan y actúe con mucha sabiduría.

Ahora bien, ya que hemos visto y analizado las diferentes capacidades que poseemos como seres humanos, aclaremos un poco más sobre el consciente y el inconsciente. La mente consciente alberga todos los pensamientos, recuerdos, sentimientos y deseos de los que somos conscientes en un momento dado. Por otro lado, el inconsciente contiene contenidos que no son aceptables ni deseables, como sentimientos de dolor, ansiedad o conflicto. En otras palabras, la mente inconsciente es un depósito de sentimientos, pensamientos, impulsos y recuerdos que se encuentran fuera de nuestra conciencia consciente.

"La llave del crecimiento es introducir altos niveles de conciencia en nuestra vida" – **Lao Tse.**

Aprender a vivir con conciencia es aprender a bajarse del león. Confrontar los problemas con conciencia. Para muchos es más fácil seguir con las rutinas diarias y sus problemas. Cuando dejas de estar consciente, los problemas empeoran, y todo vuelve a la "normalidad". La realidad deja de existir y el inconsciente toma el control de tu vida. La mente está alimentada de los parásitos del inconsciente. Vivir de manera inconsciente significa vivir bajo el control de la vida, ya que no has podido llevar tú el control de tu vida. La vida ha anestesiado tu conciencia, impidiéndote tomar decisiones correctas ante los problemas de tu vida, lo que ha hecho que vivas una vida desdichada. La tarea es vivir con conciencia, tomar el control de tu vida y no que la vida siga en control.

Lo que ha sucedido es que has aprendido a vivir en piloto automático, ha sido mucho más fácil dejarse alimentar de los pechos de la vida y dejarse arrastrar sin pensar, viviendo una vida llena de problemas, cuando la realidad podría ser diferente.

Es difícil dejar de vivir la rutina diaria a la que estás acostumbrado y comenzar a hacer para poder llegar a ser. ¡Empieza con la ilustración que viste anteriormente! Esto te ayudará a desarrollar una forma positiva de hacer realidad tu vida y no permitir que los problemas se conviertan en tu realidad.

Para deshacerse de un problema, es necesario saber cuál es la raíz del mismo. Esos problemas suelen provenir del inconsciente, por lo que hay que hacerlos conscientes. Lo cual puede incluir emociones no agradables, pensamientos intrusivos, cultura, creencias, patrones mal aprendidos, y también decisiones incorrectas de tu parte.

Con el tiempo, uno puede acumular problemas en el inconsciente que llevan a desarrollar sentimientos y creencias inconscientes. Estos sentimientos pueden llevar a la angustia, lo que conduce a pensamientos autodestructivos, tanto para el individuo como para su entorno.

Cada persona tiene un conjunto único de experiencias de vida que le permiten desarrollar sus creencias, valores y percepciones. Cuando estamos conscientes y vivimos en el nivel de conciencia consciente, estamos presentes con nuestro entorno, nuestros pensamientos y nuestros sentimientos. Comenzamos a observar nuestros pensamientos y estados emocionales en lugar de ser controlados por ellos. De niños, no tuvimos una opción o una base de conocimiento, y aceptamos lo que se nos enseñó. Como adultos, tenemos la libertad y las opciones para desaprender y reaprender. Podemos empezar a percibir los problemas como son, y comenzar a crear una realidad. Debes tener en cuenta que el término "conciencia" se refiere al "estado de alerta" o al estado de claridad. Viktor Frankl define la conciencia como "la capacidad de percibir totalidades llenas de sentido en situaciones concretas de la vida".

La conciencia nos capacita no solo a vivir, sino también a convertirnos en seres humanos. Esto hace que podamos vivir el aquí y el ahora, la realidad de la vida, y no seguir con anestesia mental. ¿Es un problema o una realidad lo que has estado experimentando en tu vida? El problema radica en aceptar la realidad tal cual es. Todos somos diferentes, todos tenemos problemas diferentes, todos vemos los problemas de modo distinto, pero no todos queremos aceptar la realidad. Siempre tendrás opciones, pero a menudo no eres consciente de ellas. Si te sientes atrapado por un problema que te parece sin sentido, cuando seas consciente de las opciones, ya no te sentirás como una víctima indefensa de la situación.

Es por ello que debes distinguir entre los problemas que puedes cambiar y aquellos que debes aceptar como realidad. Una de las formas más directas para darte cuenta de que tienes opciones es hacer una lista de posibilidades. Esta lista te ayudará a seleccionar aquello que sea más significativo para ti y a discernir entre un problema y una realidad. Luego, debes enumerar las posibles soluciones a tu problema, incluso aquellas que al principio no parecen prácticas o parecen ridículas.

¿Recuerdas en capítulos anteriores sobre la modificación de pensamientos? Todos tenemos problemas, llevar cargas, sufrir dolores, pero lo que puede romper a una persona tal vez sea ignorado por otra, o tomado como un desafío por una tercera persona. No es tanto el predicamento lo que es importante, sino la actitud con la que tomas y haces elección de la circunstancia.

La pirámide de la autosuficiencia

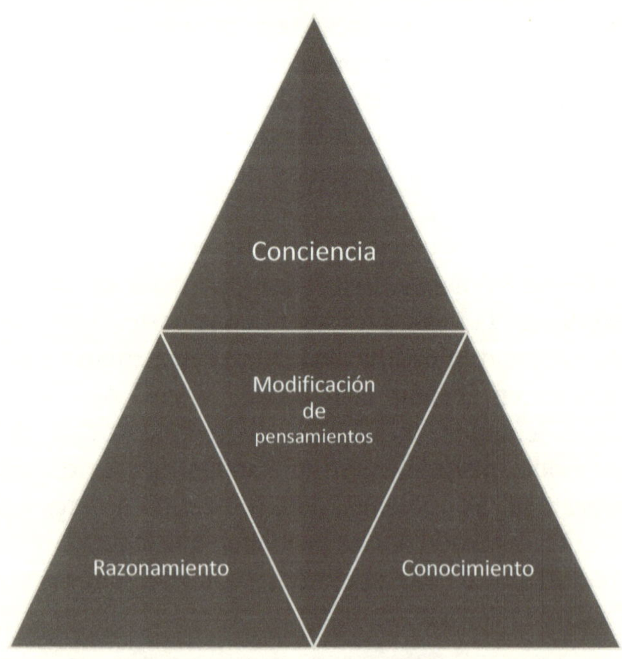

* **Aceptando la realidad**[59]**.**

Presta atención cuando estés luchando contra la realidad. El primer paso para aceptarla es tomar conciencia de que estás resistiéndote a ella.

Puede parecer fácil de detectar, pero en realidad hay muchas formas sutiles en las que las personas se oponen a la realidad.

Si se sienten amargados o resentidos, desean que las cosas sean diferentes o piensan que la vida no es justa, entonces probablemente estén luchando contra la realidad.

Recuerda que no se puede cambiar lo que ya ha ocurrido. Antes de hacer las paces con la realidad, hay que reconocer que no se puede volver atrás. Esto puede resultar difícil y doloroso, pero al identificar lo que se puede y lo que no se puede controlar, se puede dirigir la energía hacia la superación de las cosas que no se pueden cambiar.

Acepta tus sentimientos. Es posible que todavía sientas enfado, miedo, abrumamiento o soledad, y eso está bien. Aceptar la realidad significa también permitirte experimentar estos sentimientos sin juzgarte a ti mismo. Al aceptar tus sentimientos, puedes trabajar con ellos de forma saludable.

Finge que aceptas la realidad. Aunque todavía te cueste aceptar la realidad por completo, piensa como sería si lo hicieras. ¿Cómo actuarías si simplemente aceptaras las cosas como son? ¿Cuál sería tu siguiente paso? Cambiar tus comportamientos y acciones para reflejar la "aceptación fingida" puede ayudarte a cambiar realmente tus pensamientos.

Relaja tu cuerpo. Si te sientes estresado o te enfrentas a la realidad de tu situación, es muy probable que tu cuerpo esté tenso. Esto se asocia a menudo con la resistencia y mantiene la mente en alerta máxima. Relajar físicamente el cuerpo puede ayudarte a sentirte más preparado para aceptar la realidad.

Utiliza declaraciones de afrontamiento. Son frases que te recuerdan que es posible pensar de forma diferente y más sana.

---

[59] Los datos fueron obtenidos exclusivamente del Mental Health América.

Repetirlas puede ayudarte a superar los momentos difíciles: puedes centrarte en una sola frase o crear una larga lista.

Algunos ejemplos son:

— "Es lo que es".
— "No puedo cambiar lo que ya ha ocurrido".
— "Puedo aceptar las cosas como son".
— "Solo puedo controlar mis propias acciones y reacciones".

Si te sirve de ayuda, escribe tus frases de afrontamiento en notas adhesivas y colócalas en lugares donde las puedas ver varias veces al día. O programa una alarma/crea un evento en tu teléfono con una frase de afrontamiento para que aparezca un recordatorio en diferentes ocasiones.

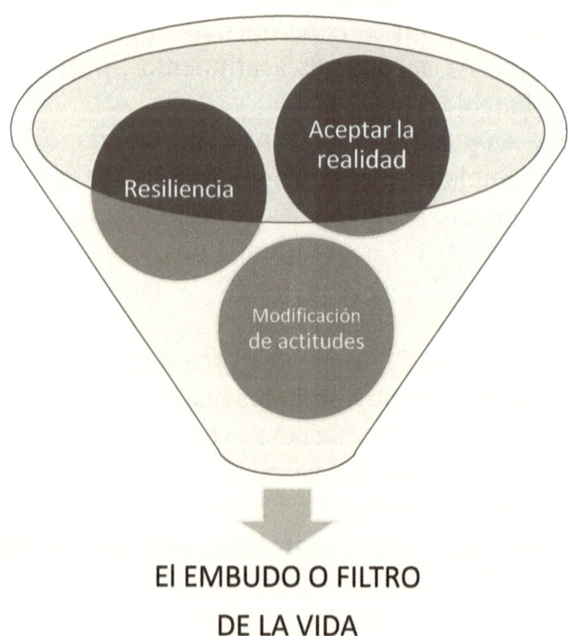

A través de estos recursos, en cada capítulo del libro, puedes no solo leer, sino también analizar. Comienza a cambiar ese filtro que has estado usando toda tu vida, de esta manera podrás hacer frente a los problemas. Con un filtro viejo reemplazado por uno nuevo, podrás afrontar cualquier dificultad que se te presente en el futuro. Filtra esos pensamientos negativos, todo en la vida tiene una solución, aunque pueda tomar un poco de tiempo. La vida está más llena de soluciones que de problemas, cambia el filtro de tus pensamientos, emociones y tu cuerpo te lo agradecerá.

Noveno nivel: El daño espiritual desgarra el alma.

"Caminante, no hay camino, se hace camino al andar"[60].

Machado nos habla de la vida; el camino de nuestra vida lo hacemos nosotros cuando andamos por la vida, no tenemos por qué seguir el camino que han hecho otros, a menos que estos hayan sido de edificación. A través del desarrollo de este libro hasta aquí hemos recibido instrucción sobre el tema de los caminos en la vida y sufrimiento emocional, psicológico y espiritual; un dolor que desgarra el alma. Y lo más impactante es que nos olvidamos y cometemos el mismo error: estamos tan acostumbrados a seguir a los demás que caemos en las garras del poder, el placer y la religión, olvidándonos que existe un Dios y conformándonos más con esa religión y sus parásitos, dejando de lado la relación con Él.

Llegar a ese punto, donde creemos que el refugio está en la iglesia y no en Dios, puede llevarnos a convertirnos en una adicción. Somos y eres libres de hacer y llegar a ser, libres de tomar decisiones y de tener una actitud. La realidad está en tu mente, tu mundo. El camino, la verdad y la vida ya están dentro de nosotros; lo que falta es aprender a conectarnos con Él, y no solamente a través de una adicción religiosa.

"Donde reina la sabiduria, no hay conflicto entre el pensamiento y el sentimiento" – Carl Jung.

---

[60] Cita de Antonio Machado (1875-1939), el cual fue un poeta español, el más joven representante de la generación del 98.

Como hemos estado desarrollando todo sobre las emociones, quiero hacer énfasis en la capacidad espiritual que cada ser humano debe poseer para no solo vivir una vida emocional eficaz, sino también para recuperarse de los traumas espirituales. Debemos estar conscientes de que estos traumas no siempre son causados por obras narcisistas y satánicas, como muchos religiosos quieren hacer creer, sino por personas que buscan ser el número uno y que recurren a astucias para destruir a aquellos que buscan un apoyo espiritual. Hay tantos Diotrefes hoy en día en las iglesias, y muchos de ellos son los más cercanos a los "pastores", de acuerdo a 3ª de Juan 1:9-10.

La vida del ser humano es complicada, como has visto hasta este punto. Cada uno de nosotros es una entidad, somos la esencia, la unidad de algo y para algo en la vida. Hasta este momento, el libro ha tratado todas las opciones y recursos que me ayudaron a vivir una vida con propósito, con sentido, no dejando que la vida esté bajo mi control.

Este nivel, el que estás a punto de leer, incluye experiencias de la vida, tanto en el mundo religioso como en los problemas del mundo. Los problemas y adicciones de la vida, y todos sus parásitos, ninguno ha tenido un efecto tan doloroso en mi vida como el daño espiritual.

José Narosky escribió: *"El dolor físico lastima. El espiritual, desgarra".*

Así como he aprendido a hacer y poder "llegar a ser" como he repetido en muchas ocasiones, éste es mi consejo y mi perspectiva frente a la realidad que muchos cristianos no quieren aceptar, o muchos de los que tienen temor de ver la realidad. Amo a Jesucristo, creo en el Dios todopoderoso y en la guía del poder del Espíritu Santo. Pero ten cuidado con tantos narcisistas que existen dentro de las iglesias.

Para apoyar estos pensamientos, la Biblia dice:

Mateo 7:15: *"Guárdense de los falsos profetas, que vienen a ustedes vestidos de ovejas, pero por dentro son lobos rapaces"* **(RVA).**

Mateo 18:6-7 dice: *"Y cualquiera que haga tropezar a alguno de estos pequeños que creen en mí, mejor le fuera que se le colgase al cuello una piedra de molino de asno, ¡y que se hundiese en lo profundo del mar! ¡Ay del mundo por los tropiezos! Porque es necesario que vengan tropiezos, pero ¡ay de aquel hombre por quien viene el tropiezo!".*

Hay personas que sufren, pero también hay otras que hacen sufrir. La vida está llena de personas que no pueden vivir sin causar daño; su alimento es el dolor de sus víctimas. Muchos de estos "hermanos" mundanos se congregan en las iglesias, con el objetivo de producir daño tanto espiritual como emocional y físico. Son parásitos religiosos que, para sobrevivir, necesitan alimentarse de los sentimientos de los demás. Es una plaga que existe en las iglesias, que comienza desde los líderes y que llega hasta el punto de ser dominados y controlados por pastores narcisistas. La mayoría de estas personas que acuden a buscar refugio espiritual son individuos inteligentes, sinceros, talentosos y llenos de pasión por servir a Jesús. Pero tristemente, están siendo o han sido utilizadas y explotadas, y, sobre todo, convencidas por este tipo de narcicismo.

El narcisista es experto en la manipulación, no solo en la iglesia sino también en el trabajo y en sus hogares. Estas personas suelen ser de alto funcionamiento en iglesias, trabajos, liderazgo espiritual y jefatura de organizaciones. Carecen de empatía, pero son hábiles en actuar y aparentarla. Con frecuencia, son parte de grupos en los que un "líder", como un lobo rapaz, manipula y se alimenta de la energía de sus compañeros narcisistas. Muchos de ellos parecen escuchar, pero, mientras hablas, están intentando identificar tus debilidades para seguir planificando sus trucos demoníacos contra sus víctimas. En la iglesia, fingen ser una entidad falsa, y en el trabajo son realmente lo que son: narcisistas encubiertos. No solo destruyen almas en la iglesia, sino también emociones en el trabajo o en cualquier otra ocasión que se les presente.

Este tipo de narcisistas, egoístas encubiertos, siempre tendrán su manada de seguidores de los cuales reciben admiración y se sienten adorados por sus parásitos narcisistas. La personalidad narcisista se manifiesta como un sentimiento exagerado de importancia personal o singularidad. Están preocupados por fantasías de éxito o poder ilimitado; necesitan atención y admiración constantes. Respuestas extremas a amenazas a su autoestima y relaciones interpersonales perturbadas. Como regla general, estos individuos se ven a sí mismos como especiales y mejores que la gente común; buscan la riqueza, el poder y el prestigio para reforzar esta imagen de sí mismos.

A lo largo de los años, en mi vida cristiana desde finales del año 1984 y mi trayectoria como capellán, he venido analizando cómo muchos hermanos han manifestado que el vacío espiritual suele superar a todos los niveles emocionales, llegando incluso a desembocar en una bancarrota espiritual. Esta consiste en tristeza, rencor, aislamiento, agonía espiritual, desánimo emocional, sentimientos de culpa y vergüenza, pérdida de sentido de la vida y cambios en los valores espirituales o prácticas religiosas.

Un narcisista religioso, de acuerdo a la Biblia, dice: *"Y os ruego, hermanos, que vigiléis a los que causan disensiones y tropiezos contra las enseñanzas que vosotros habéis aprendido, y que os apartéis de ellos. Porque aquellos son siervos, no de Cristo nuestro Señor, sino de sus propios apetitos; y con palabras suaves y lisonjeras engañan los corazones de los ingenuos"* (Romanos 16:17).

Un narcisista es esclavo de su ignorancia y baja autoestima, lo cual hace que quiera hacer esclavos a los demás de una religión que se transforma con el tiempo en una adicción. A través de los años he podido observar cómo estas personas religiosas hacen esclavos a los de su entorno. He visto en estos "hermanos religiosos" que, con el paso de los años, sus hijos al llegar a la mayoría de edad salen corriendo de las iglesias a causa de la excesiva religiosidad narcisista. Para justificar sus creencias, estos padres narcisistas culpan al diablo.

Hago énfasis una vez más, no estoy hablando mal de las iglesias, sino más bien estoy tratando de ayudar a salir de esa drogadicción religiosa, de las garras de esos narcisistas encubiertos que existen en las iglesias. Mi punto de vista no solo es el de un capellán, sino también el de un consejero y con las experiencias de la vida, no solo del mundo, sino también de la vida cristiana y sus parásitos religiosos. Así es como llegué a comprender la gran diferencia entre lo que es espiritual y la adicción religiosa de la siguiente manera: Aprendí que la espiritualidad sana solo consiste en todo aquello que nos ayuda a procesar todo el mal que hay en la vida, así como en todo el mal que hay en nosotros mismos. Todo aquello que nos ayude a encontrar el camino, la verdad y la vida con lo que realmente debemos hacer para poder llegar a ser.

Es triste la batalla que todo ser humano carga a través de la vida, cargas emocionales, psicológicas y espirituales. Tratar de acudir a una iglesia para sanar espiritualmente y encontrarse con estos adictos religiosos, narcisistas, psicópatas, lobos rapaces y parásitos religiosos, es desolador. La adicción religiosa consiste y está basada en todo aquello que usamos como sustituto para procesar la vida, como un escape de la angustia interior que existe en todos. Es una cuestión muy personal. La vida cristiana debe ser como un viaje espiritual en el que debemos experimentar y vivir de acuerdo a las sagradas escrituras, y no a través de un "líder" religioso narcisista. Esto con el tiempo se puede definir como abuso espiritual. Los padres, influenciados por estos "líderes" narcisistas, nunca pueden ofrecer a sus hijos un ejemplo bíblico para el camino espiritual, sino a través de ese "líder" espiritual narcisista. Muchos de estos "líderes" narcisistas te hacen creer que para poder sanar tu espíritu, es solamente a través de sus enseñanzas y no a través de las enseñanzas de la Biblia.

De la misma manera que una adicción puede tomar el control absoluto de una persona, la adicción religiosa también puede tomar el control absoluto de nosotros, llevándonos a hacer y pensar cosas que son inconsistentes con nuestros valores personales, haciéndonos progresivamente más compulsivos y obsesivos. Esto se debe a los líderes autoritarios y autoproclamados, sus creencias, conductas y los diversos síntomas de la adicción religiosa.

Un ejemplo de una adicción religiosa sería: Ir a la iglesia porque el pastor nos reclamará si no vamos; las hermanas de oración nos echarán en cara el hecho de que faltemos a la oración; el tesorero nos llama la atención por no haber dado el diezmo. Estas personas manipuladoras hacen creer al hermano necesitado que tienen empatía por él. Recuerda que el interés de este tipo de personas es desprogramarte y convertirte en una de sus víctimas religiosas, como los parásitos que intentan infiltrar tus pensamientos. Estos narcisistas se convierten en lo que tú quieres que sean, con el fin de tomar el control absoluto de tu vida y desprogramarte. Con el tiempo, ya no necesitas de la Biblia, sino de ese narcisista encubierto que te dice que te ama espiritualmente y que solo él es la verdad. Es entonces cuando comenzaría el ciclo de adicción religiosa, como se muestra en la ilustración siguiente:

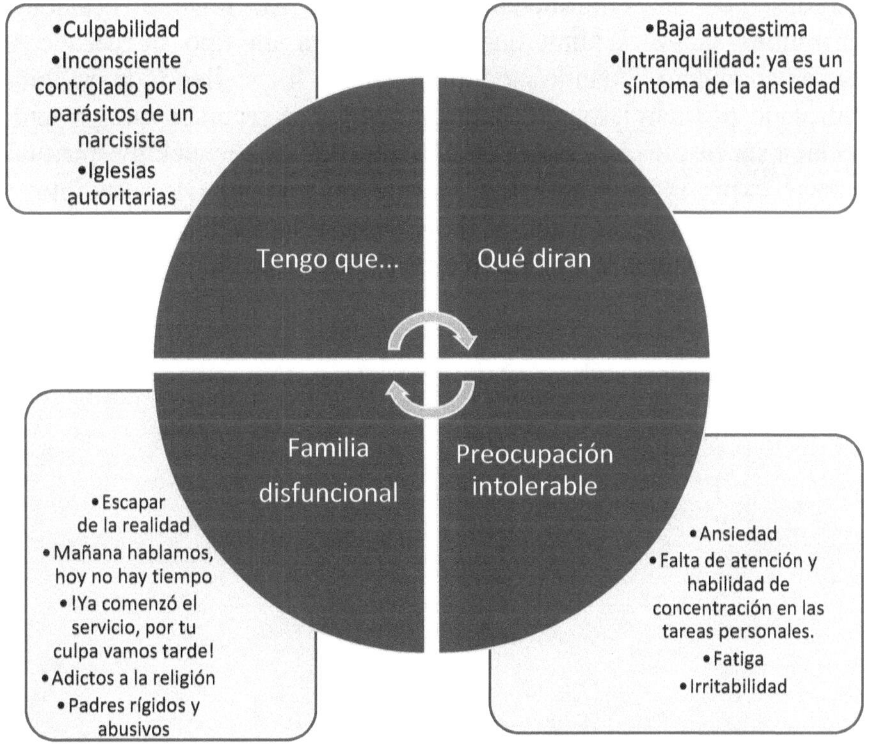

Es común hoy en día la variedad de experiencias religiosas a las que muchas personas, sin darse cuenta, son adictas. De la misma manera que un adicto usa drogas como una forma de alterar su mente, también se puede usar la experiencia religiosa para producir una alteración de la realidad. La gente llega a estar "intoxicada" con la religión. Se trata de un círculo vicioso del que, para muchos, les resulta difícil aceptar la realidad y buscar ayuda. Corren a la iglesia los domingos en busca de "oxígeno espiritual" ya que esta es una forma de vivir engañados, tratando de calmar su conciencia. Muchos creen que al dar el diezmo y cantar unos cánticos han logrado calmar su vida religiosa, cuando en realidad lo único que han conseguido es calmar su inestabilidad espiritual hasta el próximo domingo. Existe un vacío en nuestro interior que reclama ser llenado con lo verdadero y lo auténtico.

Como hemos visto a través de cada nivel de este libro, debemos ser conscientes de que la mayoría de las enfermedades son síntomas causados por las enfermedades del alma. En muchas ocasiones reprimimos tanto el alma que esta necesita un tipo de escape y, desgraciadamente, cuando acudimos a un lugar lleno de religión controlado por narcisistas, el alma y sus pocos recursos que ya tenía vienen a ser pisoteados. Esto con el tiempo causa alienación espiritual, es decir, expresiones de soledad, sentimientos de que Dios está lejos y ha desaparecido de la vida, y tristemente uno de los síntomas que pueden ser aplicados es el enfado espiritual.

El ser humano es tan sensible que aquellos seres no humanos toman ventaja de la humanidad. Deja de estar congregándote entre lobos rapaces, narcisistas y parásitos religiosos esperando ser alimentado por ellos. Corre a la Biblia, ella es nutrición. Estúdiala y medita en ella, de esta manera dejarás de ser presa de las religiones. Como todo en la vida, esto también será un proceso.

"*Él sana a los quebrantados de corazón, y venda sus heridas*" (Salmo 147:3).

Muchos religiosos que han recibido un lavado de cerebro desarrollan una fe adictiva y disfuncional. La mayoría de ellos han invertido su vida a la religión, en lugar de centrarse en Cristo. Esto es una fantasía y fanatismo del cual viven ahogados, y todo porque no aprenden a nadar espiritualmente hablando. Se acostumbran a vivir en una zona de conformismo espiritual. Y no solo ellos son los afectados; también sus hijos.

Se enseña a los hijos a creer más en la religión que se encuentra en la esquina de la casa, en lugar de conocer, depender y acudir al único y verdadero Dios. Tus creencias son las que moldean el mundo en que vives y enseñas a tus hijos a vivir. Se comienza a influenciar a los hijos a ser codependientes de la religión y no de Dios. Cuando surge algún problema, nos acostumbramos a acudir al pastor; necesitamos un consejo, acudimos al pastor; problemas en el matrimonio, acudimos al pastor; dificultades económicas, acudimos al pastor; y la Biblia llena de polvo arrumbada en un rincón de la casa. Esto sucede debido a la falta de preparación por parte de la mayoría de los pastores[61].

Esos "pastores", no solo son narcisistas, sino también instruidos en sus propios conceptos, sin ninguna enseñanza bíblica; simplemente se memorizaron unos capítulos y decidieron poner una iglesia porque sintieron una emoción, pero no un llamado de Dios. De la misma manera, inyectan e infectan con sus parásitos religiosos a sus seguidores.

> *"La vida espiritual es parte de la esencia humana. Es una característica definitoria de la naturaleza humana, sin ella, la naturaleza humana no es totalmente humana"* – **Abraham Maslow.**

En mi caso personal, me he dado cuenta de que las cosas que me pasaron tuvieron que ser así; de otra manera, no hubiera entendido la importancia que existe entre la religión y la vida cristiana, ni habría aprendido a depender sólo de Dios y no de ningún hombre.

> **Jeremías 17:5:** *"Así ha dicho el Señor: Maldito el hombre que confía en el hombre, que se apoya en lo humano y cuyo corazón se aparta del Señor"* **(RVA).**

---

[61] Me he referido a aquellos que se dicen pastores, pero no lo son. Sólo tú debes tener el discernimiento para saber dónde te congregas.

Ahora bien, analicemos un poco más a fondo cuáles son o cuál es el Síndrome de Abuso Religioso dentro de las iglesias controladas por narcisistas, creando iglesias autoritarias. Recuerda que estamos haciendo énfasis en el transcurso de una persona que ha tenido una vida disfuncional a causa del entorno en el que vivió, y ahora busca un refugio en un ser sobrenatural para consolar y restablecer un síndrome de abandono emocional y espiritual. El Síndrome de Trauma Religioso tiene un conjunto muy reconocible de síntomas y puede ser un conjunto definitivo de causas.

Dentro de esas iglesias autoritarias, el abuso narcisista puede ser evaluado cuando una mujer es víctima de abuso sexual, quedando marcado el trauma psicológico, emocional y físico durante mucho tiempo, lo que requiere ayuda psicológica. De igual manera, el síndrome de abuso emocional es común dentro de estas iglesias.

¿Cuáles son algunos síntomas del síndrome de trauma religioso?

- **Confusión cognitiva:** Capacidad de pensamiento crítico deficiente, creencias negativas sobre la capacidad y la autoestima, pensamiento en blanco y negro, perfeccionismo, dificultad para tomar decisiones.
- **Confusión emocional:** Depresión, ansiedad, ira, duelo, soledad, dificultad con el placer y pérdida de sentido.
- **Confusión social:** Torpeza social, dificultad sexual, dificultades en el área de desarrollo.

Estos síntomas hacen que te sientas como "un pez fuera del agua". Estas doctrinas falsas en estas iglesias narcisistas no solo te roban poco a poco tu identidad y tu estima, sino que hacen que tus pocos valores como ser humano, de los cuales ya has venido arrastrando toda tu vida, sean pisoteados por estas enseñanzas falsas, llenas de parásitos religiosos. Es increíble cómo el autoritarismo narcisista y la teología tóxica pueden causar un daño desgarrador dentro del alma del ser humano. Esto hará que continúes siendo un humano en control por los parásitos de la vida.

Esos "pastores", "líderes" y todo su ejército de demonios se gozan y adquieren fortaleza al observar que la persona está sufriendo, lo cual es un signo de debilidad tanto psicológica, emocional como espiritual. Los demonios se alimentan de las debilidades del ser humano.

En la vida, como has visto, desde el nacimiento o mejor dicho desde el vientre de la madre, los conflictos comienzan. Somos seres con espíritu, alma y cuerpo, y la batalla comienza. Cuanto más débil sea la vida del ser humano y más aumenten los problemas en todos los aspectos, más los demonios se regocijarán, se alimentarán y celebrarán la derrota de cada ser humano. Pero para esto, estos demonios necesitarán cómplices, como esos "pastores" y "líderes" religiosos narcisistas.

Hasta aquí has podido leer que la vida siempre estará llena de decisiones, tanto buenas como malas, pero tú eres el único responsable y libre de tomar esas decisiones, ya sea en la familia, el trabajo, los estudios, el matrimonio y tu vida espiritual.

En los últimos años, mientras mi esposa y yo asistíamos a una de estas iglesias, sin darnos cuenta de que existían estos "parásitos religiosos", buscábamos refugio, consuelo y orientación, ya que estábamos pasando por pruebas muy difíciles. Fue entonces cuando experimentamos este tipo de sufrimiento espiritual con una angustia inexplicable. La angustia espiritual puede ser difícil de distinguir de la angustia psicológica y física, y requiere un diagnóstico completamente diferente. Aun hoy en día, a pesar de las evaluaciones y tratamientos psicológicos para la salud mental, falta descubrir cuáles son los factores clave para el asesoramiento de alguien que está agonizando espiritualmente y cuya alma está desgarrada. Esta clase de desgarre espiritual solo puedo compararlo a cuando una madre pierde a un hijo/a. Viene de un mundo donde ha perdido todo, y cuando un ser humano pierde todo, solo queda un cuerpo andante.

"La fe, la esperanza, el amor y la perspicacia son los más altos logros del esfuerzo humano. Se encuentran dados por la experiencia" – **Carl Jung.**

A través de mis estudios en consejería, he podido comprender y analizar mejor el comportamiento humano y sus discapacidades mentales. Esto me ha permitido entender mejor la vida y todo lo que conlleva para cada uno de nosotros como seres humanos. Primero hay que reconocer el dolor y sus consecuencias emocionales, es decir, los parásitos que llevamos arrastrando. Luego, hay que enfrentarlos y descubrir la reestructuración cognitiva para aliviar esos pensamientos que han sido inculcados en tu espíritu, alma y cuerpo a través de estas religiones satánicas. Este tipo de maltrato emocional y espiritual es algo de lo que muchas personas nunca son conscientes.

Las personas somos seres muy complejos: tenemos un cuerpo físico, emociones, pensamientos y alma. Ser conscientes tiene que ver con la capacidad de darnos cuenta de nosotros mismos, de percibirnos y de nuestra relación con el entorno. Nuestras sensaciones internas nos hablan y nos ofrecen información constantemente, pero si estamos desconectados de nosotros mismos, esta información no será captada conscientemente y nos estaremos perdiendo una parte muy importante, tal vez la más importante de lo que es "la vida".

A.W. Tozer escribió: *"En muchas iglesias, el cristianismo ha sido diluido hasta el punto de que la solución es tan débil que, sí fuese veneno, no lastimaría a nadie, y si fuese medicina, no curaría a nadie".*

Este problema del cual espero estés analizando en este momento no solo existe en las iglesias autoritarias, sino que los narcisistas también se saben involucrar para sus propias maquinaciones en cualquier círculo religioso o cualquier otro tipo de entorno y de esta manera transmitir sus parásitos religiosos. Hoy en día, debido a este evangelio "aguado".

Los cristianos viven una vida muy débil y confundida, conformándose a tal punto que convierten su religión en una zona de confort. Esto los lleva a hacia una vida espiritual anémica, ya que el evangelio se vuelve diluido y adulterado, debilitado y rebajado. En esos momentos de debilidad, algunos seres narcisistas y sus parásitos intentarán subvertir la fe con sus maquinaciones. Esto puede observarse en aquellos hermanos que siempre levantan las manos para sanidad, sin importar la causa o motivo.

En consejería existe lo que se denomina "Creencias Fundamentales". Tanto de forma consciente como inconsciente, nuestros cerebros están siendo programados continuamente por las palabras, opiniones y creencias de nuestro entorno. Esto incluye a nuestras familias, figuras de autoridad, religiones y amistades. Parte de esta programación es deseable y beneficiosa, mientras que otra parte puede ser bastante negativa. Estas personas narcisistas, a menudo hacen sentir inferior a los demás para sentirse mejor consigo mismas. Sin embargo, como se mencionó, muchos han sido programados por estas religiones aguadas y han incorporado estas creencias tan profundamente, que apenas pueden notarlas. Estas creencias se conocen como fundamentales y centrales, son patrones de pensamiento con los que nos hemos identificado tanto que rara vez los cuestionamos.

Muchas de estas personas religiosas pasan gran parte de su vida en "piloto automático" sin darse cuenta de lo que hacen o escuchan. De esta manera, nuestros pensamientos afectan nuestros estados emocionales, y estos a su vez afectan nuestra forma de procesar pensamientos, lo cual nos lleva cautivos sin darnos cuenta del estilo de vida religioso en el que estamos siendo programados por estos parásitos.

A través de los nueve niveles que se desarrollan en este libro, podrás entender mejor el significado de su capítulo y subtítulo, "Qué hacer para llegar a ser". Siempre he buscado el sentido de mi vida y su propósito, el de llegar a aprender a vivir como ser humano y no como una manada de humanos que corren tras la felicidad, el placer y el poder, y que al final se conforman con ser miembros de una religión "aguada".

La mayoría de estas personas que buscan refugio en alguna religión, han sido víctimas de alguna adicción y, luego, al venir a la iglesia, hacen de ella otra adicción religiosa. Este tipo de adicción llega a ser tan destructiva que llega a destruir lo más valioso que Dios ha depositado en el ser humano: su alma.

La Biblia nos enseña mucho acerca de los tipos de humanos, como narcisistas, psicópatas y sociópatas, que podrían tener el control absoluto de tu vida, tanto emocional como psicológica y espiritual, especialmente si eres religioso. Leamos lo que el apóstol Pablo escribió a su discípulo Timoteo en 2 Timoteo 3:1-5:

1. *Ahora bien, ten en cuenta que en los ultimos días vendran tiempos difíciles.*
2. *La gente estará llena de egoísmo y avaricia; serán jactanciosos, arrogantes, blasfemos, desobedientes a los padres, ingratos, impíos,*
3. *insensibles, implacables, calumniadores, libertinos, despiadados, enemigos de todo lo bueno,*
4. *traicioneros, impetuosos, vanidosos y más amigos del placer que de Dios.*
5. *Aparenteran ser piadosos, pero su conducta desmentirá el poder de la piedad. ¡Con esta gente ni te metas!*

Veamos las caracteristicas del transtorno en cada uno de estos individuos[62]:

Transtorno de personalidad narcisista:

- Sentido exagerado de egocentrismo
- Preocupación extrema por sí mismos
- Falta de empatía por otras personas.

---

[62] Fuente de referencia: Biblioteca Nacional de Medicina de los E.E.U.U.

Transtorno de personalidad psicópata:

La Psicopatía se incluye dentro del grupo de trastornos antisociales, caracterizados por una actitud agresiva e impulsiva, la ausencia de sentimientos de culpa y la desobediencia sistemática de las normas y obligaciones sociales.

- Ignoran los sentimientos de otras personas y desarrollan conductas crueles.
- Conductas deshonestas y manipuladoras para obtener beneficio personal o placer.
- Son irritables, egocéntricos, agresivos, imprudentes y mentirosos[63].

Transtorno de personalidad en un sociópata:

Este tipo de persona no demuestra discernimiento entre el bien y el mal, además de ignorar los derechos y sentimientos de los demás. Las personas con Trastorno de Personalidad Antisocial tienden a hostigar, manipular y tratar a los demás con crueldad e indiferencia, sin mostrar culpa ni remordimiento por su conducta.

- Desprecio por el bien y el mal.
- Mentiras o engaños persistentes para explotar a otros.
- Arrogancia, sentido de superioridad y ser extramadamente persuasivos.
- Violar repetidamente lo derechos de los demás a través de la intimidación y la deshonestidad.
- Falta de empatía por los demás y de remordimiento por dañar a otros[64].

---

[63] Fuente de referencia: Unir.
[64] Fuente de referencia: Mayo Clinic.

¿Has conocido o conoces alguna de estas personas que menciona la Biblia en tu iglesia?

No solo existen en las iglesias, trabajos y dentro de cualquier entorno, sino que también pueden estar presentes en tu hogar. No estoy atacando, criticando ni murmurando; mi objetivo, como ha sido en todo este libro, es evitar que cualquier influencia negativa, errónea, tóxica o disfuncional siga teniendo el control de tu vida, y que no permanezcas en una mentalidad entenebrecida y deshumanizada.

"El término deshumanización define un proceso mediante el cual una persona o grupo de personas pierden o son despojados de sus características humanas" – **Wikipedia.**

El trabajo de estas personas caracterizadas por trastornos psicológicos no se limita a hacer daño. Además de todo lo que hemos analizado, la Biblia los define como mentes corrompidas. No todos los psicópatas son asesinos; de hecho, son muy pocos. Pero los psicópatas integrados son capaces de hacer que la vida de los demás sea un verdadero infierno.

"Los psicópatas integrados atraen y seducen a sus víctimas a toda velocidad por medio de un 'bombardeo amoroso', haciéndolas sentir únicas y brindándoles seguridad" – **Inaki Pinuel, psicólogo.**

Ahora puedes entender el por qué, últimamente, ha salido más a la luz el tema del acoso sexual en las iglesias. Mujeres que han sufrido abandono emocional desde su infancia buscan refugio dentro de este tipo de iglesias y caen en las garras de un liderazgo en la iglesia de la esquina que se puede encontrar en todas partes del mundo.

De acuerdo a Tito 1:15: *"Todas las cosas son puras para los puros, mas para los corrompidos e incrédulos nada les es puro; pues hasta su mente y conciencia están corrompidas".*

La palabra "corrompido" significa infectado, corrupto, podrido y descompuesto. Estos tipos de parásitos infiltran la mente y el alma del ser humano, haciendo que esta persona esté dañada y sufra las consecuencias de la vida. Al buscar refugio en una religión, sigue viviendo como víctima, no solo a nivel psicológico y emocional, sino también espiritual.

A través de la lectura de este libro, tal vez ya hayas notado que me baso mucho en la Terapia Existencial. Esta es más una forma de pensar o una actitud hacia la vida, que no cuenta con un manual. Se realizan preguntas profundas sobre la naturaleza del ser humano y la naturaleza de la ansiedad, la desesperación, el dolor, la soledad, el aislamiento. También se trata de manera centralizada con las cuestiones del sentido de la vida, la creatividad y el amor.

- ¿Por qué hago énfasis en este capítulo sobre la Terapia Existencial?

La terapia existencial se enfoca en explorar temas como la mortalidad, el significado de la vida, la libertad, la responsabilidad y la soledad, ya que estos síntomas se relacionan hoy día con la mayoría de la humanidad, a consecuencia no solo de la religión sino de lo que está basada la vida. El objetivo de esta terapia es ayudar a explorar y descubrir la manera existencial que un ser humano posee para vivir en victoria. La terapia existencial se basa en el supuesto de que somos libres y, por lo tanto, responsables de nuestras elecciones y acciones. Somos los autores de nuestra vida y diseñamos los caminos que seguimos. Basta de tanta esclavitud.

El hecho de no reconocer nuestra libertad y nuestras elecciones puede resultar en problemas emocionales. La libertad es difícil de afrontar, por lo que muchas veces, por temor a ello, tratamos de inventar excusas.

Jean Paul Sartre dijo: *"No importa lo que hayamos sido, podemos tomar decisiones ahora y convertirnos en algo diferente. Estamos condenados a ser libres".*

Elegir es comprometerse: esta es tu responsabilidad, y ese es el otro lado de la libertad. Con nuestras acciones, estamos eligiendo quiénes somos y quién queremos llegar a ser.

Ahora bien, hasta el momento hemos estado analizando los diferentes puntos de vista que existen en la vida, de acuerdo a lo que hay en las mentes anímicas o seducidas por la vida. La verdad es mucho más realista de lo que podemos hablar. La Biblia nos lleva a una realidad que sobrepasa lo psicológico y emocional, y me gustaría hablar sobre el mundo espiritual y sus demonios. ¿Qué papel juegan en la vida, junto a sus parásitos, los narcisistas, psicópatas y sociópatas? El problema con la mayoría de este tipo de humanos no es solo intelectual, sino más bien moral y espiritual. No hace falta ser una persona religiosa para entender que el ser humano está creado en tres partes: espíritu, alma y cuerpo.

Como mencionó Sartre, estamos condenados "a ser" libres. No condenados a esclavitud moral, emocional, psicológica ni espiritual. Ha sido un largo y confuso camino donde la humanidad se ha condenado a sí misma. Esto es algo muy interesante para entender la ilustración de la siguiente página, que se ha desarrollado como resultado de la esclavitud. La esclavitud es cuando uno mismo se deja infectar y estar bajo el dominio de la misma vida, producto de sus propias decisiones, como vimos en los capítulos anteriores.

Todos pasan la vida luchando por salir de la esclavitud social y económica, acostumbrados a depender de lo externo, muchos consideran que es lo primordial en sus vidas. Si te fijas a tu alrededor, muchas personas viven paralizadas por el miedo, estresadas por lo que sucede en su entorno, ansiosas y, para colmo, se convierten en esclavos de una religión, bajo el control y dominio de un psicópata o un narcisista. Viven en una pandemia emocional.

La segunda carta de Pedro 2:12-14, dice: *"Pero éstos, hablando mal de cosas que no entienden, como animales irracionales, nacidos para presa y destrucción, perecerán en su propia perdición, recibiendo el galardón de su injusticia, ya que tienen por delicia el gozar de deleites cada día. Estos son inmundicias y manchas, quienes aún mientras comen con vosotros, se recrean en sus errores. Teniendo los ojos llenos de adulterio, no se sacian de pecar, seducen a las almas inconstantes, tienen el corazón habituado a la codicia, y son hijos de maldición".*

Como puedes ver, estos versos hablan de los falsos maestros, pastores que explotan a sus seguidores para satisfacer sus propios deseos carnales y hacerles creer en sus falsas filosofías. No solo los seducen verbalmente, sino que no cesan hasta llegar al placer sexual.

¿Has conocido alguna de estas instituciones?

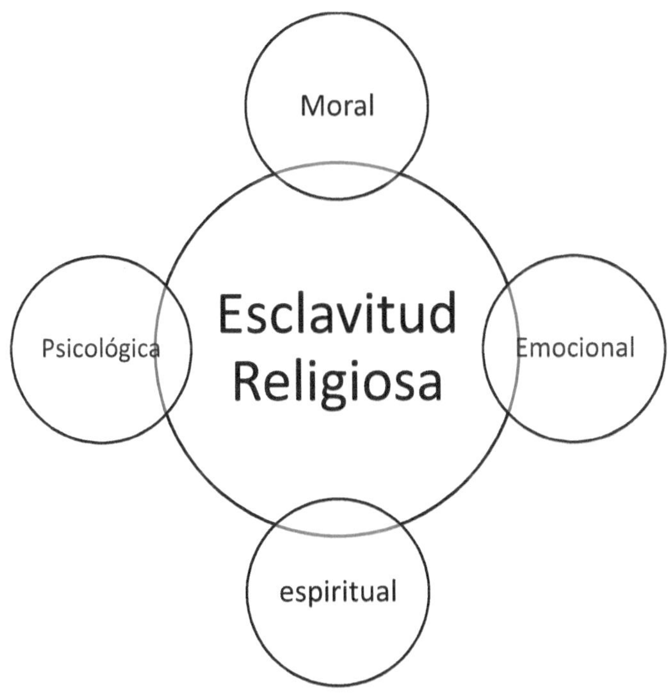

Esta esclavitud religiosa puede convertirse en una adicción tan destructiva como cualquier otra adicción a sustancias. Así como un adicto a las drogas se inyecta, fuma o busca otras sustancias, una persona adicta al dolor encuentra refugio en una institución religiosa donde los líderes están adictos a sus propios placeres. Esto lleva a que la persona caiga en otra forma de adicción.

Tanto la esclavitud emocional como la adicción religiosa son condiciones que resultan de un vacío espiritual en la vida o de una búsqueda de conexión. Trágicamente, estas personas comienzan a aprender patrones equivocados dentro de estas instituciones religiosas, conformándose con vivir bajo la voluntad de estos narcisistas y conformándose con el dios de los domingos.

Hemos visto a través de este libro cómo la vida moldea tu mente y tu mundo, lleno de decisiones, actitudes, problemas y realidades.

Es un mundo de estrés y, además, debes aprender a hacer para "llegar a ser" posible un mundo espiritual sano y victorioso, libre de parásitos religiosos.

Con todo respeto a Sartre, alguien mucho más sabio llamado Jesús, o el Hijo de Dios dijo: *"Yo he venido para que tengan vida, y para que la tengan en abundancia"* (Juan 10:10).

No quiero sonar religioso, pero es la verdad contenida en la Palabra de Dios: sólo en Él puedes encontrar plenitud, no sólo espiritual sino en todas las áreas de tu vida. No seas víctima de los parásitos religiosos. Sólo en Jesucristo se encuentra la única y verdadera fuente de conocimiento de Dios y es la única base para obtener libertad moral, emocional, espiritual y psicológica, además de la única seguridad espiritual. La vida implica ética, y el bienestar espiritual es una parte importante del bienestar total de la mente y el cuerpo. Mejorar la salud espiritual probablemente tendrá un impacto positivo en el bienestar. Un buen consejero puede trabajar con diferentes creencias, incluso cuando las de él sean diferentes.

La religión es una institución organizada, y la espiritualidad se orienta hacia una experiencia personal para cada individuo. Esta clase de instituciones, creadas por el hombre a partir de sus creencias, forman una empresa dedicada al desarrollo del mundo religioso. Detrás de ello se encuentra un mundo de demonios que necesitan un cuerpo como parásito para alimentarse y manifestar las obras de su padre Satanás. Las principales metas de estos demonios a través de los psicópatas, narcisistas y sociópatas son anular completamente la Biopsicosocial de la persona que busca refugio.

A lo largo de mis años dentro de estas instituciones, he podido observar los maltratos espirituales sufridos por aquellos humanos que solo buscaban convertirse en seres humanos, necesitados del amor de Dios. Estas personas, ahora con el alma desgarrada, vuelven a la vida afectando completamente su espíritu, alma y cuerpo.

La Biblia hace mención acerca de estos parásitos religiosos, psicópatas, narcisistas y sociópatas:

Juan 8:44, dice: *"Vosotros sois de vuestro padre el diablo, y los deseos de vuestro padre queréis hacer. Él ha sido homicida desde el principio, y no ha permanecido en la verdad, porque no hay verdad en él. Cuando habla mentira, de lo suyo habla; porque es mentiroso, y padre de mentiras".*

Juan 8:47, dice: *"El que es de Dios, las palabras de Dios oye; por esto no las oís vosotros, porque no sois de Dios".*

Así como la vida ha sido infectada por sus parásitos y ha creado un estado de ánimo en la humanidad, con el tiempo se han convertido en esclavos parasitarios.

Está escrito en 2 Pedro 2:22: *"El perro vuelve a su vómito, y la puerca lavada a revolcarse en el cieno".*

Esto es una clara analogía de los parásitos, también conocidos como "apóstatas", que viven en estas instituciones y infectan a cientos de personas a lo largo del tiempo. Hombres que se autodenominan "pastores" tienen relaciones sexuales con mujeres dentro de estas instituciones, no sólo transmitiendo enseñanzas narcisistas, sino también reproduciendo a través del sexo para satisfacer sus deseos. Esto crea un círculo tóxico e insano que no sólo afecta a las iglesias, sino también a los hogares, que con el tiempo se convierten en casas habitadas por familias disfuncionales.

Repito: No estoy criticando, juzgando ni mucho menos tomando posesión de juez. Estoy profundamente interesado en el bienestar de la humanidad. Como hemos podido leer hasta ahora, muchas personas han sufrido injusticias a causa de la vida, no sólo en términos emocionales, psicológicos y físicos, sino también siendo utilizados como herramientas por los demonios.

Esaas personas son expertas en la falsificación de la verdad y en el engaño y la seducción. La mayoría de las personas heridas y confundidas que van en busca de ayuda a alguna congregación caen en las garras satánicas de estos narcisistas, y con el tiempo, debido a la falta de discernimiento, creen que esa institución religiosa "tóxica" es la "realidad".

La segunda carta de Pedro 2:1-2 dice: *"Pero hubo también falsos profetas entre el pueblo, como habrá entre vosotros falsos maestros, que introducirán encubiertamente herejías destructoras, y aún negarán al Señor que los rescató, atrayendo sobre sí mismos destrucción repentina. Y muchos seguirán sus disoluciones, por causa de los cuales el camino de la verdad será blasfemado".*

Al comienzo de este capítulo comencé con una frase que dice: *"Caminante, no hay camino, sé hace camino, al andar".* Miles de años antes, el apóstol Pedro aquí hizo énfasis cuando escribió que "el camino de la verdad será blasfemado". El mundo hace escarnio del evangelio de Jesucristo a causa de los cristianos nominales que no siguen al Señor, que solo confiesan de labios y que han sido desenmascarados como personas hipócritas[65].

La vida de muchas personas se realiza a través de realidades internas y externas que se deben desarrollar constantemente. Claro que siempre existirán conflictos dentro de las iglesias, por lo que el apóstol Pablo hacía mención de ello en sus epístolas. Sin embargo, no hay que confundir esto con la esclavitud religiosa. Si no hay una espiritualidad personal de acuerdo a la Biblia, esa religión se convertirá en la principal tradición, y seguirá el círculo vicioso dentro del ciclo de vida, psicológico, emocional y ahora, espiritual.

---

[65] Fuente de referencia: Biblia de estudio MacArthur.

Este tipo de liderazgo disfuncional y tóxico es a lo que Jesús hizo mención en Mateo 23:27 y 28: *"Ay de vosotros, escribas y fariseos, ¡hipócritas! Porque sois semejantes a sepulcros blanqueados, que, por fuera, a la verdad, se muestran hermosos, más por dentro están llenos de huesos de muertos y de toda inmundicia. Así también vosotros por fuera, a la verdad, os mostráis justos a los hombres, pero por dentro estáis llenos de hipocresía e iniquidad".*

La religión le da forma a Dios a mi imagen y no al revés. De la manera en que has leído hasta ahora, cómo la vida te ha formado de acuerdo a su imagen, de la misma manera, al entrar en estas instituciones religiosas, haces de Dios un dios según lo enseñado por estos sepulcros encubiertos llamados líderes religiosos disfuncionales.

No estoy en ninguna manera haciendo énfasis en que no te congregues, ya seas cristiano o no, en una iglesia. El punto principal de este capítulo es ayudarte a discernir este tipo de instituciones gobernadas por apóstatas, falsos maestros, sepulcros blanqueados, narcisistas y psicópatas.

¿Qué hacer para llegar a ser? Ya hemos analizado la situación de la vida, sus problemas y sus realidades. Ahora te encuentras en un mundo espiritual y solo tú tienes la libertad de elegir. Es tu vida, tu mundo.

Dice la Biblia: *"El oído que escucha las amonestaciones de la vida, entre los sabios morará"* (Proverbios 15:31).

El procedimiento de acuerdo a la ilustración siguiente, es seguir las flechas en orden para vivir una vida cristiana sana y fructífera de acuerdo con la obediencia a Dios, y no con leyes instituidas por sectas religiosas llenas de parásitos. La religión es un conjunto de creencias y prácticas de una institución religiosa, y la espiritualidad se inclina hacia una experiencia personal en cada ser humano. Por lo tanto, si eres consciente de la situación en la que te congregas y es una atmósfera sana, no un evangelio diluido... ¡Gloria a Dios!

"Amados, no creáis a todo espiritu, sino probad los espíritus si son de Dios; porque muchos falsos profetas han salido por el mundo" (1 Juan 4:1).

Para desarrollar el discernimiento del que hace referencia la Biblia, es necesaria la conexión: Espíritu - espíritu = Discernimiento. El discernimiento nos ayuda a tener una mayor comprensión eficaz y tomar juicios sabios, para "llegar a ser" el cristiano que Dios ha deseado que seamos.

Espíritu Santo	*espíritu humano*	*Conocimiento*
Conoce lo profundo de Dios	*Aliento de vida*	*Sabiduría*
Imparte vida	*Alma*	*Comprensión*

En Romanos 8:16, el apóstol Pablo es claro al afirmar esta gran diferencia: *"El Espíritu mismo da testimonio a nuestro espíritu, de que somos hijos de Dios".*

Si llevas años congregándote en alguna de estas instituciones donde el espíritu de estos narcisistas parasitarios ha estado alimentando tu vida espiritual y anímica, ¡cuidado! Ahora puedes entender el por qué de tu vida. Desde que tienes uso de razón has vivido una vida anímica, en un hogar disfuncional donde todo era un mundo de inestabilidad psicológica y emocional. Y ahora, crees que al estar congregado dentro de esa "iglesia" disfuncional, es normal, ya que tu espíritu ha sido alimentado e instruido de esta manera y te da temor salir de tu zona de confort "religioso".

218

Un ejemplo bíblico sobre un psicópata es el de Judas. Él anduvo con Jesús durante varios años, compartiendo la misma mesa con los demás discípulos, conviviendo a su lado. Además, era el tesorero. Judas demostró ser un gran manipulador al darle un beso a Jesús en la mejilla para entregarlo. Esto demuestra una de las características principales de un psicópata, que es su increíble capacidad para la persuasión y la seducción, con la que logran manipular a otros y conseguir su objetivos.

¿Estás conectado al Espíritu? ¿O sigues conectándote al espíritu de este mundo, dependiendo todavía de las migajas de la vida, pensando como los demás y aceptando lo que la vida y sus parásitos te ofrecen?

***"La vida controlada por la vida, será una vida sin vida"* –**
Radames.

Hasta ahora, tu vida y espíritu han sido saturados por las adicciones de la vida, y ahora te conformas con hacer de tu institución otra adicción llamada "religión". Tu espíritu ha creado una tolerancia a estas adicciones, que le es imposible vivir sin ellas. Estos parásitos religiosos no solo afectan tu físico, sino también mucho más a tu estado mental, llegando a convertirse en un sedante. La adicción a la religión llega a ser una dependencia en creencias y prácticas, como una manera de evitar enfrentar la verdad y el dolor. Estas instituciones religiosas enseñan de manera distorsionada cómo seguir teniendo una comunión con tu espíritu, y no con el Espíritu.

Este tipo de dependencia religiosa adictiva llega a crear un tipo de "craving", es decir, un deseo irresistible de congregarse. Necesitas este tipo de sustancia para satisfacer tu espíritu adictivo como una forma de antidepresivo, para poder seguir viviendo controlado no solamente por la vida, sino también por estos espíritus religiosos. De esta forma, seguimos viviendo esclavizados, tal como se ilustra en la página siguiente.

Esta ilustración muestra el progreso adictivo de cualquier adicción, incluyendo la adicción religiosa, en la cual tu espíritu se ha ido adaptando y ha desarrollado una suficiente tolerancia al capricho o deseo.

- Experimental, o sea curiosidad, o sentirse aceptado.
- Ocasional, su principal motivación es la de la integración grupal.
- Habitual, ya la participación comienza a estar fuera de los limites.
- Compulsivo, acompañado de un trastorno del comportamiento con consecuencias sociales.

Este tipo de problemas adictivos no solo está basado en la teoría del efecto de los demonios, a través de estos líderes religiosos, sino en aprender que como seres humanos, todos tenemos la capacidad y la responsabilidad de vivir libres a través del Espíritu. La espiritualidad es una cualidad esencial del ser humano y está basada en lo interior, no solo en lo exterior. Es el alma sedienta de libertad, tu espíritu buscando algo sobrenatural, todo tu ser anhelando la libertad, algo que va más allá de una simple religión. Los valores espirituales y religiosos pueden desempeñar un papel importante en la vida humana y deben considerarse como un recurso potencial en la terapia.

Aún existen tantos ejemplos y enseñanzas que Jesús enseñó, pero por falta de conexión espiritual con lo Espiritual, el ser humano se conforma con las enseñanzas de una iglesia en lugar de con las verdaderas enseñanzas de la Biblia. Esto hace que la vida espiritual se convierta en una obsesión, la motivación en ansiedad y la fe en algo inexistente. Esta obsesión religiosa generada por líderes disfuncionales causa en la persona pensamientos de culpabilidad y confusión. Se preocupan más por si hicieron algo por el diablo o para Dios, desarrollando un sentimiento de culpabilidad que los lleva a centrarse más en el diablo que en lo que Dios realmente pide de ellos.

Este tipo de obsesiones y compulsiones llegan a ser tan dañinos que estas personas ya no solo son esclavos de la vida, sino que ahora son esclavos de una institución religiosa. De la misma manera que un alcohólico niega que es adicto, una persona religiosa también puede negar que es adicta a la religión, debido a los trastornos de pensamiento y comportamiento. No confundas la paz de Dios con la "tranquilidad dominical", pues esta siempre deja un anhelo silencioso por algo más, a consecuencia de una confusión dentro de la religión, lo cual conlleva a un vacío aterrador. Deja de ignorar tu vida, reflexiona sobre la calidad de tu vida, porque es tu vida, tu espíritu, tu alma y tu cuerpo.

"La paz os dejo, mi paz os doy; yo no la doy como el mundo la da. No se turbe vuestro corazón, ni tenga miedo" (Juan 14:27).

TURBAR: Alterar el ánimo de una persona confundiéndola o aturdiéndola hasta dejarla sin saber qué hacer ni qué decir.

MIEDO: Sensación desagradable provocada por la percepción de peligro, ya sea real o imaginario.

PERCEPCIÓN: La percepción es la imagen mental que se forma con ayuda de la experiencia y las necesidades, resultado de un proceso de selección, organización e interpretación de sensaciones.

SENSACIÓN: Impresión que los estímulos externos producen en la conciencia y que es recogida por medio de alguno de los sentidos.

Hoy en día, la humanidad vive todo lo contrario a esta promesa, corriendo en busca de la paz en el mundo. Desde la infancia, la vida nos ha engañado para depender únicamente de lo externo que la vida ofrece. Interiormente, la humanidad ha estado acostumbrada a sobrevivir, viviendo podridos, descompuestos y corrompidos por dentro. Pero hoy en día, a nadie le interesa lo interno. Mientras por fuera la vida siga alimentándonos de fama, dinero y perversidad, ¿qué importa lo interno? "Si el líder de la iglesia está igual de podrido por dentro, ¿qué importa?", piensan muchos, "al final todos somos así".

La percepción de la humanidad se ha desvanecido a pasos agigantados, su imagen mental ha ido deteriorándose a lo largo de la vida, y ahora más, con líderes como los que hay en las iglesias. Viven turbados, con un ánimo anémico, el cual se ha agravado aún más debido a esta pandemia que estamos experimentando, habiendo creado un problema mental en todas las naciones, como ansiedad y miedo. El mayor consejero que haya existido hasta el día de hoy se llama Jesús, y en su sabiduría, en el capítulo de Mateo 6:25 al 34, nos habla de lo que es vivir y depender como cristiano de fe, habiendo creído y siendo guiado por el Espíritu de Dios, y no simplemente por otro espíritu. Nos advierte que no seamos como los paganos, según el versículo 32.

"¿Acaso puede un ciego guiar a otro ciego?" **(Lucas 6:39).**

En este mundo, todos somos seres vivos, pero no todos vivimos como seres humanos. Como te habrás dado cuenta, a través de la lectura de este libro, desde el comienzo de tu vida, hay muchas personas que, de una manera u otra, han afectado el desarrollo psicológico, emocional y espiritual de tu vida. Esto puede ser causado por una madre, padre, algún familiar cercano o incluso algún líder religioso, guiado por sus propias creencias, enseñando a limitar tu libertad, ya que ellos mismos están encadenados por sus propias limitaciones, llenando aún más tu cubeta del alma. Al final, vivimos con una cubeta llena de confusión, que todos vamos cargando silenciosamente. Debido a este silencio, solo has generado un amplio abanico de posibilidades de llegar a padecer enfermedades mentales.

Debes aprender a dejar de vivir bajo el manto de una religiosidad externa, y aprender a vivir bajo la sombra del Todopoderoso.

La siguiente ilustración refleja la esclavitud espiritual:

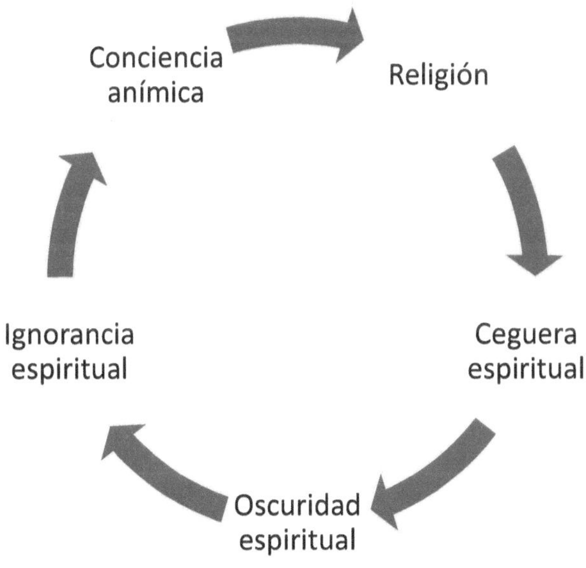

No solo una vida controlada por la vida material puede llevar a una vida disfuncional, sino que una vida espiritual guiada por otra vida espiritual puede ser una vida sin percepción. La percepción nos permite darnos cuenta e interpretar una situación concreta. A través de esa percepción llegamos a crear y a ser una mejor imagen del mundo en el que vivimos.

La percepción es clave; es ilógico pretender que conocemos o somos conscientes del Espíritu infinito, cuando en realidad no somos conscientes del Espíritu finito, es decir, de tu "yo". Esto requiere de una conciencia anímica. La conciencia permanece en un estado de ignorancia, no solo por todo lo externo que has permitido llenar en tu alma, sino también por la misma ignorancia de tu propia existencia. Tu percepción dañada ha sido causa de una deteriorización de tus sentidos, lo cual te ha llevado a tener una conciencia anímica.

No olvides que la palabra alma significa vida; como seres humanos, tenemos un espíritu, el cual busca y debe conectarse al Espíritu de Dios para una guía espiritual, de la cual el alma tuya, sea llenada de bendiciones espirituales, y no de simples enseñanzas espirituales de hombres. El espíritu humano busca una relación más íntima con Dios. El alma es la pureza del ser humano, ese es el verdadero valor de un ser humano, mientras que el espíritu es la humanidad del hombre, tratando de conectarse con Dios. Por eso es de suma precaución que tu espíritu no sea alimentado por algún espíritu maligno, y hasta el punto de las enseñanzas de estos psicópatas, narcisistas o sociópatas.

"Lampara de Jehová es el espiritu del hombre, la cual escudriña lo más profundo del corazón" **(Proverbios 20:27).**

La importancia y la gran responsabilidad de cada ser humano es mantener limpia la lámpara para que alumbre la vida y el alma, y no a través de las enseñanzas de otros espíritus falsos, es decir, demonios. La causa anémica de este tipo de personas espirituales es que solo buscan saciar lo moral, donde la verdad reside en saciar el alma.

"Luego va y trae otros siete espíritus más malvados que él, y entran a vivir allí. Así que el estado final de aquella persona resulta peor que el inicial" **(Lucas 11:26).**

Ya el espíritu ha sido infectado moralmente a causa de tanta doctrina, enseñanzas de hombres llenos de maldad y perversidad, lo cual ha hecho que el estado de este individuo sea peor que cuando andaba confundido y alimentándose de los parásitos de la vida.

"Pero el Espíritu dice claramente que en los postreros tiempos algunos apostatarán de la fe, escuchando a espíritus engañadores y a doctrinas de demonios" **(1 Timoteo 4:1).**

¡Qué interesante! Aún los mismos demonios crean sus doctrinas alimentándose de estos espíritus confundidos, abandonados y desesperados, tanto emocional, psicológica y espiritualmente. No solo has sido seducido por la vida, ahora eres seducido por una religión a través de espíritus seductores. La iglesia ha sido invadida por estos espíritus seductores. No solo hay hombres con espíritus seductores, también se encuentran entre las "hermanas" controladas por el espíritu de Jezabel. El Espíritu de Dios se ha ido desvaneciendo en estas iglesias a causa de estos espíritus demoníacos, pero nadie se queja ni dice nada, ya que estos deseos de lujuria se hacen más deseables que cualquier otra cosa.

La primera carta de Pedro 2:18, dice: *"Pues hablando palabras infladas y vanas, seducen con concupiscencias de la carne y disoluciones a los que verdaderamente habían huido de los que viven en error".*

Ofrecen a las personas comunes una especie de religión a la que pueden acogerse sin tener que renunciar a sus deseos carnales y a su sensualidad.

Como menciona el siguiente verso, les prometen libertad, pero ellos mismos son esclavos de la corrupción: corrupción religiosa, corrupción política, corrupción económica, corrupción sexual. ¿La vida será siempre una corrupción?

Muchas veces no somos conscientes de que aún estamos siendo influenciados por este tipo de religiones a las que asistimos semana tras semana. Una vez, invité a un compañero de trabajo, no creyente, a donde mi esposa y yo nos reuníamos. A la siguiente semana lo vi en el trabajo y le pregunté qué le había parecido la iglesia, y me respondió: "¿No te has dado cuenta del símbolo de $$$ que tiene en su frente la esposa del pastor?".

Estamos tan influenciados e infectados que pueden pasar años sin darnos cuenta de que somos víctimas de parásitos religiosos, dejándonos influenciar y arrastrar solo por lo externo, sin tener discernimiento espiritual. Sé que muchos estarán pensando: "No hay iglesia perfecta". Pero esto va mucho más allá de una frase conformista. Esto es abuso espiritual, lo cual conlleva a un desgaste espiritual.

El abuso espiritual suele incluir al menos una de las siguientes conductas:

— Abuso psicológicos.
— Intimidación.
— Control irracional sobre los derechos de la persona a tomar decisiones en temas espirituales o personales.
— Acusaciones falsas y criticas repetitivas.
— Aislamiento debido a su filiación religiosa.
— Abusos sexuales.
— Abuso económico.
— Exigencia de un estilo de vida (legalista).

Lo más trágico y traumático es que muchos no se dan cuenta de la violación emocional que están sufriendo, no solo sexualmente sino también emocionalmente. Estas personas viven con una baja autoestima durante años, a causa de esta violación emocional, lo cual afecta su forma de ver y vivir la vida.

Lo más triste es que, si tratas de ayudarlos a salir de ese estado anímico espiritual, no te entienden y piensan que es uno el que está mal.

La mayoría de los seres humanos desde el principio de su infancia son alimentados e instruidos a través de un círculo vicioso y disfuncional que ha creado un entorno poco saludable, que consiste en aceptación negativa y apatía. Estas personas pasan la vida buscando su verdadero yo, y creen que, al asistir a una iglesia llena de parásitos emocionales, han encontrado su "iglesia". Para lograr el objetivo de "llegar a ser" lo que uno desea, se requiere un cambio de los patrones mal aprendidos de pensamiento. Esto conllevará cambios posteriores en las emociones y los comportamientos de cada persona que esté dispuesta a cambiar. Esto se puede lograr con pequeños cambios en la forma de pensar. Cada ser humano tiene una responsabilidad que se encuentra en la triada personal: conocerse a sí mismo, aceptarse y crecer.

El alma es la pureza del ser humano. Estamos tan acostumbrados o diseñados a escuchar únicamente la mente que se nos olvida la falta de comunicación que debería existir entre ambas, alma y mente. Cuando el alma dice "no" y la mente dice "sí", ahí está el conflicto que ha existido siempre en el ser humano. La mayoría de las personas que acuden a una de estas congregaciones son y se convierten en esclavos solo porque tal psicópata tiene la sabiduría de llegar a la mente y no al alma.

"Si tu mente niega tus emociones, saldrán de tu cuerpo como espinas" – **Radames.**

A través de mi vida cristiana, he conocido a cientos de cristianos cuyo abuso emocional y conformismo espiritual han llevado a que, a través de enseñanzas diluidas y tóxicas, acudan de domingo a domingo únicamente en busca de "oxígeno espiritual". Esto les permite seguir viviendo en su "zona de confort" sin confrontar la realidad, y sin ser vistos por los "líderes".

"No hay nada en el mundo que capacite tanto a una persona para sobreponerse a las dificultades externas y las limitaciones internas, como la conciencia de tener una tarea en la vida" – **Viktor Frankl.**

Para concluir, como cristiano es necesario que aprendas a razonar, discernir, renovar tu mente y saciar tu sed espiritual únicamente a través de la Biblia, en comunión con Jesús. Deja de sustituir a Jesús por doctrinas de hombres. Los cristianos sinceros están comprometidos con la sana doctrina, lo que nos separa de aquellos que son alimentados por parásitos espirituales dentro del ministerio de Dios. Apártate de aquellos llenos de morbosidad y ansiedad sexuales que acuden a las iglesias solo para escuchar lo que tienen que decir los demonios.

La primera carta a Timoteo 6:5, dice: *"Y altercados entre personas de mente depravada, carentes de la verdad. Este es de los que piensan que la religión es un medio de obtener ganancias".*

La mala enseñanza comienza y se propaga entre estos falsos maestros, quienes, como has visto hasta aquí, tergiversan la Palabra de Dios para su propio beneficio y perdición, y para la de todos aquellos que los siguen.

Si de alguna manera te sientes incómodo al terminar de leer este nivel, te recomiendo que vuelvas a leerlo hasta que te sientas libre de las doctrinas de psicópatas, narcisistas y sociópatas, para que tu mente y tu alma lleguen a un acuerdo. Esta es la voluntad de Dios: que comiences a vivir en paz contigo mismo.

Carl Jung escribió: *"Uno no alcanza la iluminación fantaseando sobre la luz, sino haciendo consciente a la oscuridad… lo que no se (hace) consciente se manifiesta en nuestras vidas como destino".*

Esta frase nos enseña a dejar libre nuestro lado inconsciente y permitir que la libertad sea manifestada sin temor a la realidad.

Décimo nivel: Quebrantado

"La aceptación de lo que ha pasado es el primer paso para superar las consecuencias de cualquier desgracia" – **William James.**

¡Cuánta energía y tiempo desperdicia el ser humano día a día! La mayor parte de su vida se emplea en aumentar sus sufrimientos, desaprovechando el aquí y ahora y sus riquezas emocionales. Esto ha alimentado parásitos negativos, tanto espirituales como psicológicos o emocionales. Al llegar al último nivel de este libro, espero que hayas comprendido el porqué de mis reiteradas explicaciones. Estudiando la capacidad y la incapacidad del ser humano hoy en día, hay un déficit alarmante en lo que se refiere a la atención: el trastorno por déficit de atención con hiperactividad (TDAH). Esta afección se caracteriza por la falta de atención, y el 60% de los niños con TDAH se convertirían en adultos con TDAH, lo que representa el 4% de la población adulta.

Los adultos con TDAH suelen tener dificultades para organizar cosas, escuchar instrucciones, recordar detalles o completar tareas, lo cual puede afectar sus relaciones en el hogar, la escuela, el trabajo y los lugares religiosos. Esto provocó en mi vida un impedimento durante años, impidiéndome captar y entender varios aspectos. Por eso, para "llegar a ser" el hombre que soy ahora y poder escribir este libro, necesité repetir muchas cosas continuamente para lograr un efecto positivo en muchas vidas.

Tanto el dolor como el sufrimiento forman parte de la vida, el dolor duele mientras que el sufrimiento martiriza al ser humano. El dolor deja cicatrices en nuestro cuerpo, mientras que el sufrimiento nos enferma el alma. Espero y pienso que hasta este último nivel del libro hayas adquirido una mejor perspectiva sobre la vida, ya que éste ha sido el tema principal.

No dejes que la vida te controle, más bien dile a la vida qué debe hacer. El sufrimiento es un desgaste de la vida que nos lleva a la infelicidad, de la cual muchos presumen como si fuera una medalla de las Olimpiadas. Con el tiempo, nos adaptamos tanto al sufrimiento que nos resulta imposible vivir sin él.

A través de los años, llegué a comprender que había sido esclavo de mi mente, sin saber o haber tenido a alguien que me explicara todo lo contrario. Esto me hizo creer, como a muchos, que no valía nada, lo que me llevó a aislarme, a sentir inseguridad, angustia y a desarrollar enfermedades como la diabetes y sufrir dos paros cardiacos. La mayor parte de mi vida la viví con un bajoestima que me hacía sentir como un gusano.

Cuando sufrimos, la mente queda vacía y bloqueada, impidiéndonos pensar con claridad y haciéndonos perder el sentido de la vida. Puedo comparar los sufrimientos de la vida con un "tsunami emocional", que arrasa con toda nuestra alegría y bienestar. Nuestro mundo interior se ve afectado por una profunda fatiga, que se hace visible a través de nuestros ojos, que son la ventana del alma sufrida. Para poder "llegar a ser" el hombre que escribió este libro, tuve que ser quebrantado dos veces: la primera por la vida y la segunda por el dueño de la vida. Cuando vives con desgaste emocional, tu cuerpo se acostumbra a vivir en una fatiga física.

- **Parte de mi vida:**

Recuerdo como, a la edad de cinco años, sentado en una escalera junto a otro amigo en la Ciudad de México, vi acercarse a una mujer de tez blanca y pelo rubio; hermosa. Al acercarse, me dijo: "¿Quieres ir a comprar unos dulces?". Me tomó de la mano y, después, recuerdo haber despertado en la Ciudad de Filadelfia, en Estados Unidos. Este fue el comienzo de mi encuentro con el sufrimiento, ya que esa mujer blanca y de pelo rubio era y fue mi madre, la que desde el principio comenzó a engañarme.

Es muy doloroso lo que estoy por compartir, pero solamente de esta manera podrás entender mucho mejor el significado de este libro que ya estás por terminar de leer. Espero que hayas desarrollado un pensamiento único, por encima del promedio de inteligencia.

Puedo ver y entender ahora, después de haber vivido durante más de 64 años, el laberinto que experimenté en mi vida al convivir con una madre narcisista. Esto fue parte del primer quebrantamiento que debí enfrentar.

Recuerdo una mañana de invierno de 1962, cuando tenía cinco años, haber despertado con mucho hambre, para entonces yo dormía al lado del refrigerador en la cocina, sobre un colchón en el piso. Me levanté para buscar a mi madre, y para mi sorpresa y confusión, la vi teniendo relaciones sexuales. El problema es que mi madre no solamente tenía relaciones sexuales con un hombre, sino que, eran muchos los que yo tenía que ver y escuchar cada mañana. Y, en muchas ocaciones, tenía sus actos sexuales estando yo a veces acostado en la misma cama.

Esto es solo una parte del trauma que experimenté durante mi infancia. En otro libro, explicaré más a fondo toda mi "infancia". Esta imagen, inmediatamente, activó un trauma emocional en mí. Pero, a través de los años y gracias a haberme preparado como consejero, pude superarlo y comprender que yo debía ser el dueño de mi vida para poder entender el por qué.

Ha sido a través de leer muchos libros y el proceso de escribir este libro donde llegué a comprender que mi inconsciente estaba lleno de parásitos, es decir, toda la parte inferior del iceberg, y era precisamente eso lo que me mantenía esclavo del pasado. Era el aislamiento, el temor y la vergüenza los que mantenían paralizadas mis emociones. Llevo ya 4 años estudiando el empoderamiento, la Logoterapia y la Terapia de Comportamiento Cognitivo (CCT), además de la consejería en adicciones, ya sean químicas o conductuales. Esto me ha ayudado a comprender quién soy, y a ayudar a otros a encontrarse a sí mismos, a través del control de las emociones inestables provocadas por el trauma de la infancia.

Carl Jung decía: *"Mientras no hagas consciente a tu inconsciente, el inconsciente dirigirá tu vida y a eso le llamarás destino".*

Sentir que no estás capacitado o apto para hacer cambios en tu vida, puede incapacitarte y afectar tu salud física y mental. El empoderamiento te hará descubrir que sí eres capaz de aprender a tomar decisiones y cómo afrontar todas las situaciones que se te presenten en la vida y las que ya has experimentado. Recuerda y comienza a poner en práctica los embudos en algunos de los niveles del libro. Comienza invirtiendo en tu autoestima, de esta forma aprenderás a confiar más en ti y tus propias capacidades, que han estado ocultas en tu inconsciente, y podrás entender mejor tu autoconcepto personal.

Soy consciente de que no soy el único que ha experimentado este tipo de trauma en su infancia, pero una cosa sé: si yo pude, tú también podrás. Poniendo en práctica cómo tomar mejores decisiones, aprendiendo a poner límites y a lograr lo que quieras ser.

"La gente hará cualquier cosa, no importa lo absurda que sea, para evitar enfrentarse a sus propias almas" – **Carl Jung.**

"Si mi madre era así, entonces no todas las mujeres eran igual": Crecer con ese pensamiento destruyó para mí la imagen de las mujeres. Si una madre es capaz de destruir la infancia de un niño, es muy difícil que ese niño pueda vivir su vida de manera equilibrada como adulto, sana, ya que esto ha creado un monstruo, y no alguien útil para la vida. ¿Cómo cambiar esos patrones mal aprendidos? ¿Cómo puedo superar ese grito silencioso que ha estado desgarrando mi alma?

"Puede que no sea responsable del mundo que creó mi mente, pero puedo asumir la responsabilidad de la mente con la que creo mi mundo"[66].

---

[66] Cita de Gabor Maté.

Para mí, durante mi adolescencia y mi juventud, la mujer era solo un objeto, algo inútil y repugnante. Durante años, me sentí avergonzado de ser visto con mi madre en la calle y de tener que fingir ser alguien que no era yo. Sentí mucha vergüenza y tuve que ocultar ese dolor que estaba destruyendo mi vida. Recuerdo haberle preguntado una vez: "¿Son así todas las madres?".

En mi mente infantil no podía entender y mucho menos comprender ese comportamiento o actitud no solo narcisista, de rechazo, y sobre todo su deseo sexual excesivo (hiperactivo). Lo cual a través del tiempo, viendo y escuchando a mi madre vivir ese tipo de vida disfuncional, tóxica, fue creando en mí ese mismo parásito asqueroso denominado como "vida sexual excesiva".

Esto inició desde los seis años hasta la edad de once años, viendo a mi madre tener sexo con diferentes hombres. Para cuando entré en la edad de la pubertad (que comienza entre las edades de 12 a 16 años), ya mi mente había sido saturada, infectada, destruida, violada y martirizada. Esto produjo una vida adicta al placer sexual.

A través del estudio basado en el comportamiento sexual adictivo, llegué a entender el caos que se libera en la mente, donde las fantasías sexuales son y llegan a ser una adicción diaria, y sobre todo los pensamientos eróticos. Ya que solamente a través de esta manera se produce como un escape a la vida cotidiana y la baja autoestima o la insatisfacción personal. Con el tiempo se llega a crear un tipo de tolerancia, donde ya los pensamientos eróticos y las fantasías sexuales no son suficiente. Con la adiccion sexual, el sexo se convierte en la actividad consumidora más importante de la persona y la búsqueda de la adicción se describe como un trance. El trance es un proceso psicológico mediante el cual un individuo alcanza un estado de conciencia alterado y queda completamente desconectado de lo que le rodea.

La vida me quebrantó de tal manera que dejó un sabor amargo y negativo en mi alma durante muchos años. Pero el sufrimiento es opcional, y optar por ser una persona optimista es una decisión que todos podemos tomar.

Sí, tengo que admitir que la vida destruyó mi infancia y mi adolescencia. Mi mejor compañera durante mi infancia y gran parte de mi adolescencia fue la soledad. La soledad me acompañaba desde mi despertar, sin importar con cuánta gente estuviera. Recuerdo en muchas Navidades estar encerrado en una habitación por las rejas que protegían la vivienda, observando a otros niños disfrutando de sus regalos con alegría mientras yo, con lágrimas en los ojos, deseaba tener un juguete. Era algo imposible, ya que mi madre me dejaba encerrado mientras se ausentaba por días. La soledad siempre estuvo a mi lado, fiel y leal.

Debes tener en cuenta que la soledad de la que hablo surge de no tener relaciones sociales, y aunque pocas personas sean aceptadas en tu círculo de soledad, no puedes confiar en ellas por temor al rechazo y al abandono emocional. Por esta razón, las personas afectadas por estas situaciones construyen muros en lugar de puentes. Durante mis estudios, descubrí que la soledad es una manera de conocernos a nosotros mismos de una forma más profunda como seres humanos, y de aprender a disfrutar de la independencia que esta nos ofrece. La soledad es una sensación difícil de explicar, ya que nos proporciona un sinfín de emociones inestables, lo que con el tiempo genera un desgaste emocional.

Este parásito llamado "soledad", es muy dañino para la salud, como ya he explicado. No me refiero a la soledad social, sino más bien a la soledad emocional que surge a causa del abandono desde la infancia. Al no haber existido nunca una relación íntima con un ser querido, esa sensación de soledad va aumentando a medida que se va dando cuenta de que a su madre le interesaba más el placer de los hombres que el amor de un hijo.

"La soledad es un sentimiento que nos advierte de una carencia de contacto afectivo o social, pero, como casi siempre, el problema no es la sensación que sentimos, si no lo que hacemos con ella y cómo la gestionamos" – **Alba Mar**, *Psicología*.

Puedo imaginarme en este momento a miles de adultos que han experimentado el vacío de la soledad por el maltrato narcisista de una madre. La verdad es que muchos prefieren ocultar ese dolor por el simple hecho de que se les ha inculcado, a través de costumbres, creencias y religiones, que deben poner a sus madres en un pedestal, hacerlas diosas; incluso a pesar del dolor que hayan causado. Prefieren vivir esclavos emocionalmente toda su vida. Confunden el amor con el temor, creyendo que debe ser así, ya que es parte de la cultura y de las enseñanzas tóxicas desde los tiempos antiguos. En realidad, el temor es un sentimiento de inquietud o angustia, el cual nos hace huir de la verdad. Todo en la vida con límites es mucho más productivo y sano.

Cuando los padres ponen sus necesidades antes que las de un hijo, este puede sentir un profundo abandono emocional, el cual se almacena en el inconsciente. Cuando el niño/a llega a ser un adulto, el comportamiento manipulador de sus padres, donde los sentimientos y deseos de la madre siempre están en primer lugar, puede ser destructivo para el desarrollo mental y emocional de ese hijo/a. Esto hace que este hijo/a aprenda que sus necesidades emocionales siempre estarán en último lugar, llegando a convertirse en un esclavo emocional a causa del comportamiento de su madre.

Crecer y vivir en este ambiente significa que, si el hijo no aprende a poner límites a estas acciones y a no seguir siendo esclavizado por los patrones mal aprendidos o comportamientos tóxicos, ese mismo círculo y ambiente será traído al matrimonio de este hijo. Cuando él se casa, ve a su esposa como un instrumento o una imagen de placer sexual, reflejando esos patrones mal aprendidos de su madre. La esposa es vista como una segunda madre, y este tipo de matrimonio se convierte en un desahogo sexual y emocional mal aprendido. Las consecuencias son que este tipo de hombres, por no haber puesto límites entre él y su madre, llegan a desarrollar una adicción sexual conocida como "hipersexualidad". Debido a que este hombre fue alimentado viendo a su madre tener relaciones sexuales con múltiples hombres y no conoció el amor, el respeto ni la intimidad personal, la mujer solo se convierte para él en un desahogo sexual; nunca aprendió a separar a la mujer entre madre, esposa y mujer.

Este tipo de situación crea una inmadurez emocional, ya que el niño fue privado de la oportunidad de aprender a tomar sus propias decisiones. Muchos piensan que el matrimonio es solo para tener sexo y nada más, y la mujer se ve reducida a convertirse en una máquina de hijos. Yo, sin embargo, a través del tiempo y el estudio de la psicología aprendí, como mencioné antes, a vivir independientemente de esos patrones mal aprendidos.

Pero hay hombres que, debido a este tipo de vida desde su infancia, nunca logran independizarse de sus madres tóxicas. Al tener relaciones íntimas con su pareja, ven a la madre reflejada en la esposa, lo que a la larga puede provocar una crisis de identidad en el niño. Esta crisis puede traducirse, con el tiempo, en un desprecio hacia la madre por su comportamiento tóxico, y en algunos casos extremos incluso en una tendencia homosexual, provocada por la observación de los placeres sexuales que producían las relaciones de la madre con los hombres.

El ser humano está tan adicto a los patrones mal aprendidos que les resulta más fácil proyectar su inquietud sobre los demás. Esto da lugar a un temor de despertar el "monstruo o demonio" que ha tenido control sobre su vida, lo que se conoce como "sombra". Si todavía no se ha tomado conciencia de esta sombra que ha experimentado desde la infancia, se debe reconocer que se halla en el interior de cada uno.

"Lo que no se hace consciente se manifiesta en nuestras vidas como destino" – **Carl Jung.**

Me tomó muchos años "llegar a ser" consciente de la realidad en la que estaba creciendo. Comprendí que solo yo tenía el control de mi vida como ser humano, para que mi vida interna no quedase destrozada. Comprendí que únicamente al arrojar una luz sobrenatural sobre esa sombra se lograría algo. Muchos piensan que su presente debe ser igual que su futuro, me refiero al destino. El destino es creado únicamente por las decisiones que tomas en el presente, ya que mañana ese presente no existirá. Eres responsable de ti mismo y es tu deber ser responsable de tu vida. Aunque las rosas sean muy hermosas, todas traen espinas; es tu responsabilidad no espinarte.

Así que, "llegar a ser" responsable implica aprender a tomar tus propias decisiones, hacerlas y ser capaz de asumirlas.

En 1959, Carl Jung dijo: *"Es inminente un gran cambio en nuestra actitud psicológica. El único peligro que existe reside en el mismo ser humano. Nosotros somos el único peligro, pero lamentablemente somos inconscientes de ello. En nosotros radica el origen de toda maldad".*

"La mayoría de la gente no quiere realmente la libertad, porque la libertad implica responsabilidad y la mayoría de la gente le teme a la responsabilidad" – **Carl Jung.**

En mi caso personal, el daño emocional causado por mi madre me llevó a vivir una vida sin sentido, como muchas personas en la actualidad. Me fue muy difícil salir de esa forma de "sobrevivir", pero he aprendido a vivir de forma plena.

El ser humano es, literalmente, lo que cree que es y lo que cree que puede llegar a ser. Está hecho o deshecho por sí mismo, de acuerdo a sus pensamientos, su responsabilidad, su libertad y su estabilidad emocional.

Carl Jung escribió: *"Desafortunadamente no puede haber ninguna duda de que el hombre es, en general, menos bueno de lo que se imagina a sí mismo o quiere ser. Todo el mundo tiene una sombra, y cuanto más oculta está de la vida consciente del individuo, más negra y densa es. En todo caso, es uno de nuestros peores obstáculos, puesto que frustra nuestras intenciones más bien intencionadas".*

El abandono emocional no solo consiste en el rechazo desde la infancia, sino que también trae consigo temor e ignorancia. El ser humano es capaz de todo y, sobre todo, tiene el poder de transformar y reinventar su propia vida.

A la mayoría de los seres humanos que han atravesado por circunstancias difíciles desde su niñez, les encanta vivir con lo que he denominado "Diarrea Emocional". Al igual que la diarrea puede ser causada por un virus o, a veces, por alimentos contaminados. En casos menos frecuentes, puede ser un síntoma de otro trastorno, como la enfermedad intestinal inflamatoria o el Síndrome del intestino irritable.

Los síntomas pueden incluir:
- Calambre estomacal.
- Deshidratación.
- Fatiga.

La diarrea emocional es un virus al que he denominado "el pasado". Esta llega a infectar e invadir las emociones, llegando a crear una epidemia emocional. El pasado se convierte, en muchos casos, en una adicción, lo que conlleva a una inestabilidad mental. Para muchos, el pasado es como el coronavirus: vivir con la mascarilla toda la vida, a causa del temor que provoca. La mascarilla de la vergüenza, la culpabilidad y la mente contaminada por el abandono emocional de la infancia.

Lo que se llega a desarrollar con el tiempo es una enfermedad emocional inflamatoria, o síndrome de irritabilidad emocional. La inflamación causa depresión, y el estrés causa inflamación cerebral. En mi caso, esto causó mucha inestabilidad emocional, lo cual me llevó a arrebatos de mal genio que, en muchas ocasiones, llegaron a ser agresivos. Aprendí a causa de vivir con una madre narcisista la ira y la agresión no física, sino emocional, a través de las palabras. Como síntoma emocional y conductual, se considera que alguien siempre está irritable, se frustra fácilmente o casi siempre vive de mal humor, en otras palabras, vive con diarrea emocional.

Los síntomas de la diarrea emocional son:
- **Inestabilidad emocional:** se puede comparar a una montaña rusa, ya que las emociones pueden cambiar de un momento a otro: un minuto puedes estar feliz y al siguiente triste, luego ira y luego paz. Esto es un desequilibrio causado por las consecuencias inestables en tu infancia, debido al abandono emocional.
- **Deshidratación emocional:** es como la falta de líquidos, como el amor, la esperanza y la comprensión. Así como el agua tiene una relación directa con el físico, aquellos que sufren de deshidratación emocional evitan sus pensamientos y todas esas emociones desagradables, escondidas en la sombra.
- **Fatiga emocional:** es un estado extremo de desgaste emocional, físico y psicológico a causa de la acumulación de parásitos emocionales.

Recuerdo que, cuando tenía alrededor de seis años, solía salir del apartamento donde vivía con mi madre. En una de esas ocasiones me dirigí a un centro nocturno de aquella época, donde la gente acudía al final del día para olvidar el cansancio y la fatiga del trabajo. Era de noche y yo me sentaba allí, tomando una soda y algunos cacahuetes que me habían dado. Quizá me vieron con hambre, pero me sentí aceptado.

No sé cuánto tiempo había pasado cuando, de repente, vi a mi madre entrar. En mi inocencia de niño, corrí a abrazarla. Pero su reacción fue agarrarme del pelo y estrellar mi boca contra uno de los juegos que había en el lugar. Mis dientes y mi boca quedaron destrozados. Me tomó y, arrastrándome de la mano, me sacó de allí. No era tanto el dolor físico lo que me dolía, sino el dolor emocional del abandono y la confusión que iba creciendo en mí, así como el coraje hacia la vida. Pasaron meses que tuve que vivir con aquel desgaste emocional, físico y psicológico.

> *"Un hombre puede encontrar cada verdad relacionada con su ser si se profundiza en la mina de su alma, y si él es el hacedor de su carácter, el moldeador de su vida y el constructor de su destino"* – **James Allen,** *As a Man Thinketh.*

Por muchos años me acostumbré a caminar por los callejones de las diferentes ciudades en las que viví. Me daba terror que vieran al hijo de una narcisista; era un desgaste emocional que la única manera de poder desahogarme era a través de esperar ver a mi madre tener relaciones íntimas una vez más. Ya para entonces estaba desarrollando, de forma inconsciente, un tipo de tolerancia emocional.

> *"No importa tanto lo que hicieron con nosotros, sino más bien qué haremos nosotros con lo que hicieron de nosotros"* – **Jean Paul Sartre.**

Entiendo que el proceso de abuso emocional implica aceptación, responsabilidad, carácter y desarrollo de autoestima. Aprender a salir de los callejones de la vergüenza y la culpa es una tarea difícil, pero no imposible. No olvidemos que la persona narcisista actúa a través de la manipulación, el chantaje y el abuso emocional y psicológico. Recuerdo cuando me miraba en el espejo; lo único que veía era una sombra llamada soledad, ya que aún no existía esa persona que era yo. El hombre seguirá siendo abofeteado por las injusticias de la vida mientras siga permitiendo y creyendo que debe ser alimentado solo y únicamente por las condiciones exteriores. El hombre está capacitado y debe aprender y reconocer que él es el dueño y señor de sí mismo. Hasta entonces, irá descubriendo por sí mismo, con mayor precisión, cómo el poder sobre sus propios pensamientos y el control de su mente desarrollará un carácter propio, sus circunstancias y su destino.

Cada ser humano está donde está, no tanto por el abandono emocional recibido durante su infancia, sino más bien por sus propios pensamientos controlados por la dirección emocional en la que ha decidido desarrollar y construir su vida.

"Un hombre no puede escoger directamente sus circunstancias, pero puede escoger sus pensamientos, y de ese modo, indirectamente, pero con certeza, dar forma a sus circunstancias" – **James Allen.**

El sufrimiento trae consigo diferentes niveles de responsabilidad. Somos conscientes de que cada ser humano tendrá que pasar por algún tipo de dolor emocional, y para cada uno, el grado de responsabilidad será distinto. Pero el enfoque de este libro es claro: no permitas que la vida siga controlando tu vida.

Tanto las dificultades externas como las limitaciones internas, debemos entender que todo ha tenido su raíz desde que permitimos que esos pensamientos negativos tomaran el control de nuestra vida, en la que tanto tú como yo fuimos alimentados a través de esos parásitos, los cuales infestaron nuestra forma de vivir. Lo importante es aprender a dejar de ser víctimas para el resto de nuestras vidas.

De una manera u otra cada uno de nosotros hemos buscado un tipo de escape para poder anestesiar ese nivel de intensidad emocional que hemos experimentado, el cual ha producido algún tipo de adicción (en cada caso la adiccion será diferente).

Por muchos años, la pornografía fue mi peor experiencia como adicción. Ya que estaba relacionada en la manera en que mi madre abusó de mí emocionalmente. Tal vez hasta este momento aun no has captado esta imagen: imagínate estar viendo casi a diario desnuda a tu madre teniendo relaciones sexuales con diferentes hombres. Como mencioné anteriormente, esto duró por años, y despertó en mí la masturbación desde los siete años hasta una edad avanzada. Ya que no solamente era a través del sexo sino también en el estímulo de la masturbación, mi madre satisfacía sus impulsos sexuales hiperactivos. A través de los estudios como consejero, descubrí que la palabra "hiperactivo" significa: una conducta sexual compulsiva.

El abuso emocional afecta directamente a cómo una persona reacciona ante sus propias capacidades internas, así como el abuso psicológico afecta a cómo se enfrentan las dificultades externas e internas. La vida siempre tendrá un significado, y cuando aprendemos a adoptar la actitud correcta, podremos vivir de manera más eficiente. Debemos hacernos responsables de nuestra vida, lo que creará una salud mental más estable y nos permitirá aprovechar mejor nuestros potenciales y valores. ¿Recuerdas el segundo capítulo en el que hablé sobre la importancia de modificar la actitud? La ilustración de la página siguiente nos recuerda esto.

De forma muy elemental, la modificación de conducta se puede definir como la aplicación sistemática de principios de aprendizaje y de la psicología experimental con el objetivo de eliminar, disminuir o cambiar aquellas conductas que resultan inadecuadas. Estos principios y técnicas se han desarrollado para aumentar la eficacia en la modificación del comportamiento, y han sido contrastadas experimentalmente para verificar su eficacia en problemas y sujetos similares.

Por otro lado, la definición incluye que la modificación de conducta se lleva a cabo específicamente con aquellas conductas que no resultan adaptadas. Se entiende como conductas inadaptadas aquellas que acarrean sufrimiento, insatisfacción, malestar o problemas a la persona, o le impiden desarrollarse o alcanzar sus objetivos vitales a medio y largo plazo[67].

Principios rectores

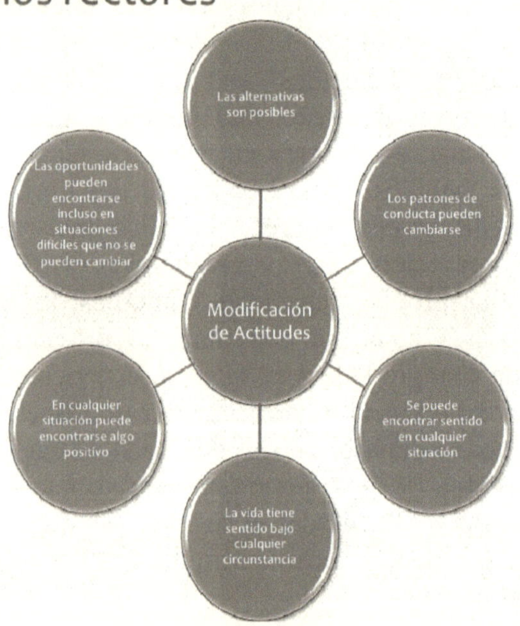

Del libro *"Señales del camino hacia el sentido"*
por Joseph B. Fabry.

Ilustración de Nancy Baldetti H.

---

[67] Reflexión basada en el libro *"Técnicas de modificación de conducta, una guía para su puesta en práctica"*, por Jorge Barraca Mairal.

Estos principios, si los ampliamos un poco más en este capítulo, puedo decir con sinceridad que me ayudaron a salir de la mentalidad de víctima y a vivir una vida positiva, productiva, eficaz, llena de conocimiento y, sobre todo, una vida en abundancia. Fue entonces cuando comencé a tener el control de mi vida, a recuperar todos esos años no perdidos, sino más bien años de aprendizaje para poder escribir este libro que estás a punto de terminar. Y no llegar a mi edad amargado y dándome de golpes en el pecho, sentado en una silla, solo recordando lo que la vida hizo conmigo.

La modificación de actitudes reorienta la atención hacia nuevos pensamientos e ideas más saludables y productivas. Así como has aprendido a invertir sólo en lo externo, ahora comienza a invertir en lo interno. Mira a tu alrededor, la gente es tan pobre que lo único que poseen es dinero.

Entonces en la Modificación de Actitudes:

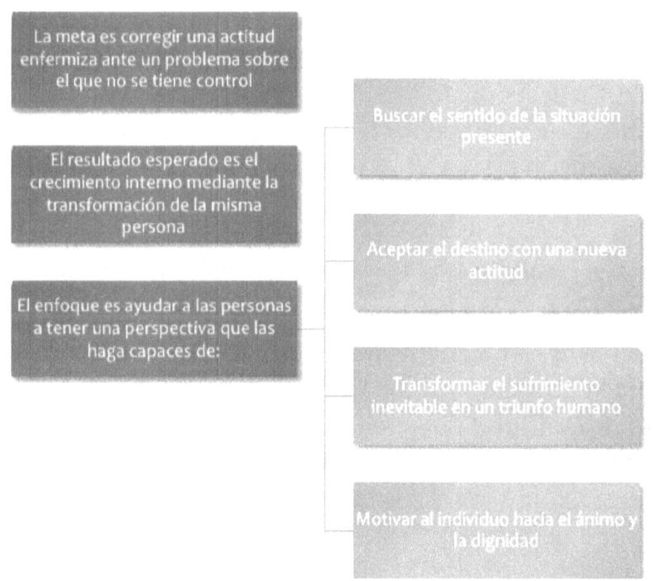

Ilustración de Nancy Baldetti H.

Todos tenemos la capacidad de reinventarnos, fluir, conocernos a nosotros mismos, poner límites al pasado, vivir en el presente y dejar de ser víctimas de la vida, transformando el sufrimiento en un triunfo humano. ¿Cuál es el beneficio? Que es tu vida y sólo hay una; aprende a vivirla, deja de ser víctima de la vida y convierte tu sufrimiento en un triunfo humano.

Así como el sufrimiento trae consigo diferentes niveles de intensidad, de igual forma también puede generar diferentes niveles de aprendizaje positivo en la vida.

En el transcurso de mi vida, he conocido a muchas personas que temen el sufrimiento, ya que el miedo a sufrir puede ser aún más aterrador que el propio sufrimiento. He compartido parte de mis experiencias en la vida con diferentes personas y grupos, y he observado cómo muchas me miran como si fuera un ser de otro mundo.

***"Todo lo que siempre has querido está al otro lado del miedo"* – George Adair.**

Dejé de estar alimentando mi pasado y comencé a vivir el aquí y ahora. Pensar en el daño que mi madre había causado en mi vida me llevó a tomar la decisión de modificar mis actitudes para que mis sueños fueran realidad. Me di cuenta de que toda enseñanza moral contenida en este libro me ayudaría a adquirir la libertad y a elegir mi camino. Dejé de aparentar ser alguien que no soy y me convertí en lo que mi sombra quiere que sea. Estos sueños y estos pensamientos determinarán profundamente quién llegaré a ser.

He dejado lo mejor para lo último, como puedes observar, ya que este tema es muy delicado y difícil de aceptar, comprender y realizar. Estos abusos emocionales por parte de una madre suelen ser barridos bajo la alfombra, y solamente a través de ayuda profesional podrás aceptar temas como este, y quitar de ese pedestal a alguien que te ha herido toda la vida. Llegarás a entender y aprender a diferenciar entre el amor con lastima, la codependencia, y sobre todo, a amarte a ti mismo primero y soltar ese apego. Deja de preocuparte por el "qué dirán si se enteran" a causa de tu cultura, creencias y costumbres.

Olga Fernández Txasko, en su libro *"Sobrevivir a una madre narcisista"*, explica lo siguiente: La verdad es que hay una tendencia en esta sociedad a suponer que una madre es buena solo por serlo. Y cuando intentas comentar a alguien lo mal que te sientes porque crees que tu madre no te trata bien, la respuesta suele ser de incredulidad, que las madres hacen lo mejor que pueden, pero que no por ser duras son malas y que haga lo que haga, lo hace por tu bien y debes respetarla y honrarla. Esta creencia de "madre amorosa" hace que la sociedad le dé la espalda a muchas víctimas, lo que nos hace ser **doblemente victimizadas.**

Por eso, nuestra opción como víctimas suele ser la de callarnos, vivir con dolor y conformarnos con las migajas de amor que de vez en cuando nuestra madre nos da, tratando de sobrevivir lo mejor que podamos.

A veces acudimos a terapia para poder seguir avanzando por la vida. Otros optamos por los antidepresivos, que pueden ser útiles en determinadas situaciones, pero solo esconden el problema real. Estos medicamentos manipulan el cuerpo para generar sentimientos deseados, pero que no son auténticos. La adicción a ellos obstruye el camino hacia nuestros verdaderos sentimientos y emociones, dificultando así nuestra verdadera curación. Solo nos ayudan a encubrir el problema real.

"Sé que ahora te sientes como que caminas con un peso tremendo sobre ti. Vas por la vida como zombi. La vida te lleva. No crees en ti. Todo te da miedo" – **Olga Fernández Txasko.**

La realidad es que no hay otra más que aquella que llevamos dentro. Deja que tu mundo interior sane y manifieste el dolor que ese niño/a interior ha estado sufriendo. ¿Cómo puedes decir que amas, si ni siquiera te amas a ti mismo? No confundas el apego con el amor. El abandono emocional, el abuso emocional y la negligencia emocional son causas y motivos para vivir una vida irracional. Esto hace que vivas sin tu propia personalidad, con temor y pánico a vivir la vida. Te apegas a alguien o a algo para poder sobrevivir, es una emoción obsesiva.

El amor es un crecimiento, el apego es un estancamiento. El amor es aire, el apego asfixia.

A través de los años de desgarro emocional que experimenté en mi vida, me di cuenta de que solo estaba apegado a mi madre, ya que no había un "yo" en mí, no existía una identidad propia. Lo que existía por años era un ser humano sin el fundamento primordial que todo ser humano necesita: el Amor. ¿Cómo podría transformarme en un ser humano sin conocerlo? ¿Cómo lograría realizarme como persona y dejar de vivir en un apego tóxico, y dejar de vivir con ese "pobre de mí", como muchos lo hacen hoy en día, echando la culpa al pasado por temor a enfrentar el presente?

Es necesario entender que un narcisista no necesita el amor de los demás, sino únicamente su amor propio. Son personas controladoras y manipuladoras y no les importa si lastiman a quienes los rodean. Las personas narcisistas suelen ser muy buenas en la cama, ya que lo he experimentado al ver a mi madre hacerlo. (Mientras no expreses tus emociones, seguirás atrapado por ellas).

Cuántos niños aún hoy estarán experimentando aquello que yo viví: los hijos de madres narcisistas sufren y están sufriendo daños a su autoestima y a sus futuras relaciones con las mujeres. Vuelvo a hacer énfasis: las mujeres solo vienen a ser un escape para emociones enterradas desde la infancia. La mujer confunde un buen sexo con un narcisista creado por las circunstancias de la vida. Si la mujer está siendo usada solo por un narcisista y siente placer, esto indica que, sin darse cuenta, ambos vienen de hogares narcisistas; es solo un apego sexual. El sexo es un escape físico y mental, mientras que el amor es un escape emocional. El amor incluye comunicación asertiva, abrazo, entendimiento, etc.

Llegar a descubrir ese "yo" que nunca habías conocido, volver a nacer y comenzar con pasos de bebé, no importa cuál sea tu edad, es tu vida, toma ese niño herido que has llevado en lo más profundo de ti y dale la oportunidad de ir al parque por primera vez. Es tu alma, aprende a abrazar la felicidad. Muchas madres no saben amar, ya que ellas nunca han sido amadas. Y mientras no te atrevas a romper con este ciclo disfuncional, la vida seguirá su misma rutina.

En ningún momento he estado hablando mal de mi madre, al contrario, he estado exponiendo el dolor traumático que muchos han experimentado a causa del que dirán, ya que es mi madre. Precisamente para esto es este libro, para que te vistas de valor y coraje sano, y confrontes tu dolor.y puedas Hacer todo lo posible y puedas llegar A Ser.

Recuerda que la vida la da únicamente Dios. Tu madre y mi madre fueron cuerpos en los que, a través del sexo, una noche de pasión, o tal vez para comprar drogas, vendieron su cuerpo. Sea cual sea el motivo, no fue tu madre quien te dio la vida. Eso lo puede hacer únicamente Dios. Fueron cuerpos donde esas mujeres nunca aprendieron a ser madres, que nunca supieron amar, y que tal vez fueron rechazadas al igual que tú y yo. La palabra "madre" se utiliza para denominar a la mujer que engendra, da a luz o cría a un ser vivo.

• —————— · •●• · —————— •

Vuelvo a hacer memoria de la introducción que escribí en el nivel séptimo: Recuerdo aún en aquella oscuridad dentro del vientre de mi madre, podía escuchar una voz fuerte y persistente que me decía: "Yo soy la soledad y siempre estaré a tu lado, siempre estaré contigo". Y un sentimiento de insignificancia abrazaba mis emociones. Y junto a mi alma, podía escuchar aún en la oscuridad desde el vientre de mi madre una voz externa que decía: "¡Maldita sea la hora en que me embaracé!" Y el miedo sacudía mis pensamientos, aún no había nacido y ya temía a la vida.

La alimentación que recibí a través del cordón umbilical de mi madre fue el rechazo, el cual puede arraigarse muy profundo dentro de tu ser y alimentarse aún más a través de la vida no vivida. El rechazo es o puede "llegar a ser" una herida emocional de la cual batallamos, sufrimos en lo interior, especialmente si ese rechazo proviene de tu madre. Es un sentimiento tan doloroso, el cual la emoción del abandono emocional ha dado a luz, y sus nombres son sentimientos depresivos y conductas autodestructivas.

Estas conductas autodestructivas vienen a causa de un nivel muy bajo de autoestima, debido a los conflictos emocionales. Además, estos estados de ánimo suelen producir un estado de desmoralización, pena y vergüenza.

Recuerdo en mi infancia, cuando caminaba por la ciudad, observaba a otras madres abrazando a sus hijos, y eso me producía una confusión y coraje. No podía entender aquello que veía, me parecía algo absurdo. Muchos años después, he podido reflexionar y darme cuenta de que toda esa situación ha provocado en mí lo que se conoce como "trastorno depresivo". El cual caracteriza por la tristeza y la irritabilidad, que interfieren en el funcionamiento emocional generando angustia persistente, a causa de las decepciones de la vida.

- ¿Qué abrazaban mis emociones en mi infancia?

Mirar a una madre abrazando a un hijo y, como mencioné anteriormente, yo no podía comprender esas emociones desconocidas para mí, ya que nunca había entendido el significado de lo que se conoce como amor. Para mí, el sentimiento de insignificancia era el único abrazo que conocía. Incluso el rey David experimentó este sentimiento de insignificancia al escribir: *"Pero yo soy un gusano y no un hombre; la gente se burla de mí, despreciándome"* (Salmo 22:6).

Ese mismo sentimiento que hubo en el rey David durante mucho tiempo, también invadió mi vida, como un gusano. Él deseaba ser aceptado y querido profundamente. ¿Cuál es esta necesidad en la vida de un niño? El abandono emocional es algo que muchas personas viven a diario, un dolor profundo y un sufrimiento que los impide llegar a ser. Este tipo de emoción es algo difícil de entender si no lo has experimentado de primera mano; es un desprecio que desgarra tu alma.

Recuerdo una temporada en la que vivíamos en Nueva York, donde vivían unos tíos míos con los que de vez en cuando mi madre me dejaba pasar los fines de semana. Eran tres días llenos de experiencias maravillosas, llenos de amor, abrazos, palabras de aceptación. Pero cuando llegaba el domingo por la noche y veía llegar a mi madre para recogerme, mi mundo se desmoronaba: lloraba, gritaba, maldecía. No entendía cómo podía volver a aquel infierno. Sentía soledad a mi lado, y caía profundamente dormido.

La gran parte de los humanos, hoy en día cargan desde su infancia una cantidad de sufrimientos inconscientes que no han aprendido a aliviar, y prefieren seguir viviendo en negación, sin confrontar a ese niño interno. O, si deseas verlo de otra manera, puedes llamarle tu sombra, esa sombra personal que se ha ido desarrollando desde el comienzo del cordón umbilical, dentro del vientre.

Por años aprenden a vivir y depender de ese falso "yo", lo cual con el tiempo se llega a desarrollar y produce el "abandono emocional".

Carl Jung escribió: *"La sombra representa al lado oscuro de nuestra personalidad, donde se esconden los instintos más primitivos de nuestro pasado evolutivo y los aspectos rechazados por nuestra mente consciente y social. Este lado oscuro se manifiesta en nuestros miedos, frustraciones e inseguridades".*

Te animo a poner en práctica cada nivel que has leído hasta aquí. Son habilidades tanto mentales como emocionales que a mí me ayudaron a salir de esa pereza mental, llenarme de valor y comenzar a hacer para poder "llegar a ser" y experimentar una libertad llena de libertades.

Como pereza mental, esta se conoce como la falta de iniciativa para poder hacer realidad los pensamientos e ideas propias. Con el tiempo, la pereza mental se llega a manifestar en una incapacidad para alcanzar el éxito, ya sea a causa de indecisiones o falta de voluntad, ya que nunca hubo ningún tipo de motivación.

La sombra llega a ser tan oscura que representa todo aquello que no queremos que nadie sepa. Alimentamos esta sombra reprimiendo el dolor causado por las circunstancias de la vida, al grado de que ya no existes tú, sino más bien esa sombra, la cual ha tomado el control absoluto de tu vida.

> *"Si aspiras a encontrarte a ti mismo, no te mires al espejo, porque allí encontrarás solamente una sombra, un extraño…"* – **Sigmund Freud.**

El encuentro con uno mismo, al principio, será un encuentro doloroso. Esto requerirá un diálogo contigo mismo, en el cual deberás reconocer por qué vives como vives. El objetivo final deberá ser acabar con esa guerra interna que nos ha hecho perder tanta energía y vivir esclavizados. Debes tomar una cita contigo mismo, es una cita obligatoria para tu bienestar emocional.

Como has podido leer hasta este momento, ya sea la sombra, el niño interior, las circunstancias de la vida, familias disfuncionales, relaciones tóxicas, abandono emocional, cualquiera que haya sido tu abuso, hay algo que debes aprender: es tu vida, son tus decisiones, es aprender a aceptar y ver más las opciones que la vida te ofrece y dejar de vivir y alimentar el "pobre de mí".

Por eso, hice conciencia de comenzar el primer nivel del libro con la toma de decisiones. Esta es una capacidad inherente a todos los seres humanos, con el poder y la razón de su propia voluntad. La toma de decisiones es una muestra de la libertad que todos poseemos, la libertad de elegir qué queremos hacer y llegar a ser. Como seres humanos, debemos aprender que internamente, estamos llenos de los recursos necesarios para tomar nuestras decisiones.

La fuerza de voluntad y las decisiones son única y exclusivamente personales; en otras palabras, sólo tú debes decidir y superar tus propios límites. No olvides la modificación de actitudes.

La meta es alcanzar con esfuerzo el corregir una actitud enfermiza ante un problema sobre el cual no se tiene control. Desarrollar el sentido y enfrentar la situación presente, aceptar el destino con una actitud más resiliente, poder hacer y transformar el sufrimiento en un triunfo día a día, y proceder hacia la meta que Dios nos ha dado a cada uno para vivir una vida en victoria y no en derrota.

Respeto cualquiera que sea tu dios, pero mi Dios me dice:

"Porque no nos ha dado Dios espíritu de cobardía, sino de poder, de amor y de dominio propio" **(2 Timoteo 1:7).**

En conclusión, el mejor regalo que puedes darte es encontrarte a ti mismo, encontrar la liberación emocional y el entendimiento de la vida que llevas para tomar decisiones conscientes, sabias y resilientes que te llevarán a lograr la paz interior que buscas. Es el momento de dejar atrás el pasado y empezar una nueva vida, con el poder de crear tu propio destino, y alcanzar una vida significativa. ¡Manos a la obra!

*A veces quedan partículas emocionales del pasado
incrustadas en las arterias que, con el tiempo,
el corazón tiene que sanar;
pero la mente no sabe como procesar...*

Radames.

www.ingramcontent.com/pod-product-compliance
Lightning Source LLC
Chambersburg PA
CBHW051041250726
48656CB00001B/90